好望角

在这里，看见新世界

それでも
日本人は戦争を選んだ

日本人 为何选择了

战争

[日] 加藤阳子 著

章霖 译

浙江人民出版社

图书在版编目（CIP）数据

日本人为何选择了战争 /（日）加藤阳子著 ；章霖
译. -- 杭州 ：浙江人民出版社，2019.9（2025.10 重印）

ISBN 978-7-213-09257-2

Ⅰ.①日… Ⅱ.①加…②章… Ⅲ.①侵略战争-研
究-日本-近现代 Ⅳ.①K313.46

中国版本图书馆 CIP 数据核字（2019）第 077802 号

浙 江 省 版 权 局
著作权合同登记章
图字：11-2018-238号

日本人为何选择了战争

[日]加藤阳子 著　章 霖 译

出版发行：浙江人民出版社（杭州市环城北路 177 号　邮编　310006）

市场部电话：(0571)85061682　85176516

丛书策划：王利波	营销编辑：陈雯怡　陈芊如
责任编辑：吴玲霞	责任校对：姚建国
责任印务：程 琳	封面设计：张庆锋

电脑制版：杭州大漠照排印刷有限公司

印　刷：浙江海虹彩色印务有限公司

开　本：880 毫米×1230 毫米　1/32	印　张：10.625
字　数：236 千字	插　页：6
版　次：2019 年 9 月第 1 版	印　次：2025 年 10 月第 14 次印刷
书　号：ISBN 978-7-213-09257-2	
定　价：69.00 元	

出版者言

当今的世界与中国正在经历巨大的转型与变迁，她们过去经历了什么、正在面对什么、将会走向哪里，是每一个活在当下的思考者都需要追问的问题，也是我们作为出版者应该努力回应、解答的问题。出版者应该成为文明的瞭望者和传播者，面对生活，应该永远在场，永远开放，永远创新。出版"好望角"书系，正是我们回应时代之问、历史之问，解答读者灵魂之惑、精神之惑、道路之惑的尝试和努力。

本书系所选书目经专家团队和出版者反复商讨、比较后确定。作者来自不同的文化背景，拥有不同的思维方式，我们希望通过"好望角"，让读者看见一个新的世界，打开新的视野，突破一隅之见。当然，书中的局限和偏见在所难免，相信读者自有判断。

非洲南部"好望角"本名"风暴角"，海浪汹涌，风暴不断。1488年2月，当葡萄牙航海家迪亚士的船队抵达这片海域时，恰风和日丽，船员们惊异地凝望着这个隐藏了许多个世纪的壮美岬角，随船历史学家巴若斯记录了这一时刻：

"我们看见的不仅是一个海角，而且是一个新的世界！"

浙江人民出版社

佳评推荐

令人眼前一亮的趣味性。竟可以写出这样的书吗？

——鹤见俊辅（日本反战人士、哲学家、评论家）

读罢此书，如醍醐灌顶般地理解了历史学的趣味……不为先入为主的观念所左右，勇于将自己独立的判断发表出来。作者的获奖可谓名副其实，我真心感到高兴。

——加藤典洋（日本文艺评论家、
早稻田大学国际教养学部名誉教授）

不是单方面地提出结论，而是指出通往结论之门的方向，也就是说，（本书）给了读者评论的空间。

——桥本治（日本作家、评论家）

与"口感温和"的参考书截然不同，这本书充满了"辛辣"的内容，而我正是被那些表面上看不出来的刺激之处所吸引。

——堀江敏幸（日本作家、早稻田大学教授）

这部获奖作品一经出版就成了热议的话题，我已经读过一遍。这次重新品读，再次感受到了内容的精彩。这是不会让人感到厌倦的作品。

——养老孟司（日本脑科学专家、畅销书作家）

讲义的准备十分周密……并用恰到好处的语言书写，完成了这部如同过去的惊险小说一般，又具有现实批判性的作品。

——关川夏央（文艺评论家）

中译本序

拙作《日本人为何选择了战争》于 2009 年在日本出版，正好是 10 年以前。10 年时间里，这本书获得了为数不少的读者，实属荣幸。听闻浙江人民出版社将要出版发行本书的简体中文版的消息之后，我真是感到万分欣喜。

与此同时，因为在本书中登场最多的国家就是中国，所以让中国的读者们读到这本书，也让我颇感压力。2019 年的中国，不仅是联合国会费分摊比例达到第二位的经济大国，更是成功到达了月球背面的航天大国。虽然本书所讲述的历史只到第二次世界大战结束为止，但是正如爱德华·霍列特·卡尔所说的那样，"历史是现在与过去之间永无休止的对话"，对于过去的评价也必然在某种程度上受到当下视角的影响。这本书已经有了整整 10 年的历史，希望接下来您将读到的内容，还不至于因为这些岁月而变得过时。

接下来，我想先说明一下写作这本书时的时代背景和意图所在。我写下这本书的 2009 年，因美国次贷危机而引发的全球性金融危机已经肆虐了一年多时间。虽然在这本书出版时，针对世界规

模的经济不景气，各国都已经采取了相应的对策。然而，在这之后
的 2011 年 3 月，日本又遭遇了东日本大震灾以及随之而来的福岛
第一核电站事故。到了 2012 年 9 月，因为日本突然展开对钓鱼岛
的"国有化程序"，使得中日关系也变得极为紧张。因此可以说，
写下这本书的 2009 年以及之后的数年间，日本在受到世界金融危
机打击的同时，还面临着其他诸多问题。虽然其中不少问题都是因
日本自己而起，但是确实可以说在这段时间里，日本人的所谓"安
全感"开始被重新定义了。

　　面对这样的形势，我当时就想到在今后的日本社会内部，围
绕着日本近现代史以及日本的未来这些问题，恐怕会不断发生尖锐
的对立和论争，而且这些对立和论争也会与日本的对外态度互相影
响。事实上，日本社会中的一部分人否认从军慰安妇、强制劳工、
南京大屠杀等事实的反动潮流，以及针对首相"战后 70 年谈话"
的评价等问题，确实都陆续发生了。

　　在本书的后记中，我写道："我们在度过生命中的每一天的同
时，总在无意识地对发生在自己身边的事情做出评价和判断。在评
价或是判断当今社会的状况时，又会无意识地借用过去的事例进行
类比，当进一步对未来进行展望时，同样会无意识地对比过去和现
在的事例。

　　"在这些时候，年轻人的脑海中储存了多少可供类比的历史事
实，对这些事实又进行了什么程度的整理分析，这些因素最终将会
左右他们对于现在和未来的判断。"

　　现在重新回顾这段话，我觉得依然如此。甚至可以说，对于
初中和高中学生这样的年轻一代，抑或是年纪虽大，但是头脑还年

轻的人们来说，越来越有广泛了解日本这个国家的历史，也就是那些战争的历史的必要性了。

我这样想的理由，首先是因为刚刚所讲的，在世界经济不景气的时候，正如20世纪30年代的日本人一样，2009年的日本人也在主观上产生了某种危机意识。另一个理由则在于，围绕着73年前制定的《日本国宪法》，如今护宪与改宪双方正在展开激烈的争论。在序章的"战争与社会契约"这一节中，我提到了卢梭的理论。他认为，对于战争中的国家，其终极目标就在于改写敌国的宪法，也就是国家存续所仰仗的社会基本秩序。日本在二战战败之后，就按照占领军的要求改写了《大日本帝国宪法》以及其中所体现的天皇制，以新的《日本国宪法》与象征天皇制取而代之。

那么，为了讨论宪法的修改问题，就有必要把1945年8月结束的第二次世界大战作为前提进行思考。在《朝日新闻》2015年春天进行的有关"日本开战的原因"的舆论调查中，对于"目前为止本国的追究与阐明是否已经足够充分"这个问题，尚有65%的人选择"还不充分"（《朝日新闻》2015年4月18日晨间版）。对于很多日本人来说，那场战争还留有诸多有待解释和定义的问题。

刚刚我已经提到，这本书是为年轻人所写的。不过，对于过去日本利用日俄战争的回忆，来将"九一八"事变正当化这种做法，即利用过去战争的观念与历史，为新的战争进行背书的行为，是值得包括中国人民在内的世界各国人民警惕的。

在第二次世界大战后期的太平洋战场上，日军既没有制海权也没有制空权，作为对手的美军则拥有压倒性的技术优势。但是，中日两国于1931年之后在中国东北与华北平原上展开的战斗，则大部分是士兵之间面对面的杀戮。日军给中国带去的惨祸，自然罄竹难书，而很多日本士兵也因此患上了严重的战争神经症。近年来，吉田裕的《日本军兵士》与中村江里的《战争与心理创伤》等研究，很好地揭示了这些事实。

当时身在中国的日军士兵与军官之中，也有不少人对于中国有着很深的理解。日本从明治初年开始施行义务兵制，到1943年甚至废止了对于学生的暂缓征召制度。因此，像在东京大学文学部学习研究中国文学的武田泰淳（1912—1976年）这样的人被征召进军队的例子，也并不罕见。

武田在他所写的《司马迁》的序文中，这样写道："我对于《史记》的思考，始于昭和十二年踏上战场之时。在充满危险的战地生活中，我越来越深切地感受到，这千古流传的古代经典的强大之处。那些在汉代写下的历史的世界，也让我有一种现代的感觉。当我思考着历史的严酷、世界的严酷，或者说现实的严酷之时，总是能在《史记》中找到一些参考或是根据。"

武田入伍之后被派往自己研究的国家——中国，他在那里重新认识了《史记》的世界和古代经典的力量。在战争期间，他写出了《司马迁》并成功出版。司马迁的《史记》完全着眼于政治中的个人，武田将司马迁这种对于世界的理解娓娓道来，意在与当时日本所信奉的"万世一系"的天皇神话形成对照。身处战争中的审查制度之下的知识分子，应该会很容易理解他的这番用意。

在经历了长时间战争的国家之间，居然还存在这样的关联性，我本人对于这一点也深感兴趣。在日本人与美国人之间，就很难发现诸如武田与司马迁，或是竹内好与鲁迅之间的那种关联性。反过来，如果是英国人或是美国人，倒是有可能通过文化、艺术、音乐等媒介，与德国人产生相似的关联性。长久以来不断从中国学习文化的日本，在近代以后又对中国产生了什么样的影响，这种日本视角下的说明，希望中国读者也能有所了解。

最后，我要感谢我的学生，目前正在东京大学大学院人文社会系研究科学习日本近代史的章霖，他利用写作博士论文的宝贵时间，付出了非同寻常的努力来翻译这本书。同时，也要感谢浙江人民出版社为出版本书所做的诸多努力。这本书另有繁体中文版已在中国香港和台湾地区出版，不过，作为作者，我相信浙江人民出版社的这个版本，才是最能正确反映我想法的中文"决定版"。

2019 年 1 月听闻中国月球车成功在月球背面着陆

加藤阳子

目　录

序　言

　　一直以来，我所写的通俗读物或是学术著作，大多是面向年龄层较高的读者，而非高中或者初中的学生们。那么我又是为什么突然起意，要和高中生们一起探讨从甲午战争到太平洋战争期间日本人所做的选择呢？首先，我想要从这一点开始说明。大学老师说话难免会让人感觉有些绕圈子，还请稍加忍耐，继续读下去。

　　从我到东京大学讲授日本近现代史开始，时间一下子已经过去了15年。因为隶属于文学部①，所以我的学生都是进入东大两年以上的本科生或是研究生。毫无疑问，他们每个人都很优秀。但是，在教学的过程中，对于首先在教养学部②时期将学生分为文理两科，再让文科学生分别进入法学部、经济学部、教育学部、文学部这种做法，我越来越感到疑惑。因为这样一来，最终就只有文

---

　　① 相当于我国大学的人文学院。

　　② 在第二次世界大战后的学制改革中，东京大学教养学部由旧制第一高等学校与旧制东京高等学校合并而来。学生入学后，先在教养学部学习两年，而后进入其他学部，或留在教养学部进一步学习专业知识。

学部的学生才会接触到日本近代史课程，这种安排是不是太迟了？有句老话不是说，打铁要趁热吗？

我所研究的对象，是从 1929 年"大萧条"开始的时代。那场经济危机经常被拿来与现代的金融危机相比较，当时的经济危机规模空前，影响了整个世界，随之而来的是一个充满战乱的时代。其中，我主要的着眼点是 20 世纪 30 年代的外交与军事。在报纸和电视上，人们常常会简单地把 30 年代的历史与现在的状况进行对比，但是，要简洁地回答从 30 年代的历史教训中我们能够学到什么这个问题，其实并不容易。

大家如果被问到 30 年代的历史教训是什么，能够马上回答出来吗？在这里，我试着从两个方面来回答这个问题。首先，从帝国议会众议院议员选举与县会①议员选举的结果，我们可以清楚地知道，直到 1937 年中日战争全面爆发为止，当时的民众一直试图通过政党政治来实现国内的民生改革（比如制定相关法律来认可劳动者的自由结社权、集体谈判权等权利，大家可以联想一下战后联合国军最高司令官总司令部实施的诸多类似改革）。其次，当时的民众也强烈期盼着能够有一个新的政治体制，通过正确地反映民意，来实现政权的更迭。

但是，相信大家已经知道，在战前的政治体制下，那些呼吁进行改革来提高国民生活水平的要求，在既存政党、贵族院、枢密院等诸多"围墙"的阻挡下始终未能实现。在这种情况下，又造成了什么样的后果呢？

---

①　1947 年《地方自治法》颁布之前，县议会的旧称。

因为在既存的政治体制下无法实现这些改革，结果就造成许多民众转而支持军部这个似是而非的改革推动者。说到这里，大家可能会露出不可思议的神情吧。但是，单就当时陆军提出的各种改革方案来看，诸如创设自耕农、制定工厂法、改进农村金融机关等内容，可以说都是非常优秀的民生改革。

大家应该可以想到，我在这里使用"似是而非"这个词的理由。因为这种改革的姿态终究只是一种假象，不论是陆军还是海军，最重视的肯定是国家的安全保障。如果到了与苏联的战争不可避免，或是要与美国开战的地步，那些旨在保障民众生活的改革就会在第一时间被毫不犹豫地抛弃。

通过这一点，我想要揭示的教训就是，当本来应该对国民的正当要求加以回应的系统无法正常运作时，就有可能出现这样一种政治势力，他们通过向民众虚假地展示那些遥不可及的梦想，来获得人民的支持。当然，我完全没有战前陆军那样的政治势力可能会卷土重来之类的意思。《莱特战记》和《俘虏记》的作者大冈升平①也在《战争》一书中大胆宣称，历史绝非单纯的循环，诸如"这条路似曾相识"②之类的想法，本身就是失败主义。

那么，现代政治体制的机能不全又是什么样的呢？一方面，其来源于如今选举制度的桎梏。在众议院议员的选举中，虽然也同时使用比例代表制，但六成的议席还是从小选区选出的。在一个选区只存在一个当选人的小选区制度下，执政党就有可能在失去民众

① 大冈升平（1909—1988 年），日本小说家、评论家、法国文学翻译家、研究者。

② 原文"この道はいつか来た道"，出自日本诗人、童谣作家北原秋白的童谣『この道』。

支持的情况下，也不解散众议院进行总选举。这种情况在2008年和2009年都真实地发生了①，在失去民众支持的情况下，本应该重新进行选举，但实际上却没能实现。

另一方面，同样在小选区制度下，那些对投票充满热情，并且在人数上占有优势的群体，其意见就会相对得到尊重。根据2005年的统计，65岁以上的老年人已经占到日本总人口的两成。在这种情况下，这些老年人还非常较真，投票率很高。例如，在2005年的选举中，高唱邮政民营化政策的自民党获得大胜。当时，60岁以上人群的投票率超过了80%，相对地，20多岁的年轻人的投票率则徘徊在40%。面对这种情况，小选区制度下的政治家显然无法忽视那些踊跃投票的老年人的意见和要求。这与战前的政友会等政党因为支持者中存在大量的地主，而未能实现创设自耕农、制定《小作法》②等政策的情况，十分相似。

再过17年，我也会成为一个名副其实的老年人，所以刚刚那些言论恐怕对我自己并没有什么好处。但是即便如此，我还是认为在义务教育阶段保障所有孩子能够得到健康保险，对单亲妈妈给予额外的援助这类政策亟须优先实施。遗憾的是，这些政策实际上并没有得到足够的预算支持，其中就有年轻一代的需求在政治上没能得到很好地反映这一客观原因。

这样的话，我觉得政府即使被批评偏袒年轻人，也必须下定决心去实施照顾年轻一代的政策，否则就没法公正地发挥自己的职

---

① 2009年，第45届日本众议院议员总选举中，民主党在得票率为42.41%的情况下，获得64%的议席（480席中的308席），出现小选区制度下扭曲民意的情况。

② 保护佃农佃耕权的相关法律。

能。在教育方面，一方面，国家需要从早期开始就准备好众多的优良教育内容来供人们选择；另一方面，我希望年轻人抱有自己是国家未来希望的觉悟，不分文理，努力学习历史，尤其是近现代史的知识。刚刚是从 30 年代的历史教训说起的，一下子就说到这里了呢。

这本书以朝日出版社铃木久仁子准备多年的策划为基础，在神奈川县私立荣光学园的石川昌纪老师、相原义信老师、福本淳老师，以及在后记中所提到的诸位老师的无私协助下，最终得以完成。另外，我还想说，对于在东京都私立樱荫学园度过了初中、高中生活的我来说，荣光学园是我踏入的第一所男校呢。

2007 年底到 2008 年元旦，我进行了为期 5 天的讲座，本书就是以该系列讲座内容为基础构成的。全书分为 5 章，序章从历史学家面对历史事件时的反应出发，引出世界著名历史学家们围绕历史事件所提出的问题，然后从这些了不起的问题出发，讲述历史在被解读的过程中可以变得多么富有趣味。第一章主要着眼于甲午战争，第二章则是日俄战争，第三章为第一次世界大战，接下来是"九一八"事变与中日战争，最后以太平洋战争收尾。要是单纯喜欢历史的话，从哪一章开始读大概都没问题，但是如果还抱着"历史不就是死记硬背吗"，或者"历史怎么看都不像是真正的学问呀"这类问题的话，还请务必从序章开始读起。

记得以前在写《战争的日本近现代史》[1] 这本书时，我就有一个计划，希望能够弄明白日本这样一个从甲午战争到太平洋战争，

---

[1]『戦争の日本近現代史』，讲谈社 2002 年版。

差不多每 10 年就经历一场大战的国家，是如何将一场场战争的理由正当化，从而获得民众支持的。之所以要厘清这些事实，是因为我自身一直抱有一个疑问，如果自己也生活在那个时代，是否同样会被国家的那些说辞所欺骗，我很怕自己也看不穿那些冠冕堂皇的话。

　　这次课程主要的探讨对象虽然已经众所周知，但这一次我希望尝试拓宽视野来关注这些问题。例如，在序章中，我将从以下三个论点出发，尝试总结出战争的根本特征。（1）"9·11"恐怖袭击之后的美国与中日战争期间的日本在对外认识上有什么共通之处？（2）在经历了出现大量死伤者的战争之后，国家为何需要新的社会契约？（3）卢梭曾说战争是一种攻击敌国宪法及构建社会结构的基本原理的暴力形态，那么作为太平洋战争的结果，日本又有哪些基本原理被改写了呢？

　　总而言之，本书探讨的主题就是各个时期的战争究竟对国际关系、地区秩序、参战国家及其社会产生了什么样的影响，以及各个时期的战争前后发生了什么样的变化。战争这一惨祸一直无情地反复发生着，不断地将参战各国的人民逼向绝望的深渊。在这次课程中，我希望让同学们站在作战计划的制定者，或是被派遣到中国东三省的移民等当事者的立场上，引导大家进行思考，也就是说，让这些过去的战争在我们的课程中再现。为了达到这样的效果，我们就需要简洁明了地总结那些每隔一段时间就会发生的战争的根本特征，以及战争带给地区秩序、国家及社会的影响和变化。这些思考的全部结果，就是这本书了。

　　另外，本书不会像地心说一般，只把日本作为中心，我也会从中国和西方列强的视角出发来审视问题，并尽量融入最新的研究成果。例如，将甲午战争视为日本与当时的清政府对东亚地区领导权的争夺的观点，以及根据旅顺会战中日本陆海军相对良好的协同作战能力，将日俄战争视为新形态的近代化战争这种俄国方面的观点。相信这种尽可能让人身临其境的讲述方式，不仅会得到年轻读者的喜欢，也不会辜负更高年龄层的读者们对本书的期待。

序　章

思考日本近现代史

一　从战争的视角审视近代

"9·11"恐怖袭击的含义

大家好，我是加藤阳子。从今天开始的一段时间，我想与大家一起从战争这个角度出发，探讨日本的历史。今天来到这里的大约有 20 个人吧。我听说大部分是历史研究部的成员，不过来自不同的年级。

——从初中一年级到高中二年级都有。

刚好是最合适的年龄层呢。

我呢，平时是在东京大学文学部讲授从日俄战争到太平洋战争为止的历史，最擅长的则是 20 世纪 30 年代的外交和军事。我经常被别人说："研究这种走下坡路的时代，有什么意思呀。"（笑）

要让大家立刻了解其中的有趣之处，确实是有点困难，我就先举个例子来说明吧。大家是否还记得，2001 年 9 月 11 日，美国在短时间内受到了多起恐怖袭击，当时人们将这样的恐怖袭击称为"新型战争"（war like no other）。这一观点首先就将焦点放在了这种过去未曾有过的战争形态上。所谓"新型"，就是指恐怖分子在未宣战的状况下，劫持民航客机撞击纽约的世贸双子塔——这一美国人心目中的象征性建筑——杀伤大量平民的方式。这种做法直接深入美国内部，利用一般人日常搭乘的民航飞机，对美国人的生活及工作场所进行袭击。

这里非常重要的一点就在于，美国所受到的攻击是在美国国内，在与美国民众的日常生活密切相关的地点发生的。因此，这起恐怖袭击与其说是由敌国倾全国之力挑起的对美国的战争，倒不如说是潜伏在美国国内的不法分子以无辜民众为目标进行的无差别杀人事件。也正是因为这一点，那些不法分子就可以被认为是需要借由国家权力进行镇压的对象。

如果是国与国之间的战争，必然会有五花八门、无论如何都不得不诉诸战争的原因，而且不论什么时代，每个国家都会主张自身不得不使用武力、进行战争的正当性。但在"9·11"事件中，美国的态度与其说是要击败战争中的敌国，不如说是要将那些违反国内社会秩序和法律的邪恶犯罪者绳之以法。在这样的情况下，感觉很难把敌方视为战争中的对手，或者说战争的当事人。

其实，日本也曾发生过类似的事。大家能想到吗？

——是什么时代的事呢？

在学校可能还没学到这一段吧。就是发生在我所擅长的 20 世纪 30 年代后期的事件，当时中日两国正在交战。日本在家世显赫的近卫文麿^①担任首相的时候，曾对当时身兼中国军事与政治领袖

---

① 近卫文麿（1891—1945 年），出生于宫廷贵族五摄家之一的近卫家，为第 30 任宗主，后阳成天皇的十二世孙，近卫笃磨公爵的长子。毕业于京都帝国大学法学部，昭和战前期的重要政治人物。先后任贵族院议员，第 9、13 任贵族院议长，第 34、38、39 任内阁总理大臣（首相），拓务大臣，农林大臣，司法大臣等职。二战结束后，被指定为甲级战犯，自杀身亡。

的蒋介石发出声明，当时日本说了什么呢？

——"不以国民政府为对手。"

没错，就是这样。教科书也有写。1937 年（昭和十二年）7 月 7 日，在北京郊外的卢沟桥发生的中日两军的冲突，瞬间就扩大为全面战争。但在这场战争爆发后大约半年，也就是 1938 年 1 月 16 日，近卫首相发出声明，表示"今后不以国民政府为对手"。

无视正在交战的国家，这算怎么回事？普通人大概都会这么想。但是，当时的军人们，以及本来应该辅佐并提供建议给近卫首相的智囊们却并不在意。不仅如此，他们对于战争还有更不可思议的看法。

比如 1939 年 1 月，作为被派遣到中国作战的日本陆军华中派遣军（原名"中支那派遣军"）心脏的司令部曾发出这样的言论："此次事变不是战争，而是报复，国际惯例认同以报复为目的的军事行动。"也就是说，当时日本进行的不是战争，而是"报复"，因此，这一军事行动也是被国际惯例认同的。

——报复？第一次听说……

确实如此呢。我甚至可以说，现代日本人当中，听过这个词的人可能基本上没有吧。如果用简洁明了的方式说明"报复"这个概念，就是当对方国家出现违反条约等不当行为时，可由我方采取相应的行动，制止其行为。而当时日军的借口就是中国没有遵守与日本签订的条约，所以必须采取武力行动来让中国遵守条约。

然而，当时国际惯例所认同的"报复"行动，都是程度比较轻微的。例如，当对方国家未遵守条约时，国际认同的对抗行动是扣留对方的货物或船只，从而让对方感到困扰。因此，1937 年 7

月全面爆发的中日战争，不能套用"报复"的概念。

目前为止所提到的，都是军人们的说法，而在近卫的智囊们所撰写的史料中，也发现了以非常不可思议的方式来称呼中日战争的例子，他们将这场战争视为"一种剿匪战"。大家听过"剿匪战"这个词吗？恐怕只有生活在二战结束之前时代的人们，才能在脑中立刻浮现这个词吧。"匪"，简单来说就是在国内为非作歹的坏人，就好像是山贼那样的形象，而"剿匪战"的意思，就是讨伐剿灭这些不法团体。

总之，只要能意识到日本在中日战争期间所抱有的"不将这场战争当作战争"，以及"不承认对方为交战对象"这样的认识就可以了。在某种意义上，2001年的美国与1937年的日本，都用一种相似的感觉看待各自眼前的战争：因为对方做了坏事，所以动武是理所当然的，甚至将这种战争看成是警察抓捕坏人的行动。

通过比较不同时代与背景的两场战争，从而发现乍看之下完全不相同的20世纪30年代的日本与现代美国之间隐藏着的共通点。其实，可以说历史乐趣的精髓，就在这种比较和相对化之中。经过前面的说明，大家有没有发现其实大学的近代史研究好像也蛮有意思的，而战争也可以作为近代史研究的切入点呢。

历史只是死记硬背吗？

我从初中时代开始就喜欢历史，进入樱荫学园初中部后就加入了历史社团，不过我同时也参加物理社团。因为喜欢历史，所以历史成绩很好，历史就成了我的得意科目。但在初中和高中时代，喜欢历史的人往往受到轻视，理由是"历史还不就是死记硬背，只

要背下来，根本不用动脑思考就能得分了"。大家觉得呢？有没有被
问过，相比物理、数学等科目，"为什么喜欢历史"这样的问题呢？

——基本没有欸。

是吗？现在不会被那样问了吗？

——不过，就算历史成绩好，感觉也没什么可骄傲的。另外，
确实会有历史就是死记硬背这样的感觉。

是啊，作为学校课程的历史，其实有点可怜呢。因为考试形
式的关系，一直到高中为止，历史总被认为是"死记硬背的东西"。
为了让大家更容易理解，下面就试着把历史和数学、物理来进行一
下比较。

当一个数学或者物理方面的问题的答案是"1"的时候，只要
确认了答案是"1"，那么就基本能够确定推导出这个答案的过程
的正确性。因为如果计算过程满是错误的话，恰好得出答案是"1"
的情形，几乎是不可能的。也就是说，只要能得出"1"这个答案，
就差不多可以确定中间的思考过程也是正确的。数学和物理这样的
科目，如果用简单粗暴的方式来总结的话，可以说只要有对于定理
的解释说明，并通过重复积累的例题与考试来进行反复确认，就能
达到该科目所要求的学习成效与目标，而且不论例题与考试的形式
如何，学习目标的达成度都能够得到具体的确认。

但历史科目就无法如此。就拿高中日本史B①来说，其学习指
导要点中的"目标"部分明确地写着这样一些内容。想必没有人看

————

① 日本的高中日本史教科书分为 A、B 两版。日本史 A 以近现代史为中心，日本史 B 则
是从古至今的通史。

过这部分内容，我就在这里稍做介绍吧。

以各类资料为基础，结合地理条件以及世界历史，对我国历史的进程进行综合探讨，并通过加深对于我国传统及文化特色的认识，培养历史思考能力，养成作为国际社会中的一个主体而存在的日本国民的觉悟与资质。

怎么样？相当艰涩难懂吧。把日本历史上发生的各种事件和现象与世界的动向相结合进行思考，到这里还比较好理解。对于接下来的部分，所谓探讨日本与世界的关系，加深对传统与文化的认识，从而获得作为国际社会生存资质的历史思考能力，我们又要如何来确认学生获得了这种思考能力呢？

为了做到这一点，就需要对各个历史事件之间因果关系的解释说明的妥当性，进行一一确认。为了进行这样的确认，就需要让学生进行论述，并在这一过程中尝试去了解其思考过程是不是巧妙、正确和妥当。例如，作为教师来说，在探讨1776年《美国独立宣言》与1789年法国大革命之间的因果关系时，真正想让学生做的是，让他们依据多种史料，论述这两个历史事件之间的因果关系。但是，为了在有限的时间里对众多考生的答案进行评分，在实际的大学入学考试里是没法出这样的题目的。于是，考题就不得不局限于"将以下五个事件依时间顺序进行排列"这样的形式，只是让学生回答《美国独立宣言》与法国大革命发生的时间先后顺序。在这种情况下，即使没有对因果关系进行恰当的探讨，但只要记住《美国独立宣言》发表于1776年，法国大革命是1789年，也可以顺利作答。

不过，最近的学习方式似乎也在向好的方向转变。大家听说过 PISA 调查吗？这是以经济合作与发展组织（OECD）会员国为中心，由参与国家共同开发，以 15 岁学生为对象的国际学生能力评估计划。日本 2006 年的测评结果非常糟糕，甚至被称作"PISA 冲击"。PISA 的评估内容涵盖阅读能力、数学运算能力和科学应用能力，而其中与历史课程相关的是阅读能力，即以论述形式进行写作。当时，日本学生阅读能力的测试结果相当糟糕，在 57 个国家中的排名分别是：阅读能力第 15 位、数学运算能力第 10 位、科学运用能力第 6 位。而在 2000 年举办的第一次评估中，日本学生的数学运算与科学应用能力分别居于第 1、2 位。总之，长期来看是一直呈现下滑的趋势。

总体来说，日本社会对与他人进行比较和来自外界的批评是较为敏感的，所以 PISA 评估的结果就促成了一种新的趋势，即对于一直以来忽视培养写作、论述能力的教育的否定。历史考试也必须进行写作论述，而对于理论的说明能力也绝非光靠死记硬背就可以培养的。随着这种新的认识渐渐为人们所接受，学生真正接触历史乐趣的机会也变多了。

二 民有、民治、民享

南北战争之时

对于现在和大家共同学习的这个讲座，我给它起的名字是"为了历史爱好者而办的特别讲座"。虽然这个名字容易被误认为是以上了年纪的老一辈人为主要对象的讲座，但是我用"为了历史爱好者"其实是有缘由的。我是在想着美国第 16 任总统林肯在宾夕法尼亚州葛底斯堡国家公墓进行的演讲，借鉴其中著名的"民有、民治、民享"（of the people，by the people，for the people），进而写下这句话的。

接下来，就通过分析葛底斯堡演说的主要内容来讨论下面的问题。具体而言，当我们思考历史的时候，应该如何开动脑筋呢？要怎么样才能从历史的角度来看问题？死记硬背以外的历史有什么有趣的地方？林肯是在 1863 年 11 月 19 日进行葛底斯堡演说的。这场演说非常有名，可以说众所周知，他主要阐述了根据民主主义原则来运作美国政治这样一个理想。在这里，希望大家站在林肯的角度想一想，当时的林肯为什么需要进行"民有、民治、民享"的

government of the people,
by the people,
for the people

演说呢？可以试着联想这一演说的时代背景。请大家赶快开动脑筋，试着在 25 个字以内，写出林肯必须提出这一理想的原因。

——25 个字不够吧？

只写必要的内容，这点字数应该就够了哦。先给一个提示，大家知道与这一演说有着紧密关系的那场战争吧？

——南北战争。

没错。南北战争是围绕着美国立国的理念，在北方的联邦政府与南方的联盟国之间发生的大规模战争，葛底斯堡演说正是因为这场有可能将美国一分为二的大规模战争而进行的。那么，林肯进行这一演说的具体目的是什么呢？答案的要点有两个。请已经写好的同学来说说看。

——在战争中，提高北方人民的士气。

在演说中揭示这一理想，是因为需要鼓舞士气。不论是现在（2007 年）的美国总统小布什，还是太平洋战争期间的日本，都竭尽全力去鼓舞士气。为了安抚民众，统一民心来应对战争，才会在演说中使用"民有"这样有力的话语。南北战争的决定性战役就发生在葛底斯堡。1863 年 7 月，兵力不相上下的南北两军（北军 8 万人、南军 7.5 万人）在此交战，北军在付出 2.3 万人伤亡的代价之后，获得了胜利。在这样一场重要战役的发生地，联邦政府的总统林肯发表了"民享"的演说。

联邦政府为这场胜利付出了巨大的牺牲，在历时 4 年的南北战争中，全美伤亡人数更是高达 62.5 万人。面对这样的情况，在南北战争的转折点、葛底斯堡战役的发生地、新落成的国家公墓，林肯进行了演说。面对幸存的北军士兵和联邦政府相关人士，他在对献身沙场的士兵表示哀悼之意的同时，也希望拂去人们心中隐约浮现的厌战情绪，毕竟今后的国家建设，还需要这些从战场上幸存下来的人。

除了那段有名的排比句，林肯还说了下面这段话。

对于我们这些活着的人来说，倒是应该把自己奉献于勇士们，并以崇高的精神境界向前推进未竟的事业，应该把自己奉献于依旧摆在我们面前的伟大任务。①

这是第一个要点。还有其他的吗？

——寻求北方联邦政府统治的正当性。

很好。相对于为了持续战争而鼓舞士气的角度，这个视角看到了更高层次的问题。南北战争将美国一分为二，给社会带来了巨大的裂痕。在这场内战中，林肯的对手除了南方联盟，还包括联邦政府内部在继续战争的方式等问题上与自己意见相左的众多人物。这场内战可以说背叛了那些从欧洲逃离，呕心沥血建立起一个统一合众国的先驱，为了把这场内战继续下去，仅仅靠鼓舞士气是不够的。为了彻底终结这场战争，还需要一个能够重新将美国整合为一个整体的理念，一种统合国家来共同迈向远大目标的意志。换言之，就是需要制定统一新国家的宪法，以此来指引国家的新目标。

对于将先人们所建立的国家维持下去的使命，林肯这样说道：

---

① 【美】卡耐基著，朱凡希译：《林肯传》，译林出版社 2017 年版，第 189—190 页。

87 年前，我们的先辈在这块大陆上创建了一个新的国家，它孕育于自由之中，奉行一切人生而平等的原则。现在，我们正从事着一场伟大的内战，以考验这个国家，或者说，以考验任何孕育于自由并奉行上述原则的国家能否长久地生存。[1]

总结一下上面的内容，就会发现林肯演说的目的，除了追悼战争的牺牲者，同时也是为了今后国家的统一以及国家的新目标。所以，原因就可以用"为了追悼牺牲者并设定国家的新目标"这 16 个字总结出来。而第二个要点就是，在战争结束之后，必须重新确立国家的目标和正当性。

另外，在思考这一演说的背景时，我想要再强调一遍，这场战争的战死者非常多。刚才已经说到伤亡的人数，如果单论阵亡者的话，又有多少呢？依照不同的资料和统计方式，得出的数字也不尽相同。根据《世界年鉴》的数据，在南北战争中阵亡的北军人数为 74524 人，南军为 110070 人，总计达 184594 人。出现如此庞大的阵亡人数，可见美国内战进行到了多么激烈的程度。

说起来，大家知道第二次世界大战时，美军在太平洋战场的阵亡人数大约是多少吗？

——……？

没有概念吗？美军在太平洋战场的阵亡人数是 92540 人。也就是说，南北战争的阵亡人数是在太平洋战场与日军战斗的美军阵亡人数的两倍。从这一点也可以大概感受到南北战争给美国所留下

---

① 【美】卡耐基著，朱凡希译：《林肯传》，译林出版社 2017 年版，第 189 页。

的深刻伤痕。当然，如果将欧洲战场也算上的话，美军在第二次世界大战中的阵亡总人数是294597人，还是比南北战争多的。

太平洋战争给日本造成了大量的人员伤亡，但是对于美国来说，太平洋战争的损失仍比不上南北战争。如果仔细揣摩的话，就可以感受到林肯的演说也在尝试缝合因内战而出现的美国社会的深刻裂痕。"为了让我们这个民有、民治、民享的政府永世长存"，就需要美国人民的奉献和牺牲，林肯如是说。

《日本国宪法》的由来

其实，令人过目难忘的"民有、民治、民享"，在现行的日本宪法中也能发现相似的表述，那就是1946年11月3日颁布的《日本国宪法》前言中的一节。

> 国政源于国民的严肃信托，其权威来自国民，其权力由国民的代表行使，其福利由国民享受。

"国政源于国民的严肃信托，其权威来自国民"代表民有，"其权力由国民的代表行使"则是民治，而"其福利由国民享受"就是民享。可以说，宪法前言的这段内容，就是基于"民有、民治、民享"的理念。

对于在《日本国宪法》前言中加入"民有、民治、民享"这一点，大家是否会感到惊讶呢？啊，并不惊讶吗？原来如此。大家都知道《日本国宪法》的条文本身是战后根据联合国军最高司令官总司令部（GHQ/SCAP）准备的草稿来制定的，既然是美国人起草的，那么出现林肯的话语当然也不奇怪。大家是这样想的吧？

请大家先记住刚刚所说的南北战争期间林肯的演说，以及《日本国宪法》前言中的这些内容，因为接下来我想先换个话题，提个小问题考一考大家。当然，稍后大家应该会发现，其实所有话题都是互相联系的。那么，在这里就容我稍微离题。曾经有位政治家说过，"历史就是数字"，具体是这样说的。

> 政治源于众人所在之处。且其起源之处的人数绝非数千人，至少应有数百万人，只有在这样的地方，才会诞生真正的政治。

历史就是数字，即使有数千人的诉求，政治也不会有所反应，只有达到数百万人的规模，政治才会开始出现反应。相当激进的观点呢。大家认为这段话是谁说的呢？给个提示，这个人在 20 世纪的前半期就已经去世了。

——不是日本人？

不是的。但如果是日本人说出这样一段话，感觉还挺厉害的。

——阿道夫·希特勒？

确实像是他会说出的话，但不是他。

——如果比希特勒还早的话，是伍德罗·威尔逊吗？

这要是被威尔逊听到的话，只怕他会悲愤而死吧，因为他是个坚定的自由主义者，肯定不会这样说话。

答案是列宁。他与威尔逊确实是同时代的人。列宁的祖国沙皇俄国在第一次世界大战中，与英国、法国还有日本同属协约国阵营。在与德国的激烈战争中，沙俄疲态尽显，终于在 1917 年 3 月爆发了二月革命，之后又在 11 月爆发了十月革命。在俄国革命的过程中，列宁与托洛茨基共同推动着革命的发展。

现在，我们试着再来理解一下刚刚所引用的列宁的话。列宁所说"诞生真正的政治"，如果进一步解释的话，大概可以得出"之前的都不是真正的政治"这样的结论吧。在 20 世纪前半期，可以断言没有"真正的政治""大众的政治"的大国，大概就是俄国了吧。因为当时的英国、美国、法国、德国等国自不待言，即使在没有受到殖民主义摧残的国家中，最晚建立立宪制度的日本，也已经在 19 世纪末制定了宪法，并建立了帝国议会制度。在尼古拉二世统治的沙俄倒台数年之后的 1922 年，苏维埃社会主义共和国联盟成立，苏联成为世界上第一个社会主义国家。

接下来我们慢慢回到正题，让战争转化为革命的政治家列宁所断言的"历史就是数字"这一结论告诉我们，当一个国家在战争中承受了巨大的人员伤亡时，伤亡数字所带来的冲击将会决定性地改变战后的社会。要理解这一点，就需要考虑第一次世界大战期间东线战场上俄方的巨大伤亡。

同样地，在探讨《日本国宪法》时，也必须把太平洋战争中日方的大量死伤和日本社会所遭受的重大打击一起加以思考。当然，说到日本的伤亡，我们也不能忘记在那场战争中，还有众多遭受了日本侵略的亚洲国家，战争同样给这些国家带去了大量的伤亡。

一提到日本宪法，马上就会出现诸如这是 GHQ 起草的宪法，是被迫接受的宪法等论调，但是这些都没有说到点子上。在这里需要注意的一点是，日本宪法与林肯的葛底斯堡演说在某种程度上是相似的，它们都揭示着这样一个真理：在众多的生命消失之后，国家需要新的社会契约，广义而言就是宪法。

说到宪法，特别是明治时代制定的《大日本帝国宪法》，大家的印象大概是所谓"不灭的大典"吧。然而，不论是葛底斯堡演讲还是《日本国宪法》，其实都属于某种新的社会契约，它们都明确构筑起了国家的基本秩序和信念。而从广义上来说，这就是宪法了。

不论是葛底斯堡演讲中关于"人民"的部分，还是《日本国宪法》当中"其权威来自国民，其权力由国民的代表行使，其福利由国民享受"的内容，都非常强调这一理念，而其背后却有着极为深刻的理由。根据日本厚生省（现厚生劳动省）的估计，包括军人、为军队提供劳务者以及平民在内，共有 310 万日本人在太平洋战争中丧生。

三　战争与社会契约

为了彻底动员人民的力量

对于新宪法或社会契约的需求，其产生的历史条件之一，就是所谓"总体战"（total war）这种新的战争形态的出现。为了在这种情况下作战，就必须提出相应的国家目标。而"民治"这个词汇在这时就显得尤为必要。总体战最单纯的定义就是不分前线和后方，全国青年男子的数量基本等同于被动员士兵的数量的战争。

第一次世界大战期间的欧洲及第二次世界大战期间的世界各国，几乎都处于总体战的状况下。为了让青年自愿从军而免去强制征兵的麻烦，从他们未成年时起，国家就会在教育中加入有利于募集士兵的内容。大家应该知道，国家为了进行这样的全面战争，就需要对忍受着辛劳的人民提出类似于"为了建立民主主义国家"这样的国家目标。国家如果不对其国民宣扬未来的希望和补偿，是无法持续地动员国民为战争出力的。

为了维护国家的团结，就需要设定新的国家目标。因为这个时候，承受着大规模动员的民众有可能对实施动员进行战争的国家的正当性产生怀疑。为了打消这种怀疑，国家往往会先将战争的目的加以明确。例如，美国参加第一次世界大战时的口号是："使民主制度安全屹立于世界"，"一场为了终结所有战争的战争"；相对地，德国、奥地利方面则将本国战争的目的定义为："为了捍卫民族生存的战争。"

大致上能够理解吗？目前为止所讲的问题，就是因战争而出现的大量牺牲以及总体战这一战争形态本身，都会从内部改变参战国家的社会。

接下来，我们尝试换一个角度，来看一看战争会对敌国产生什么样的作用。在这些作用生效之前，己方又是出于什么目的而选择开战的呢？

——为了让对手服从自己。

很好，就是当通过政治途径，比如外交交涉等手段无法说服对手时，就以武力使对方屈服，迫使对方服从自己。还有其他的想法吗？

——打败敌国军队，消灭其军事力量。

哦哦，真是尖锐呢。

只要击溃敌军的主力，就可以让对手陷入不得不投降的境地。19世纪上半叶，克劳塞维茨在其著作《战争论》中对战争进行了定义，即"战争是政治的延续"，这应该是关于战争最古典的定义。虽然普鲁士在与拿破仑的战争中屡战屡败，但是克劳塞维茨还是从普鲁士的视角出发，阐释了理想意义上的战争，并将相关思想的精华总结成书。其观点的一个特点在于，提出了政治领域的交涉与诉诸武力的战争之间在某种意义上的延续性。

战争是政治的延续，正因为参战各国普遍抱有这样的想法，所以在第一次世界大战吃了苦头的世界各国以美国为中心，签订了《非战公约》①，试图以条约的形式来禁止战争。二战前的日本政府也以初始签约国的身份加入了这份于 1928 年（昭和三年）签订的国际公约。公约第一条规定，放弃以战争作为国家政策的手段；第二条则规定，只能以和平方式解决国际争端或冲突。

在这一公约的约束下，只有自卫战争以及对发动侵略的国家的制裁行为是被允许的。如果回顾直到《非战公约》签署为止的人类漫长历史，就会明白，长久以来人们是如何将战争作为实施国家政策的手段或是解决国家之间纷争的工具，从而发动了无数的战争。

让我们回到之前的问题吧。战争会对敌国产生什么样的作用呢？进一步说，在战争中获得胜利的国家会对战败国提出什么样的要求呢？

——会压榨战败国。

好严厉呀。但是如果这样的话，恐怕会马上引发复仇战争，战胜国也没法过得安稳吧。

——占领并改变战败国的体制，将其改造成为符合本国利益的体制。

这确实是美国在入侵伊拉克后企图进行却未能实现，而且到现在也很难说已经达成的目标。刚刚的回答，很好地抓住了重点。

---

① 《非战公约》：全称《关于废弃战争作为国家政策工具的普遍公约》，亦称《巴黎非战公约》或《凯洛格—白里安公约》，由法国外交部部长白里安、美国国务卿凯洛格于 1927 年发起，1928 年 8 月 27 日，由 15 个国家于巴黎共同签署生效。

改变敌国的宪法

差不多该揭晓答案了。

关于战争所带来的某种根本上的影响这个问题，法国思想家卢梭也反复思考过。不过，因为卢梭关于这个问题的论文还没有日文译本，因此我一直都不知道。直到我读了东大法学部宪法学学者长谷部恭男教授的著作《何谓宪法》①，才感到异常的惊奇与趣味，真有一种恍然大悟之感。在这本书中，长谷部教授着眼于卢梭的论文《战争与战争状态》。卢梭的这篇论文写道：战争就是国家之间对于主权与社会契约的攻击。也就是说，是对敌国宪法的攻击。

在太平洋战争结束之后，美国占领了日本并实施了间接统治。而我们日本人则抱着这样的想法："哦，美国是作为民主主义的老师，本着到日本传授民主政治的目的来了"，把占领政策看成是美国特质的体现。而卢梭则早在18世纪就预见到了战后美国的这种做法。

卢梭当然只能知晓直到他本人生活的18世纪为止所发生的战争。对于19世纪的南北战争、普法战争（1870—1871年，发生于普鲁士及法国间的战争），以及20世纪的第一次世界大战，他都无法知晓。然而非常有趣的是，卢梭关于这个问题所阐述的基本理论，与19世纪、20世纪以及现代的战争都相符。如此卓越的洞察力，也是他成为闻名世界的哲学家的原因之一吧。

接下来，我想稍稍对卢梭的这一理论做进一步的说明。

---

① 『憲法とは何か』，岩波书店2006年版。

卢梭认为，战争不会在消灭了某国常备兵力的三成以后就恰到好处地结束，也不会在对方的国王举手投降时就宣告终结，战争的最终目的不是占有对方的领土（这种意图当然也会存在），或是收编对方的军队（这种意图还是会存在）。他将种种想法加以归纳，最终得出了结论，强迫对手改变对其而言最重要的社会基本秩序（广义而言，就是被叫作宪法的东西）这一行为，才是战争。

战争就是要直接介入敌国的社会基本秩序（即宪法），并将其改写。简单地说，为了给对手造成最大的伤害，就要对对方最重视的东西进行决定性的打击。这样思考的话，应该就可以了解卢梭的理论了吧。卢梭生活在 18 世纪，却预见了第二次世界大战这种要求敌方无条件投降的战争形态，真是不可思议呢。

第二次世界大战结束之后，德国、日本等战败国的宪法，即最重要的社会基本秩序，以英美式的议会制民主主义为范本进行了修正。因此，如果从历史的"数量"问题以及战争的目的这两方面进行思考，就会发现《日本国宪法》其实并非是美国热衷于理想主义而创造出来的产物。事实上，第二次世界大战结束后，不论哪一方获得胜利，恐怕都会发生由战胜国来改写战败国宪法的情况。

谈到这里，大家能够渐渐体会从战争的角度来考虑历史问题的有趣之处了吗？接下来，让我们试着探讨敌国与我国、敌方与我方之间的根本性差异。

日本宪法的根本宗旨是什么？

请大家想一想在美日交战后，美国获得胜利并改写日本宪法时，他们之间最大的差异在哪里？而战前的日本宪法的根本宗旨又是什么？构筑起战前日本社会的基本秩序又是什么呢？在事后来看，美国也正是借由战争的胜利将日本的这一部分进行了改写。简单来说，只需要两三个字的词汇就能表达出来，大家知道是什么吗？

——天皇是神的后代，其权力具有绝对性。

非常好的想法。这是根据 1946 年（昭和二十一年）1 月 1 日发布的否定天皇为神的诏书，即所谓"人间宣言"来说的。从美国的立场出发，也需要借由天皇之口来否定对天皇的神化，而这也从侧面证明了刚刚这位同学所说的就是战前日本宪法的根本宗旨。还有其他的吗？

——天皇作为国家元首统帅陆海军。

这是军事角度的回答吧。美国的制度是作为国民代表的国会拥有决定开战等权力，虽然实际上是由总统做出判断和决定。反观日本，在甲午战争、日俄战争这两场战争中，其实从开战到缔结和约为止的过程，与其说是由明治天皇来做出决定，不如说是元老们①在主导政治。到了第一次世界大战期间，就变成了既不是由大正天皇，也不是由元老，而是根据内阁的判断来决断。关于这一点，虽然《大日本帝国宪法》第十一条明文规定："由天皇统帅陆海军"，但也必须有人对天皇的统帅大权进行辅佐。内阁并不负责此事，而是由另外设置的，由陆军大臣、海军大臣、参谋总长、海军军令部长（1933 年起改为军令部总长）以及侍从武官长等官员

① 元老：明治维新之后，在日本政府中具有极高政治影响力的重臣。从明治到大正时期，共有 9 人被称为元老，分别是长州藩出身的伊藤博文、山县有朋、井上馨、桂太郎，萨摩藩出身的黑田清隆、松方正义、西乡从道、大山岩及西园寺公望。

组成的统帅机构来进行辅佐。

此外，有关宣战、和谈以及缔结条约等大权，也是如此。虽然宪法第十三条明文规定了"由天皇进行宣战、和谈及缔结各种条约"，但实际上也离不开国务大臣的辅佐。要得到两个字组成的答案，还要再加点油呢。《大日本帝国宪法》与现在的《日本国宪法》之间，最大的区别在哪儿呢？

——国家主权在天皇而非国民，统治国家的中心是天皇。

是的，没错。《大日本帝国宪法》第一条："大日本帝国由万世一系之天皇统治。"第四条："天皇为国家元首并总揽统治权，并依本宪法条规执行。"这些内容就说明了这一点。那么，如果用当时常用的两个字组成的惯用语来表达，由天皇统治国家的存在方式以及根本宗旨应该是什么呢？

——国体。

没错，刚刚我说两个字的时候，心里想的词就是"国体"。如果要用一个词来说明战前日本宪法的根本宗旨，那就是"国体"。换句话说，就是"天皇制"。1925 年制定的《治安维持法》规定："组织以变更国体或否定私有财产制度为目的之团体，或者明知其性质而加入者，处十年以下有期徒刑或监禁。"这里所说的国体，就是指天皇制。

可以说，美国通过战争的胜利，最终改变的是日本的天皇制。我们之前也说过，现在的《日本国宪法》前言部分："国政源于国民的严肃信托，其权威来自国民，其权力由国民的代表行使，其福利由国民享受"，与林肯演说中"民有、民治、民享"的精神基本一致。不过，就在这一部分的前面，还写着："兹宣布主权属于国民，并制定本宪法。"

大家是不是有点累了？（笑）

到这里为止，我们从美国与日本的战争形态的意外相同点出发，接着又从"为了历史爱好者"这个说法，把话题延伸到了林肯的演说与第二次世界大战后被改写的宪法之间意外的相同点。上面的共通之处就是"意外的相同点"。其实，不管是 20 世纪 30 年代的日本与现代的美国，还是 19 世纪 60 年代的美国与 1945 年前后的日本，都意外地存在着一些共通性呢。

但是，这些共通性必须从某个特定的角度去观察才能发现。比如第一个例子，就在于是否注意到战争的"形态"；而第二个例子，则在于是否能够发现卢梭所提出的，社会基本秩序将在大规模战争之后被改写这一理论。当我们谈到是否具备以历史的视角观察事物的能力时，其实就是在问能不能注意到这些历史的视角。

那么，我们要如何培养利用这种视角看待问题的能力呢？其实，这正是历史这门学问最重要的地方。

四 "为何和平只维持了 20 年？"

"怪人"卡尔老师

研究本国历史这门学问的环境可以说是有些麻烦的，因为作为分析主体的个人也必然要在其所研究的国家与社会当中呼吸与生存。因此，当生存在这个国家与社会中的人的内心，被诸如"日本为何要进行一场让 310 万日本人失去生命的战争呢？""为何没能从第一次世界大战的悲剧中学到教训，又一次开启战端呢？"这样一些"问题"所深深冲击的时候，他往往就会开始用历史的视角审视这些问题。因此，我认为历史的视角就来自烦恼之人所抱有的"问题"的迫切性。

那么，在包括日本在内的全世界范围内，过去历史研究的第一线所讨论和思考的日本史的"问题"又是什么呢？如果有教科书可以把这个"问题"明确化，肯定会相当有趣吧。这样一来，我会非常希望让初中生、高中生还有大学生等年轻读者，都切实地了解那本教科书提出的"问题"所在。等到"问题"广为人知，相信对于世间大众也会有很大的意义吧。

听到这里，已经有人开始产生疑问了吧。比如，没必要让初中生和高中生了解历史研究第一线的问题吧，除此之外，肯定还有更迫切的"问题"想要与初、高中生一起思考吧，等等。请再稍加忍耐，继续听下去。

学生时代真的很忙，除了有很多课程要学，还要忙着参加社团活动，还得费劲儿与朋友相处。不论多努力地对着没有太多闲暇时间的年轻朋友们说，学习日本史"将来一定有帮助"，可能都没办法引起他们的兴趣。对于那些已经成为历史的人们提出的根本"问题"，或许只有让初、高中生们实际感触这些问题产生的情境，才能抓住他们的心，并将其引向日本史的方向吧。

一个研究者，为何总是从思考某个想要解答的"问题"开始自己的研究？而那个"问题"又为何值得投入心血去追寻答案？我们的教科书，可以说是众多研究者对于他们所追寻的"问题"的探究结果的集大成者。如果能够有更具真实代入感的教科书，那就太好了。

所谓感触第一线研究诞生的情境，具体而言是指什么呢？接下来，我想要谈一谈英国历史学家爱德华·霍列特·卡尔①在20世纪30年代所思索的迫切问题。

卡尔曾经在英国剑桥大学三一学院担任历史学教授，他在1982年去世。在英国，受到尊敬的历史学者大多是从理想主义的立场出发，讨论文明史观等宏大论点的学者，但卡尔并非如此，他

---

① 爱德华·霍列特·卡尔（Edward Hallett Carr），一般简称 E.H. 卡尔（1892—1982年），英国历史学家、国际关系学者。

会在列举各种细微史料的同时，阐述关于英国未来的黯淡预测。因为他同时也是苏联史专家，所以被视为亲苏派，在美苏冷战最高峰的时代，英国学界以及其他知识分子等都对他有些敬而远之。这样的卡尔老师，在日本倒是特别受欢迎。

在卡尔的著作中，以《历史是什么？》[①]最为出名，这本书非常阴郁，让人感到不可思议，如果现在冷静地阅读的话，甚至会产生为什么如此难懂的书会畅销的疑问。这本书是以卡尔 1961 年在剑桥大学所做的一系列演讲为基础完成的作品，内容确实很难懂。尽管如此，但因为其中重要的部分经常被引用，所以即使是年轻的各位，或许也曾经听过。

历史是现在与过去之间永无休止的对话。

所谓"现在与过去之间永无休止的对话"，听起来并没有剧情最高潮的时候，主人公说出决定性台词那样的感觉，而就像在说很普通的事情一样呢。尽管如此，我还是觉得卡尔老师是个非常有趣的人。首先，我们从卡尔的个人情况开始讲讲他的有趣之处。卡尔是个名副其实的勤奋向学的人，曾在第一次世界大战时担任外交官，还曾在英国极具影响力的《泰晤士报》发表社论，63 岁时成了剑桥大学的老师。

一方面，卡尔会咒骂圣诞节假期。在基督教思想中，圣诞节

---

① 原书题为 *What is history?*，日本译为『歴史とは何か』，岩波书店 1962 年版。中译本《历史是什么？》，商务印书馆 2011 年版。

假期是休息并与家人团聚的重要时间。但是，卡尔因为讨厌研究时间被削减，就咒骂圣诞节。另一方面，如此热衷于研究的卡尔老师却不知为何有过三次婚姻，而且其中两次的结婚对象还是有孩子的已婚女性，他最后一次结婚是在 74 岁的时候。

大家肯定不知道与带着孩子的已婚女性结婚的辛苦吧，（笑）那无疑是一件非常非常费时费力的麻烦事。除了要尽快办妥与前妻的离婚手续，还得等待对方离婚，相当麻烦。我总会不由自主地想，卡尔先生既讨厌圣诞节又厌恶人际关系，但他为什么又不断重复如此麻烦的事呢？（笑）

为什么我能够像亲眼所见一般来讲述这些趣闻呢？那是因为在卡尔的大弟子为他写的传记里，这些事都被认真地记录下来了。英国是个会把一个人的好坏都确切记录下来的民族，比如说一个政治家，如果不能直接对他是不是坏人这样一个问题做肯定回答，就有可能会被认为没有政治家的才能。英国人的思考方式还真是相当成熟呢。

卡尔的传记《正直之恶》，是由卡尔的弟子、同在剑桥大学讲授俄国史的老师所写的，原文书名为 Vices of Integrity。我第一次看到这个书名时，曾经一瞬间惊讶地觉得是不是把"美德"（virtue）误写成了"恶习"（vice）。为什么卡尔会被说有"正直之恶"呢？接下来，终于要进入正题了。让我们好好思考一下卡尔所面对的"问题"吧。

写在大战爆发前的书

在第二次世界大战爆发的 1939 年，卡尔老师完成了《20 年危机（1919—1939）》（*The Twenty Years Crisis : 1919—1939*）这本书。据说这本书是卡尔一边听开战快报，一边修改完成的。让卡尔动念写下这本书的，就是"为何和平只维持了 20 年"这个问题。这本书的副标题提到的 1919 年，举办了一场有名的会议，有谁知道这个被冠以举办地名字的重要会议叫什么吗？给个提示，这次会议是因为前一年结束的世界大战而召开的，从 1919 年开始，和平总算是回来了。

——巴黎和会。

对。卡尔提出的问题是：第一次世界大战结束以后的 1919 年，召开了巴黎和会，构筑起凡尔赛体系，并开始了建立国际联盟的尝试，可为什么这一切在 20 年后就面临破产了呢？《20 年危机》正是卡尔为解答这个迫切的问题而写下的书。1920 年，即巴黎和会后的第二年，虽然美国最后在参议院的反对下没有加入，但国际联盟还是以英国、法国、意大利和日本为中心被建立起来了。对卡尔来说，寻找国际联盟失败的原因，有着关乎自己存在意义的迫切性。这是因为卡尔从剑桥大学三一学院毕业之后不久，曾以外交官身份出席巴黎和会。在会议即将举行之际，英国外交部副大臣哈丁从外交部选出 18 人，派往巴黎参加和会，而卡尔就是这 18 名出席者之一。这次会议的经历想必给了卡尔相当强烈的刺激，因为在和会上，卡尔参加了新兴国家委员会，目睹了小国和战败国的利益被当作战利品与筹码，被随意处置。

他所看到的是，丝毫不了解大战始末，而且对于欧洲和西亚的地理历史情势既不了解也没有兴趣的威尔逊总统等人，却要做出对这些地区的人民而言生死攸关的重要决定。威尔逊的做法，是否能够治愈饱受战争创伤、业已分裂的欧洲？正因为有这样的经历，所以卡尔在《20年危机》中回顾道："（威尔逊）真心地相信政策应该从道德伦理中导出，而非由政策来引出道德伦理，真是个空想型的政治家。"然而，正是这样的政治家，在美国切实发挥了自己的影响力。

卡尔一边听着第二次世界大战逐渐接近的脚步声，一边焦虑于一般英国人普遍持有的看法。大多数人单纯地认为，引起20世纪30年代大灾难（即希特勒的纳粹德国的出现）的原因，在于未能对德、意、日三国百分之百地严格执行国际联盟的盟约，或者是英、美、法等大国未能及早应对德、意、日的挑战。

如果让卡尔来说的话，这些说明不过是把相同的事情用不同的方式进行了转述，根本无法说明为何德国、意大利及日本没有如其他国家所预期和希望的那样行动，而是选择发动战争。

在第一次世界大战中，交战各国的总阵亡人数超过1000万，在西线战场构筑起的战壕总长度，几乎可以绕地球一圈。为了不再重复这样的战祸而组织国际联盟的尝试，为何仅仅20年后就破产了呢？卡尔并不认为如果更早一些对德国、意大利及日本发起攻击，就能解决问题。那么，他又是如何回答自己的问题的呢？当这本书在第二次世界大战爆发不久后发行时，大概会让许多英国的政客和知识分子感到困扰吧，因为卡尔就像是朝着正处于开战不久这样一个重要时期的英国政府和人民泼了一盆冷水。卡尔的回答是这样的：

　　人们之所以无法运用正确的原理，并非因为自身的愚蠢或是邪恶，可能是因为原理本身有误，根本就是无用之物。

错在联盟

也就是说，卡尔直言错不在作为敌方的德国，而是国际联盟有错，国际联盟对于战败国德国的处分方式是不对的，甚至由美国、法国及英国等大国主导构筑起来的第一次世界大战后的世界秩序本身就是错误的。

——真是大胆啊。

日本、德国和意大利都是第二次世界大战的战败国，卡尔的说法等于是帮着战败国说话，表示开战错在英美，所以日本人可能会产生"卡尔老师，说得真好"这样的感觉，而这可能也是《历史是什么？》《20 年危机》等卡尔的著作在日本被广泛阅读的原因吧。在英国备受欢迎的汤因比等历史学家，大多是站在文化论这样的制高点上的理想主义者，他们总是会论述如希特勒那样的邪恶精神出现的原因，最后展开相信人性之美之类的论述。卡尔的观点则非常冷静透彻，他认为，巴黎和会上的错误决定以及国际联盟的错误作为，都有意地将错误的事强加给德国等国，这当然会导致被压迫的国家试图突破被强加到自己身上的困境。

而在原理错误时，为了遏制日本和德国，英国应该怎么做呢？卡尔在《20 年危机》中也对这个难题进行了回答，大家可以想到他的答案吗？为了抑制德国、意大利及日本等对当时国际秩序不满的国家的抬头，书中给出了英国应该采取的对策。

——欸……

当德国于 1939 年 9 月入侵波兰时，英国应该怎么做才能遏制这样的侵略行动呢？认为第一次世界大战后的"原理本身有误"的卡尔，对于英国在30年代要做出何种选择才能改变历史的潮流这一点，是怎么考虑的呢？

——这么说可能有点奇怪，在第一次世界大战输掉就行了。

嗯，这个答案太有意思了。（笑）

如果是一个真正的英国保守派大叔说出这个答案的话，倒是完全可以理解。因为在第二次世界大战后的世界非殖民化浪潮（亚洲、非洲等地的大英帝国殖民地国家相继获得独立）中，某些英国国民会有这样一种心情，虽然表面上英国赢得了第二次世界大战，但实际上如果没有那场战争的话，英国就能继续保有殖民地。虽然现在的答案非常出乎意料且很有深度，但和卡尔老师的想法还是有些出入。

——先发制人？

果然是喜欢先发制人的日本人的想法呢。不过挺好的，先发制人这个想法渐渐接近答案了。

——是哪个时期的事呢？

卡尔老师所设想的英国本来该做的事情，大概是到20世纪30年代中期为止的。换句话说，就是在第二次世界大战开始前的四五年，英国应该做什么呢？

——延续英日同盟。

这也是很重要的想法。英日同盟的最大优点在于英国可以保持在欧洲和亚洲的海军军力。但就实际的历史走向而言，在1921年底召开的华盛顿会议上，英日同盟就已经告终（在第一次世界大战后显出疲态的英国认为，太平洋方面的安全保障不能缺少美国的协助，所以就缔结了由美国、英国、法国及日本四国参加的《四国条约》来代替英日同盟），所以延续英日同盟的想法只能是历史的假设。

差不多该说明卡尔老师的想法了。他认为，英国不应该试图以国际联盟的权威为支撑，单纯通过言语或是理论来抑制德国、意大利和日本，英国唯一应该做的就是加强海军军力。凡尔赛—华盛顿体系，即一战以后以国际联盟为中心构筑国际秩序的想法，也可以说是一种重视经济的安全保障观，德、意、日三国都将其视为既得利益国家试图维持现状的做法而加以批判。卡尔认为，面对持有如此主张的国家，显然无法光靠言语来制止，在缺乏优势军力的情况下，试图维持现状的国家是无法遏制意图打破既有秩序的国家的。

那么必须思考的一点就是，30 年代前半期的英国是否还有余力来扩充海军军力。与法国一样，英国是受到 1929 年 10 月那场从美国开始的"大萧条"的冲击最严重的国家之一，尤其是随之而来的高失业率，使英国饱受其苦。1930 年末，英国的失业人口是 250 万，到了 1931 年年中，这一数字达到了 270 万，并且还在持续增长，直到 1933 年。

因此，卡尔认为，如果英国不能通过扩充海军这样的强硬政策来压制德国，就不应该以国际联盟为后盾来刺激德国。对于英国而言，这个结论可谓相当黯淡呢。如果无法扩充海军，就应该在更早的时期，更真诚地与德国进行交涉。

从特殊到一般

现在，让我们思考一下卡尔在英国不受欢迎的另一个理由。

他在英国国内不讨人喜欢，除了因为对已经站在第二次世界大战入口的英国指责国际联盟的做法是错误的之外，其实还有其他原因。通过这一点，或许可以让大家更了解所谓的历史视角。不好意思，现在又来了一个唐突的问题，请问，大家认为历史是科学吗？

——历史与科学好像不一样吧……

哪里不同呢？

——科学给人的印象是，通过实验来探究未知事物，从而阐明真理；而历史嘛，就是研究过去发生的事。

没错。感觉上，科学给人的印象是诸如发现存在于自然中的规律，或是研究那些可以通过反复实验来验证的问题；而历史，就是发生在过去的事。总之，认为历史并非科学的意见似乎比较多。

但是，卡尔却主张"历史是科学"，反驳了"历史非科学"的观点。而他提出这一观点的时间是 1961 年，大约就是各位的父母出生的时候。

卡尔的观点最有趣的部分，是他同时主张"历史是科学"和"历史是进步的"。在 1961 年前后，相当多的英国人虽然说不出历史是否是科学，但想必也不会认为历史是进步的。

让我们先来听听卡尔如何解释"进步"的意义。在当时的英国社会中，弥漫着相当强烈的反苏情绪。1951 年，苏联间谍"剑桥五人组"①中的盖伊·伯吉斯和唐纳德·马克林，因身份暴露逃

① 剑桥五人组（Cambridge Five），指被苏联招募为间谍的 5 名英国人。其中四人分别是：盖伊·伯吉斯、唐纳德·马克林、金·菲尔比及安东尼·布兰特。第五个人的身份虽然众说纷纭，但根据四人的苏联上司兼接应奥列格·戈迪夫斯基的说法，此人应为英国情报人员约翰·克恩克罗斯。五人均出身英国中上流社会，20 世纪 30 年代，他们在剑桥大学就读时，因反对法西斯主义而同情共产主义者，毕业后被正式招揽，开始将情报泄露给克格勃逃

亡苏联。而在卡尔发表以上观点之后不久的 1963 年，同为"五人组"成员的金·菲尔比也逃到了苏联。

卡尔并不在意这样的社会状况，表示"为了实现经济及社会平等的社会，就应当被视为进步的"。在当时，提到实现经济及社会平等的话，就会被认为是指共产主义国家苏联和中国。因此，英国保守派也批评卡尔的观点，声称"20 年后，卡尔的书会成为苏联教科书"。在那个年代，如果说"历史是进步的"，就会被认为倾向共产主义。

所以，"历史是科学"这句话也被认为是相当过激的表述。卡尔说道，主张历史并非科学的人常常引用两个观点：一是由于历史主要记录特殊事件，而科学则研究一般事物，因此历史并非科学；二是历史无法给予任何经验教训，也就是说，因为历史是无法进行归纳的学问，所以也不可能从中得到经验教训。卡尔首先将以上两点作为自己辩驳的对象。

那么应该如何进行反驳呢？首先，卡尔认为历史记录的是特殊事件，而科学是研究一般事物这样的区分方式并不恰当。历史学家真正关心的并非特殊事件，而是隐藏于特殊事件内部的一般事件。正是因为对这些事件有兴趣，才会不厌其烦地去挖掘其中的细节。在座的各位或许也有同感吧。（笑）卡尔认为，历史学家是无意识地在特殊之中寻找一般。对于这一点，他说明如下。

传闻理查德三世（1483—1485 年的英格兰国王）在伦敦塔中杀害了其他王子，但在没有任何具体证据的情况下，历史学家会怎么想呢？"解决可能继承王位的竞争对手的行为，是当时统治者们的习惯吗？"虽然用"解决"这个说法不太好听，但卡尔老师表示，这样的问题会立刻无意识地在脑海中浮现。

直到 15 世纪末的某个时期，理查德三世都被视作恶名昭彰的国王。关于这位国王有许多传说，比如将可能与自己竞争王位的对手幽禁在伦敦塔中并将其杀害，等等。当历史上流传着这些传说时，历史学家首先要做的是将问题一般化。"在 15 世纪，杀害王位竞争者的举动是一般行为吗？如果亲手杀了自己的亲人，会不会反而让自身王位的正统性出现问题，甚至因此丧失政治生命？所以恐怕这不是上策。"历史学家在看待过去的某一事件时，经常会无意识地尝试将其一般化，将个例与普遍、特殊与一般联系在一起去思考。这种思考方式，就可以说是从历史角度出发的。

对了，理查德三世非常有名，他是为什么而出名的呢？

——莎士比亚。

荣光学园的学生真是厉害，马上就答上来了。《理查三世》，他的名字本身就已经成为莎翁的戏剧了。《理查三世》大概是与日本的《忠臣藏》①一样被反复上演、极受欢迎的剧作吧。卡尔以众所周知的理查德三世为例，说明了为什么不能以科学可以一般化，而历史有特殊性这样的理由，将两者区分开来。

历史影响现在的例子

卡尔老师也不赞同因为历史只发生一次，所以无法从历史中学习，或是历史不能提供经验教训的说法。有些人顽固地主张历史

---

① 原名《假名手本忠臣藏》，通称《忠臣藏》，是以元禄十四年（1701 年）的赤穗事件为题材的人形净瑠璃以及歌舞伎的代表剧目。宽延元年（1748 年），在大阪竹本座初演，是日本最优秀的歌舞伎剧目之一。

事件是由个别特殊事件积累而成，这些事件相互独立，也就谈不上有什么经验教训。对于这样的看法，卡尔针锋相对地认为，历史是能够提供经验教训的，历史人物的个性或是某一特殊事件，都可能对后世产生影响。

某一事件的过程会影响之后的不同事件，当事者的行为会受到过去某些记忆的束缚。大家可以试着联想一下，历史上的某一事件强烈地影响到其他事件的例子。

卡尔所举的例子是发生于 1917 年的俄国革命。发动十月革命的是被称为布尔什维克的团体，其中有不少犹太裔俄罗斯人。布尔什维克当中有不少人认为，1789 年的法国大革命是因为拿破仑这个兼具军事领导才能与人格魅力的领袖的崛起而变质的，其结果是让欧洲进入了长期的战争状态。

布尔什维克通过历史，了解了法国大革命的结局。当他们思索俄国革命的前途时，就面临选择什么人来成为列宁继承者的问题。如果选择拿破仑那样富有魅力的军事领袖，结局恐怕会像法国革命一样，导致革命变质。所以列宁死后，他们没有选择具有军事领袖魅力的托洛茨基，而是足以控制国内状况的斯大林。

在第一次世界大战以及之后与反革命势力作战的过程中，斯大林完全没有体现出军事领袖的魅力。而托洛茨基则是历经内战的一员猛将，在第一次世界大战时，他更是竭力与德国进行单独媾和谈判，从而让俄国得以从第一次世界大战中脱身的英雄。那时的托洛茨基承受着来自国内的诸多压力，比如，怎么可以让俄国受到如此巨大的损失，这样下去要亡国了，等等。为了让革命取得成功，他坚持必须与德国达成协议，并割让了爱沙尼亚和拉脱维亚等领土。这是有史以来一个欧洲帝国因一场战争而割让最多领土的案例，但结果是使俄国终于得以脱离一战，进而让俄国革命获得了成功。托洛茨基具备这样高超的政治才能。

托洛茨基有可能成为第二个拿破仑，所以选择来自格鲁吉亚的乡下人斯大林会更安全。

肩负着俄国革命大业的人们因为了解法国大革命的结局和拿破仑的崛起，所以选择了斯大林，这之间有着相当大的因果关系，完全可以说是活用了经验教训之后的选择。所以，某些事件确实会影响到看似毫无关系的其他事件，并留下相应的经验教训。然而，非常重要的一点是，这种影响对于人类来说，并非全部有益或者正确。20 世纪 30 年代后半期，斯大林开始在红军内部以及苏联的经济、文化界展开肃反，牺牲者据说达到了数百万人，这也使得他的名字带上了恐怖之感。

听了刚才的内容，大家有没有想到相似的例子？不论是日本的还是其他国家的，也不管是小事情还是大事件，都可以。

——虽然不是很确定，比如日俄战争与土耳其革命的关系。

非常好的回答。这是与日本史、世界史都有关系的事件呢。1905 年，日本这样一个黄种人的、非基督教的、才打开国门的国家，勉勉强强地打败了沙俄帝国这个白种人的基督教国家，虽然很不容易，但终归是胜利了。这一事件不仅对东亚的殖民地、半殖民地国家产生了很大的影响，而且强烈地影响到了正准备开始现代化进程的土耳其。土耳其革命家凯末尔·阿塔图尔克的确受到了日俄战争的影响。

拥有宪法的国家（日本）比没有宪法的国家（俄国）强，设立

议会的国家（日本）比没有议会的国家（俄国）强，这样的经验教训流传到了世界各国。1905 年，凯末尔从陆军学校毕业成为上尉参谋后，组织起"祖国与自由党"参与政治活动，最终在 1923 年建立共和制，并成为土耳其第一任总统。

通过俄国的革命者们选择斯大林而非托洛茨基作为列宁的继承者这个例子，我的脑中瞬间浮现的是西乡隆盛与统帅权独立的关系。接下来我会详细地说明这一点，请大家仔细听。说到西乡隆盛，大家有没有想过这样一个问题：为什么上野公园里会有不修边幅地穿着和服遛狗的西乡先生的铜像？（笑）

拿破仑、托洛茨基与西乡隆盛的共通点是，三人都拥有军事领导才能和极大的人格魅力。大家都知道，从倒幕开始到明治维新的政局当中，西乡在军事方面做出了相当大的贡献，其中之一就是兵不血刃地占领了江户城。而同为政治家的大久保利通、岩仓具视、三条实美以及伊藤博文等人，都不会带兵打仗。此外，西乡作为政治家也有着很高的声望，明治天皇对他相当信赖，可以说，西乡拥有文武双全的领导能力。

但是，西乡却在 1877 年（明治十年）的西南战争中，被反政府势力拥戴为领导人，最后于 9 月 24 日在鹿儿岛的城山切腹自杀了。西南战争爆发那一年，正好也是火星与地球距离相对较近的一年，因此，据说从这一年的 8 月上旬左右开始，在东方的天空可以见到又大又耀眼的星星。由于火星接近的关系，再加上景仰在西南战争中与政府军对抗的西乡，人们就将这颗行星称为"西乡星"，并以此为题材创作了很多彩色的浮世绘版画。学习院大学的井上勋教授介绍了其中一幅，相当有意思。

在这幅浮世绘中，身穿大礼服、骑着马的西乡与部下桐野利秋一起被描绘在圆形的星星里，底下则有许多人在拜这颗"西乡星"。这些人的多样出身背景，正说明了西乡受欢迎的程度。都有哪些人在拜西乡呢？有背着小孩的母亲、年轻女性、小妾等市井百姓，还有士族、农民、商人、手艺人、演员以及僧侣等，全都是普通人。里面没有出现的大概就是政府的公职人员、军人和神社的神官了。总而言之，那些拜西乡的人都是些在现实社会中与身居高位者无缘的人。由此可见，相比政府方面，站在反政府立场上的西乡更受市井民众的喜爱。

西乡在拥有军事领导才能的同时，作为政治家也极为优秀，这样的人在西南战争中切腹自尽，可以说让政府松了一口气，但想必也着实惊出了一身冷汗吧。如果今后再出现类似西乡这样文武双全又深受民众爱戴的领导人所发起的叛乱，政府肯定会非常苦恼。

西南战争后的第二年，即 1878 年 8 月，一方面，近卫炮兵队因为对薪水不满而发起竹桥暴动；另一方面，为了避免当时的自由民权运动影响到军队内部，山县有朋产生了把军队与政治相分离，即所谓统帅权独立的想法。在这一年，作为参谋本部长的山县亲自制定规章，规定由参谋本部长独揽军令（调动军队）事务。如果仔细观察山县的行动，就可以发现他所做的决定不仅仅是因为惧怕自由民权运动，试图阻止这场运动对军队的影响。西南战争中，他亲自上阵指挥与西乡对抗的经验教训，也对他的决定有相当大的影响。把军事领导权与政治领导权分开，对国家的安全较为有利，这一举措也有防止发生叛乱的考虑吧。

之前我们说过，因为把斯大林选为列宁的继承者而造成了诸多不幸，西乡隆盛与统帅权独立的关系，或许也同样导致了人类历史上的惨祸。在中日战争、太平洋战争的各个局面中，由于外交、政治与军事脱节，导致战争陷入了不知如何停止的状况，这给日本本国以及其他国家的人民带去了巨大灾难。

五 历史的误用

出类拔萃的精英们错了吗？

回顾前面的内容我们可以发现，当需要做出政治方面的重要判断时，人们从历史事件中得来的错误评估和经验教训是如此之多。最后，我想通过介绍美国历史学家欧内斯特·梅（Ernest Richard May），来谈一谈历史的误用。梅教授是哈佛大学政治学教授，他在 1973 年出版了《历史的教训》（*The Lessons of the Past*）一书。对比英文书名就知道，"历史"一词只是译者的翻译，实际上是指过去的经验教训，或者说是关于过去的一堂课。

梅教授是在什么样的契机下，决心要写《历史的教训》这本书呢？他的"问题"又是什么呢？大家能想到吗？提示一下，这本书是在 1973 年出版的。

——石油危机。

嗯，这个点不错。再想一想受到石油危机影响的事件，就能得出答案了。

——越南战争的结束。

对，非常好，就是越战。越战结束于1975年，而1973年是美军从越南撤军的年份。美国国务卿基辛格策划了与越南民主共和国的和平协议，并因此获得了诺贝尔和平奖。梅教授当时在做什么呢？他因为编纂越南战争史的缘故，暂时待在政府机关里。

梅教授当时怀抱这样一个问题："为什么美国会如同掉进了泥沼中一般，深陷越南局势之中？"越战的相关政策是由美国政府机关中被称为"最好和最聪明的人"（The Best and Brightest）所制定的，这些出类拔萃的精英们为什么会做出跳进泥潭的决定呢？梅教授在阅读史料与相关记录的时候，一直在思考这个问题，并进一步将其整理成三个命题。

1. 外交政策制定者（makers of foreign policy）常常会受到他们所相信的历史所给出的教训或预测的影响。

2. 政策制定者（policy makers）则经常会误用历史。当他们准备制定政策、思考那些自己必须做出判断的问题时，会一边承受着压力，一边拼命地希望从历史中找出类似的案例。过去的人们面对相似的问题是怎么做的？当时的政府又是怎么做的？但是，关于当时的历史往往还有很多事实没有被完全阐明，而且人们所能想到的历史，范围其实是非常有限的。我们的思维很容易被自己首先想到的案例所局限，即便是最优秀的政策制定者，要在尽可能广泛的历史事件中找出类似的案例，也是非常困难的。梅教授首先认定，美国的政策制定者（即决策者）所陷入的历史的误用，就是在这样的框架下产生的。

当人们必须做出重大决定时，会无意识地把自己所知范围内的过去的事件用自己的解释，将"这件事、那件事，还有那件事……"进行参照，并互相联系，同时在脑海中极其快速地进行整理比较，找出哪件事可以作为参考，哪件事与这次的问题具有"一致性"。当大脑进行这种工作时，思考范围的广度及对于过去经验教训所进行的解释的真实性，都会对正确使用历史作为经验教训产生影响。因此，研究历史时就不应该有偏左或偏右的观点，如果一味偏向一方，那么存储在脑海中的关于经验教训的"历史"索引就无法正常运作，也就没法得到恰当的答案了。

反过来说，在做出重要决定时，那些更有可能在最后做出正确决定的人，就是能够在头脑中广泛地将大量过去的事件与其接近真实的解释相联系进行思考的人。最后，让我们来看看梅教授的第三个命题。

3. 政策制定者可能会有意识地对历史进行选择性的利用。

简而言之，梅教授想说的就是，请为政府指引方向的政策制定者们多多阅读历史吧。梅教授为了让政府的决策者们能够仔细倾听自己的主张，非常翔实又生动地讲述了美国在第二次世界大战前、冷战后、朝鲜战争时以及在越战的局势中，都是如何误用历史的。接下来，让我们来稍微谈一谈梅教授所举的误用历史的案例。

要求无条件投降的原因

梅教授认为，美国在选择结束第二次世界大战的方法时，很明显地误用了历史。那是指什么呢？其实就是"无条件投降"这件事。

富兰克林·德拉诺·罗斯福总统为何坚持要求德国、意大利和日本等轴心国必须无条件投降呢？这一点是否推迟了二战的结束？如果观察当时德国、意大利及日本三国的国内状况，就会知道，上述三国实际上都已经出现了希望结束战争的动向。梅教授思考的是，在只接受无条件投降与有条件投降这两种状况下，哪一种更能降低对美国国民的损害，是不是像到一战为止的所有战争一样，由参战各国商讨投降条件反而会更好。

顺便提一下 1945 年（昭和二十年）7 月 26 日对日本发出的《波茨坦公告》。根据现在的研究，虽然铃木贯太郎首相确实对记者们说了"不对《波茨坦公告》进行回应，继续战争"这样的言论，但美国在发表《波茨坦公告》的时候，其实已经认可了对原子弹的使用（此时的总统是接替当年 4 月逝世的罗斯福而成为第 33 任美国总统的杜鲁门）。所以，这样的假设实际上是不成立的，即如果日本方面更明确地向同盟国表示接受《波茨坦公告》的意思，就可以让广岛和长崎免于被原子弹轰炸。

总而言之，根据梅教授的解释，罗斯福总统坚持要求无条件投降，就是因为第一次世界大战的结束方式这个历史教训一直萦绕在他的脑海中。罗斯福认为，"无论如何就是不能妥协，1918 年就是因为妥协才失败的"。大家知道罗斯福所指是什么吗？

第一次世界大战首先是以停战的形式结束的。当时，德国方面认为，美国总统威尔逊提出的"十四点和平原则"可以接受，所以就考虑在 1918 年 11 月停战。因为德国接受了"十四点和平原则"，一战也最终得以停战。然而，在 1919 年于巴黎召开的对德和会中，威尔逊所提倡的理想主义和谈方案却因为英国和法国的反对而化为泡影。因此，美国也不免受到德国关于停战条件与最终和约不同的指责。

"当时没有同意停战就好了"，这种强烈的不满情绪在卡尔老师所说的危机的 20 年间持续地在德国国内蔓延。由此，美国从第一次世界大战中学到的教训就是，不能与敌国商量停战的条件。

梅教授除了考虑美国国民的牺牲，还对第二次世界大战后的冷战局势进行了思考，并进一步提出了自己的观点。如果对大战末期苏联的态度以及斯大林的发言等加以考量，就应该充分预料到在德国与日本战败后，苏联会在东欧和东亚地区施展自己的影响力。因此，为了牵制苏联在战后的影响力，也应该放宽德国和日本的投降条件。

战争无法停止的理由

美国误用历史的第二个例子，是关于美国深入越战的理由。美国到底被什么样的经验教训，或者说创伤束缚住了呢？第一个例子，是一战时的威尔逊的亡灵束缚住了二战时的罗斯福，那么在越战时，又是什么样的亡灵束缚住了美国呢？

——虽然不太敢肯定，但感觉是朝鲜战争在双方依然处于紧张状态下停战的事。

朝鲜战争的经验束缚住了美国吗？确实是这样。当 1950 年 6 月 25 日朝鲜人民军突然越过"三八"线向南进攻的时候，美国其实是被打了个措手不及。另外，美国也没能预料到中国会派出志愿军参战。从某种程度上看，也就是因为开战初期的这种近乎天真的乐观，使得美国直到最后都没法掌控战争的节奏，而 1953 年 7 月 27 日签订的也只是停战协议。美国是不想在越南重蹈朝鲜战争的覆辙了吧，即在未能取得胜利的状态下停战。

——由于第二次世界大战时强硬要求对手无条件投降，结果是让德国和日本实现了民主化。因此，美国只要鼓起干劲去推进，总会得到成果。

美国在"9·11"事件后对伊拉克战争的有关想法，可以说就是来自对占领日本这一成功案例的思考。通过坚持强硬的手段来结束战争，美国确实让德国与日本成功地民主化了。这些讨论倒是可以帮助了解如今美国这种"十字军"式的做法的本质，但美国无法从越战的泥潭中抽身，应该是源于过去更大的教训。

——（美国国内）曾经存在"红色恐慌"，在麦卡锡主义下搞得人人自危，因为对共产主义的恐惧而不得不变得强硬。

这是对美国介入越南局势的时代背景有着充分理解的回答。对美国而言，虽然苏联是第一个共产党执政的国家，但同时也是第二次世界大战的战友，是与美苏两国人民的共同敌人纳粹德国作战的同盟，苏联在打倒纳粹的过程中有相当大的贡献。因此，美国对越南局势的恐惧可能又和对于苏联共产主义的恐惧有所不同。如果美国对越南的革命，或是胡志明们的影响力置之不理的话，正在非殖民化进程中的亚洲各国恐怕会渐渐走向社会主义。

虽然大家举了许多例子，而且已经很接近答案了，但是我设想的答案还是没有出现呢。这是在战后反倒容易被遗忘的视角，那就是美国"失去中国"这一经验。

二战时，以蒋介石为首的国民政府代表中国参加反法西斯同盟对日作战，中国因此成了战胜国之一。但在中国之后爆发的内战中，直到1949年10月中国共产党胜利为止，美国都对中国局势无能为力。在"九一八"事变和中日战争时期，美国担心中国的庞大市场会被日本独占，"门户开放"政策无法维持，因而支持国民政府。但美国在好不容易打败了日本，且战争期间对国民政府进行了巨额援助的情况下，却眼睁睁地看着国民党在 1949 年丢掉了政权。

对于这种结果，美国估计是扼腕叹息的吧。关于中国市场，以前人们常常开玩笑说：只要让 10 亿中国人每人买一支高露洁牙膏，那就是 10 亿支的销量。但在 1949 年之后，直到中国实行改革开放为止，外国资本都无法进入这个有着诱人经济前景的市场进行商业活动。"失去中国"的回忆给美国留下了相当巨大的阴影，这一阴影使美国产生了这样一种想法，即在他国发生内战之时，不如彻底介入并扶植自己所期望的政权。因此，当越南民主共和国与南越对峙时，美国不仅将南越傀儡化，试图间接地影响越南民主共和国，而且直接出手，试图推翻越南民主共和国政权。

以上就是欧内斯特·梅所举出的美国在介入越战之际，误用历史的案例。在美国轰炸越南民主共和国并捏造（frame-up）了东京湾事件后，面对来自国际社会和美国国内的强烈批评，总统也曾经多次考虑停手。但是，鉴于之前眼睁睁地看着中国这个邻近苏联，又拥有庞大人口的国家倒向共产主义的经验，他最终抑制了这种想法，"失去中国"的经验强烈地束缚着美国对于越南局势的态度。

回顾今天所讲的内容，大概会有一种尽管人类一再地考虑各种情况，但是仍旧无法避免惨祸发生的感觉。我们无法随时获得所有的信息，但是我真心地希望大家能够在所得到的有限信息中，尽最大的努力去广泛地回想过去的事例，从中找出最适当的部分，从而在这样的基础上，对历史加以选择和利用。学习历史并加以思考，这将是我们今后在决定自己如何生存、如何选择时最大的力量。

第一章

甲午战争：『侵略与被侵略』以外的视角

一　对列强来说最重要的是什么？

日本与中国相互竞争的故事

大家好，从今天开始，课程终于要进入正题了。今天我们要讲 1894—1895 年间发生的中日甲午战争，而且会对甲午战争之前的历史也一并加以分析。

各位阅读过的教科书等书籍，对于江户末期到明治初期的这段历史都是如何说明的呢？对这段历史的大多数叙述都向读者揭示出这样一种历史走向，即日本在目睹了清朝在鸦片战争（1840—1842 年）和第二次鸦片战争（1856—1860 年）中的败北之后，也受到欧美列强的压力而被迫打开国门，然后开始以列强为目标，开展自己的现代化进程。

这种观点本身并没有错，但这种叙述方式容易让读者忽视欧美与中国、欧美与日本之间的联系，特别是同样受到欧美列强压力的中日两国之间的关系。由此，读者在脑海中总会不由自主地浮现出这样一种简单的对比关系，即渐趋落后的中国与逐渐成长的日本。今天，我希望能够避开所谓"落后的中国与成长的日本"这种千篇一律的观点，从另一个角度来探讨当时的中日关系。

衰弱的中国与强大的日本是描述那段历史时一种常见的叙事方式。当 1931 年 9 月 18 日关东军策划并发动"九一八"事变时，蒋介石与张学良通过诉诸国际舆论的方式来避免与日本的直接武力冲突。这种做法是为了在遏制中国共产党等国内反蒋介石势力的同时，与日本进行对抗，可以说有其合理性。但如果从当时日本的立场出发，往往会认为中国方面是因为"弱小"才选择诉诸国际联盟。不论是当时还是现在，这样的解释都在世界上广为流传。但这种衰弱中国与强大日本的对照，其实并不适用于直到甲午战争为止的明治时代，以及辛亥革命（1911 年）以后的大正时代。今天就让我们来学习一下这方面的历史吧。

其实，已经有一位学者很切实地阐述了在思考中日关系时必须注意的问题，他就是美国历史学家沃伦·F. 金博尔。他曾经负责将英国首相丘吉尔与美国总统罗斯福在第二次世界大战期间的往来书信编辑成书。罗斯福与丘吉尔作为同盟国的国家元首代表，他们之间的书信被印制成书让人阅读，这真是历史爱好者梦寐以求的事呢。但是很可惜，这一资料还没有日文翻译版。金博尔老师对中日关系是这样描述的：

> 对日本人和中国人来说，战争与斗争都只是施与受（give and take）的互动形态而已。对日本和中国来说，围绕着由哪一方来领导两国之间均势的漫长竞争，存在于文化、社会和经济等各方面，也包括"知识领域"。

学者的表达有点不容易理解。简单地说，他认为围绕着东亚地区的领导权，中日两国长期处于竞争关系当中，这种竞争在文化、经济、社会、知识分子的思想及意识形态等各个层面展开，军事冲突只能算是其中之一。因为在中日战争以后，日本以军事手段侵略中国这一事实人尽皆知，不容置疑，所以当日本人读到金博尔老师的论点时，不禁会感到惊讶。

不是从日本侵略中国这一视角来看问题，而是从日本与中国互相竞争的角度来审视过去。我这样说绝对不是要否定日本的战争责任，只是在单纯的侵略与被侵略这一视角下，有相当多的问题难以被清晰地阐明。因此，在这里我希望通过比较分析中日两国在19—20世纪前期的文化、社会、经济战略，来阐述这一时期的中日关系。

什么制度支撑着贸易

接下来，我们暂时将时间倒退回到英国、美国以及俄国进入东亚的19世纪后半叶。第二次鸦片战争前后，列强开始积极地进入中国市场。请大家先假设自己是东亚最知名的英国贸易公司之一——怡和洋行的员工。说起怡和洋行，因长崎的哥拉巴宅邸①而闻名的托马斯·布莱克·哥拉巴，正是在1859年（安政六年）作为怡和洋行的代理人来到长崎任职的。

假设大家接到怡和洋行总部的指示，前往日本和中国采购当

---

① 哥拉巴宅邸，位于长崎的哥拉巴公园内，是幕末至明治初期在日本经商的英国商人托马斯·布莱克·哥拉巴的旧宅，现为长崎著名的观光景点。

地出产的铜矿。在进行交易时，最重要的大概就是希望日本与中国"可以维持稳定的价格和产量，并且对各国一视同仁，以相同的条件进行交易"。怡和洋行员工应该以什么为基准判断日本与中国达到了这样的条件呢？这一基准是某种法律，请想一想贸易中不可缺少的法律是什么？

——法律的名称？

嗯，应该说是法律的类别。

——……

只要能了解这一点，就可以对长期以来让日本苦恼的修约等问题有所认识了。

——要为英国的购买创造比较好的条件。

哦？这是在考虑如何才能在贸易中规避日本的高额关税吧？这是与关税相关的问题。请大家想一想 1858 年（安政五年）幕府时代签订的《美日修好通商条约》。这是一项不平等条约，内容包括：1. 开放神奈川、长崎、新潟及兵库等港口；2. 自由通商；3. 在开港地设置外国人居留地，让一般外国人居住于该处，并禁止前往日本国内旅行；4. 承认对于居留在日本的该国国民的领事裁判权（治外法权）；5. 日本不具有决定关税税率的权力（失去关税自主权）。除美国以外，幕府也与荷兰、俄国、英国及法国签订了相同的条约。

因此，如果把首先迫使对手签订不平等条约作为前提条件的话，确实是这样的。不过，我想问的不是这个。

例如，像足尾铜山这样日本国内为数不多盛产铜矿的矿山，生产过程中产生的污染流入附近的河道，使得田地荒废，无法耕种，农民因此向政府请愿陈情。在这种情况下，政府面对民众的抗议，不得不对铜矿污染问题进行调查，铜矿的生产就有停止的危险。那么，身为英国怡和洋行的员工应该用什么方法胁迫日本政府，从而使其顶住人民的不满而继续生产呢？让大家扮演这样讨人厌的员工，真是不好意思。（笑）

——警察。

哦哦，使用警察的力量吗？那就是动用警力来监督管束附近居民这样的相关规则了。如果制定了这样的法律，那就称之为"取缔法"好了。明治政府确实曾经聘请法国的法学家布瓦松纳①，让他以法国法律为蓝本起草各种法典，并在1880年（明治十三年）先于宪法公布了《刑法》与《治罪法》（即《刑事诉讼法》）。在宪法颁布之前制定刑法的想法，可以说与历史是一致的呢。虽然在出现农民暴动的情况下可以出动警察，但作为企业来说，最基本的还是应该从经济层面入手，保证铜矿的产量吧。如果要说是刑事还是民事方面的话，那应该是民事。那么，什么样的法律可以保证这样的目的呢？

——《商法》与《民法》。

啊，答案终于出现了。只要有这两种法律，就可以用契约之类的手续来完成交涉。如果只是单纯要求维持产量的话，只要经营足尾铜山的古河矿业与怡和洋行单独进行沟通就可以了。没错，就是《商法》与《民法》。

---

① 布瓦松纳（1825—1910年），法国法学家，明治初期受日本政府聘请，在司法省法学校等处任教，负责起草了"旧刑法""旧民法"等法律。

但是，不论《商法》还是《民法》的制定，进展都相当缓慢。政府为了修改条约，加紧进行着《商法》与《民法》的起草工作，在 1890 年（明治二十三年）公布了《商法》《民法》《民事诉讼法》以及《刑事诉讼法》，日本终于有了一个法治国家的样子。但是，《民法》颁布之后，受到了部分学者的批评，他们认为这部《民法》破坏了诸如家族道德等日本的传统伦理。就日本政府的立场而言，为了修改不平等条约，自然希望能够早日制定《民法》，但在国内舆论的压力下，制定的《民法》却一直未能真正施行。直到 1898 年 7 月，《民法》才得以施行。《商法》的施行，更是要等到近一年后的 1899 年 6 月。

在日本不断要求尽快废除不平等条约时，列强则表示："请制定《商法》及《民法》。"从某种意义上说，这确实是正当的主张。当然，列强通过强加于对方的不平等条约，的确能够获得可观的利益，所以列强自然也不会简单地配合进行修改条约的交涉。但只要制定了《商法》和《民法》并遵照实施，贸易就可以相对稳定安全地进行，列强也不能否认这一点。

刚刚的内容，大家都理解了吧。当列强想要从中国和日本获取经济利益时，他们高度关心的另一个问题就是"平等待遇"。接下来，我们再来说一说这个问题。如果日本基于与英国是友好国家等理由而给予英国优惠的贸易条件，却不给法国相同的待遇，这种行为就会使得未被平等对待的国家与日本产生纠纷。因此，只对英国实行运费优惠等措施是绝对不行的。

如此一来，英国就会这样考虑：并不需要将日本变成英国殖民地，因为如果将其作为英国殖民地的话，就需要在日本驻军，以防日本受到俄国等其他列强的影响。这不仅需要相关费用，还有可能引发与其他列强的纷争。因此，英国只需向日本要求在港口税收及运费等方面享有与其他列强相同的条件。如果明治政府具有能够在列强之间保持独立，并平等地管理列强利权的能力，那英国就不需要直接控制明治政府；如果是拥有这种能力的国家，就不需要耗费各种成本，将其殖民化并进行直接统治。英国这种充满自信的观点，可以说是建立在自身强大的经济实力和海军力量基础上的。

作为安全保障的华夷秩序

英国认为，俄国以东亚为目标南下这一行动，不利于自身的整体利益，因此要求日本以能够不被卷入列强间对立及纷争为目标，尽快制定相关法律。日本也确实如英国所预期的那样，经过一系列前期准备，在 1889 年（明治二十二年）颁布了《大日本帝国宪法》。

有一个国家则选择了与日本完全不同的道路，那就是中国。甲午战争后，列强争相在中国划定各自的势力范围，以至于多个列强的利权并存于中国国内。但 19 世纪中期的中国，还远未沦落到半殖民地的境地，中国当时拥有的"华夷秩序"这一资产，对列强而言极富魅力。

大家知道什么是华夷秩序吗？

——和朝贡贸易一样吗？

看来大家大致上都有所了解呢。东京女子大学的茂木敏夫教授对华夷秩序做了这样的定义：作为世界和文明的中心的中国，以"德"来感化周围的地区，并依据周边地区被感化的程度所形成的从属秩序便是华夷秩序。其中，规范中国与其他周边国家关系的国际秩序，就被称为朝贡体制。

虽然仅仅听一次可能很难想象，但琉球王国的例子特别能说明华夷秩序中，与基于土地的"属地"相对的"属人"这一特点。因为琉球当时向清朝朝贡，因此自然被划入清朝的华夷秩序当中。但琉球同时也对日本萨摩藩进行朝贡。如果就被国境线环绕的土地来说，这种关系是难以想象的。但是如果换个角度，即并非由琉球国，而是由琉球国王向清朝皇帝进行朝贡，那么这种两属关系（同时归属清朝和萨摩的关系）也是可以成立的。

对于列强而言，这种以中国为中心、以交易和礼节为基础的东亚秩序，是一种相当方便的系统。例如，不论是当时被称为安南的越南，还是朝鲜半岛的李氏王朝（国号为大朝鲜国），列强如果想与华夷秩序下的国家和区域进行贸易，为了能够顺利开展后续的工作，第一步就可以先与清朝进行沟通。从列强的角度而言，如果在朝贡体制的基础上可以更容易地与李氏王朝或者安南进行商谈的话，也没有理由不加以利用。

在这种意义上，朝贡体制可以说是一种"非常廉价的安全保障措施"。身处朝贡关系中的国家只要老老实实地向中国履行礼仪方面的手续，中国方面就不会干涉朝贡国的内政与外交；只要遵守被规定的礼仪体系，就不会有不必要的紧张情况发生。中国与朝贡国的关系也不会让双方承受不必要的军事负担。进一步来说，中国、朝贡国以及列强间，都不需要承受这种不必要的负担。

——具体而言是什么样的廉价安保措施呢？有点没听明白。

如果把中国比喻成房东那样的角色，应该会比较容易理解吧？

只要列强向中国说声"拜托了"，就可以通过中国与其他国家进行商谈。

让我们想象一下，例如，英国与俄国围绕朝鲜半岛的某个优良港口陷入了紧张状态。当英国想要使用朝鲜半岛的港口时，就可以向中国表达这一意图，而中国就会向俄国及朝鲜政府转达这一情况。中国会向他们表示："英国这次不是为了建立舰队基地而进行港湾调查，而是因为如此那般的具体情况。"而当俄国想要进行朝鲜半岛东海岸的调查时，也可以向中国传达自己的意图，并由中国转达给英国。对于朝鲜半岛，通过中国这一华夷秩序的中心来进行沟通，可以极大地提高效率；而对于安南（越南），列强也只要向中国传达相关意图就可以了。当时，中国通过华夷秩序，扮演了类似房东的角色，而对列强而言，这就提高了效率。

19世纪80年代左右，日本与中国各自有着可以让列强安心的秩序模式。也正是因为这一点，日本和中国在这一时期都实现了一定的成长。接下来，我们讨论一下中日两国之间的竞争是在什么样的契机下开始激化的，并最终使得日本得以取代中国在亚洲的领导地位。

二 甲午战争之前

中国的变化

甲午战争开始于 1894 年（明治二十七年），并在第二年结束，持续了大约 9 个月。从时间上看，这是一场相对短期的战争。为了了解战争的起因以及战争爆发前的相关情况，应该先回顾一下 1880 年以后的中国动向。

当列强利用朝贡体制所提供的便利的安全保障体系时，中国也开始逐渐改变。这一时期中国的核心人物应该说是李鸿章。李鸿章出生于安徽省，安徽因为是许多清政府政治家和将领的故乡而闻名。在明治初期的 1871 年（明治四年），日本与清朝缔结《日清修好条规》，相互开放港口并承认领事裁判权，当时日本的谈判对手就是李鸿章。另外，在甲午战争结束后，李鸿章还担任清政府的和谈使者，带着全权委任状前往下关，与伊藤博文进行了谈判。李鸿章曾经领导清朝的外交工作长达 20 多年，就这一点而言，他实在是一位厉害的人物。

19 世纪 80 年代，李鸿章正在着手对中国军队进行现代化改革。

到了 1881 年，他开始准备解决中国西北地区的问题。让我们回想一下同一时期日本所进行的活动。就在这一时期前后，天皇发出了开设国会的敕谕，以天皇之名保证在 1890 年开设国会，伊藤博文则为了宪法问题而前往欧洲进行考察。

在中国最西边的新疆，有个叫伊犁的地方。当时在这个地区，出现了一个名为阿古柏的人，他在俄国的不断援助下，企图独立建国。清朝一方面立即出兵进行剿灭，另一方面，对俄国提出的割让部分领土的要求予以满足，并与俄国签订了《伊犁条约》，努力恢复了伊犁地区的秩序。可以说，李鸿章①是以武力解决了这一问题。

列强目睹了李鸿章的决断力之后，大概会想，"哎呀，中国变了呢"，产生一种"中国挺能干"的感觉。如果按照一直以来的模式，中国大概会先与俄国进行沟通，然后再着手处理阿古柏问题，但清政府这一次却毫不犹豫地出兵了。

接下来是重点。中国对朝鲜的态度也发生了改变。一直以来，负责对朝事务的是一个名为礼部的政府机构。所谓礼部，顾名思义，就是由文官掌管的交换礼仪的政府机构。李鸿章于 1881 年将负责朝鲜及安南（即越南）事务的这一机构，纳入自己的权力范围，进行直接管辖。

刚好在同一时间，朝鲜李氏王朝的统治出现了动摇。日本在 1876 年与朝鲜缔结了不平等条约《江华条约》，虽然朝鲜仍为"自主之邦"，但是必须承认日本的领事裁判权，而且也失去了关税自主权。

在面临追随中国还是日本的选择之际，朝鲜在 1882 年（明治

---

① 力主收复新疆并指挥西征平定阿古柏之乱者为左宗棠。

十五年）7 月爆发了壬午兵变（韩国方面称为"壬午军变"）。这一事件中，支持大院君（国王的亲生父亲）的旧式军队因为反对试图接近日本的闵妃外戚集团，在首尔（当时名为汉城）发起暴动，随之而起的数千民众进而袭击了韩国官署以及日本公使馆。闵妃集团一直以来推行各种学习日本的所谓开化政策，实行了诸如以日本军官为教官训练新式军队等改革措施。因此，旧军队与民众中有许多人对这些政策充满了不满的情绪。

清朝出兵平息了这场动乱，并将取得政权的大院君押送到国内，恢复了闵妃政权，进而开始积极介入朝鲜事务，朝鲜国内的亲清派也由此得势。单就清朝可以押送大院君到天津这一点，就能看出当时清朝势力的强大。

1884 年（明治十七年）12 月，为了颠覆处于清朝势力影响下的闵妃集团政权，接受日本公使馆援助的金玉均等亲日改革派（独立党）发动了甲申事变（甲申政变），日本公使馆方面看准中法战争这一时机，趁清朝无暇他顾之际发起了事变。但是，这一事变同样被清朝军队平息，日本政府对朝鲜政府的影响力也随之被极大地削弱。

在这以后，李鸿章任命袁世凯（此人之后窃取了中华民国第一任临时大总统的职位）为"清朝驻扎朝鲜总理交涉通商事宜"全权代表，派驻朝鲜。另外，他还在天津与伊藤博文展开会谈，双方在 1885 年（明治十八年）4 月缔结了《中日天津会议专条》。虽然日本与清朝在甲申事变中相互对立，但还是本着避免战争的宗旨进行了交涉。两国以今后出兵朝鲜时必须事前通知对方为条件，达成了从朝鲜撤军的协议，在之后的一段时间里，避免了双方在朝鲜的冲突。

山县有朋的警诫

在甲申事变的事后处理中，李鸿章也取得了主导权。列强在伊犁之乱后，再一次感受到清朝的外交政策正在从维持华夷秩序这一老旧的体制之中脱离。在与安南（越南）的关系中，清朝也在改变自身的态度。先前已经提到，与朝鲜甲申事变同时的是，发生了中法战争。当时法国的计划是，如果英国把中国长江流域、华中地区划为势力范围，他们就选择中国华南地区和安南（越南）作为自己的势力范围。然而，在1884年法国试图独占越南港口的使用权时，清朝与法国之间爆发了战争。虽然清朝在战争初期的海战中落败，但是在之后的陆战中，清军表现得相当骁勇善战，清政府也因此取得了较为有利的和谈条件。在这里让列强感到惊讶的是，他们发现清朝就算诉诸武力，也要守住处在华夷秩序（朝贡体制）下的安南（越南）。

当俄国、法国以及日本等国挑战清朝的华夷秩序时，清朝确实可以慢慢地一一加以应对，或者说清朝逐渐有了应对的能力。因此，在19世纪80年代中期，可以说日本的发展道路与清朝的发展道路都有着充分的可能性。在清朝方面，华夷秩序被逐步调整，以适应近代的国家体制，而且清朝的国力也在增强。

对于这种"中国挺有本事"的动向，日本陆军领导人山县有朋等人也从相当早的时期就注意到了。山县在1880年（明治十三年）11月上奏明治天皇的《进邻邦兵备略表》里，首先描述中国不仅地域广阔，而且人口数量庞大。"现今清朝版图之大，其十八省幅员约为我国十倍，四万万人口又约为我国十倍有余。"接着谈到中国面对鸦片战争以来的诸多难题，也在相当努力地进行应对。山县的汉文水平太好了，所以对现代的日本人来说，他的文章还挺难读的呢。

> 因而，清政府将兵制改革与周围海防视为重要课题，正拼命致力于相关工作：
>
> 在福建福州建造大型造船厂，并着手进行军舰制造……在各地建造官方的军工厂以制造兵器……在要冲之地皆筑炮台，李鸿章的两万乡勇已是英式精兵。

山县的文章很好地反映了当时日本目睹中国在李鸿章的领导下，逐渐进行军备扩充的焦虑情绪。当然，必须指出的是，作为陆军领袖的山县描述清朝的优点，很重要的目的是为了争取日本国内对于扩充军备的支持。

福泽先生登场

当清朝正在增强自身实力的时候，日本又发生了什么呢？接下来，就通过前人所留下的只言片语，来看看当时的日本人对东亚形势的看法吧。

首先，我们来看福泽谕吉。他出生于1834年，与李鸿章一样，在1901年去世，可以说两人是同时代的人物。1860年（万延元年）时，为了向美国递交《美日修好通商条约》的批准文本，"咸临丸"随美舰"波哈坦号"（Powhatan）横渡太平洋，福泽就是"咸临丸"

上的成员之一。在适塾①学习过荷兰语并且早就将目光投向海外的福泽，就在这种情况下访问了美国。之后，他又陆续前往英国、法国、德国等国的诸多城市，成为最早访问这些地方的日本人之一。福泽同时还是庆应义塾大学的创立者，还将朝鲜留学生请到自己家里住宿，热情地给予支援。

就是这样一个人，在1885年写出了《脱亚论》。以下是《脱亚论》中常被教科书引用的，非常有名的一段。

虽然我国日本的国土位于亚洲东部，但国民的精神持续地脱离亚细亚的守旧而转向西洋文明。但不幸的是，在近邻处有两个国家，一个叫中国，一个叫朝鲜。……若以我辈来看，这两个国家在此文明东渐的风潮中，他们毫无维持自己独立之道。……因此毋庸置疑地，他们的国土终将被世界文明各国分割。我国不应犹豫等待邻国的开明以共同振兴亚洲，反而应该要脱离其行列而与西洋文明国共进退，以及对待中国及朝鲜的方法，也不必因其为邻国而给予特别关怀，应该只要追随西洋人对他们的方式处理即可。（1885年3月16日《时事新报》社论）

福泽对朝鲜的独立党人士抱有期望，并且对朝鲜留学生非常爱护。明白这一点的话，可能会对这篇文章稍感意外。大家知道为什么一直以来致力于支援朝鲜的福泽会在这个时机发表《脱亚

---

① 1838年（天保九年），绪方洪庵在大阪开设的兰学私塾，又称适适斋塾、绪方塾。

论》吗？

——在列强侵略逼近的情况下，继续这样下去，日本也会一起完蛋。

如果只读这篇文章的话，确实会这么想呢。请再进一步想想，当时在朝鲜发生了什么事。

——朝鲜的事件？

是的，之前我们已经提到过，就是福泽写出《脱亚论》前一年发生的事。

——1884 年的甲申事变。

没错。甲申事变的结果是独立党失败，日本对朝鲜政府的影响力极大地下降。历史学家坂野润治教授对甲申事变之后出现的"脱亚论"提出了新的解释，他的解释非常有趣。首先，我们需要注意这篇社论的写作时间，比 1885 年 4 月伊藤博文与李鸿章缔结《中日天津会议专条》要早。

坂野教授表示，《脱亚论》中的这句"我国不应犹豫等待邻国的开明以共同振兴亚洲"，其实单纯是一种失败宣言，即表明通过援助朝鲜国内的亲日改革派，来实现日本在朝鲜的利益这一方法已经不可能实现。因此，这里所说的"邻国"只是指朝鲜，并不包含中国。"对待中国及朝鲜的方法，也不必因其为邻国而给予特别关怀，应该只要追随西洋人对他们的方式处理即可。"则应该解释为，今后只能在借由战争这一手段击败清朝后，日本才能实现其在朝鲜的利益（参考坂野润治的『大系日本の歴史 13 近代日本の出発』，小学馆）。

所以，福泽并非主张因为感到欧美列强对亚洲的瓜分正在迫近，日本便要哭着放弃与亚洲的联系，舍弃朝鲜及中国；而应该将其理解为：日本若要在朝鲜实现自身利益，就必须先用武力击败中国，而不是仅仅利用朝鲜国内的改革派。

施泰因先生登场

在福泽之后，接着来看看山县有朋吧。

1888 年（明治二十一年）12 月，山县受命前往欧洲进行地方制度调查，到第二年 10 月，他先后访问了法国、德国以及奥地利等国。山县确立了明治时期地方自治制度（郡制及町村制）的基础，因此，他当时在欧洲肯定对这个问题做了相当多的调查。山县也曾经担任陆军大臣一职，还创建了参谋本部，并出任本部长，是陆军的领袖人物。所以，他对国防问题显然也抱有极大的兴趣，并在国外访问中增长了这方面的见识。1889 年 6 月，山县在奥地利维也纳与当时担任维也纳大学政治经济学教授的洛伦茨·冯·施泰因（Lorenz von Stein）发生了命运的邂逅。

施泰因是个魅力型学者，伊藤博文从为了调查宪法而访问欧洲时起，就深深地被施泰因吸引住了。施泰因把作为明治宪法支柱的权力分立这一基本架构，以及由国家制定社会政策的必要性等理念传授给了伊藤博文。这一次，施泰因教授又如同教导伊藤宪法问题一般，把有关主权线和利益线，这些之后成为山县在帝国议会演讲的主题的重要思想，教给了山县。解说宪法的教授也会讲授军事理念，这一点还挺有趣的。

山县在与施泰因见面之后，首先请教了自己最担心的事。“西伯利亚铁路完成后，日本会怎么样？”山县的担忧源于俄国，因为当时他听闻俄国计划从 1891 年开始铺设西伯利亚铁路。铁路与国防有着密切的关系，所以当俄国着手建设西伯利亚铁路，并最终要把铁路延伸到符拉迪沃斯托克（海参崴）时，俄国会不会威胁到日本的国防安全呢？担心这一点的山县便向施泰因询问了关于此事的看法。一直以来，对于日本的国防，一般认为只要能控制对马海峡、朝鲜海峡、津轻海峡以及宗谷海峡等，即可确保国土的安全，但是如果俄国军队来到符拉迪沃斯托克，并在这里部署舰队，可就糟糕了。

不知道施泰因这个时候有没有说："山县先生，别着急啊。"他先让山县冷静下来，再不慌不忙地开始阐述自己的观点。施泰因曾经见识过全面运用欧洲各国的铁路来进行的战争，所以，他对山县的问题做了如下说明。

1. 即使西伯利亚铁路贯通到符拉迪沃斯托克，你（山县）也不需要担心到害怕的程度，因为抵达东亚部分的西伯利亚铁路，必须经过中国领土。这对俄国来说，就是一个限制因素（虽然施泰因这样说，但是西伯利亚铁路实际上并未通过中国领土，从符拉迪沃斯托克延伸到中国境内的是中东铁路）。

2. 假设进攻日本的俄国军队有 3 万人，用客车运送兵员的话，需要多达 900 节车厢。因为西伯利亚铁路是在荒凉的土地上铺设的单线线路，所以要保持整条铁路的通畅，并把 3 万兵力运送到亚洲其实是非常困难的。而且，即便大部队抵达符拉迪沃斯托克，但因为港口冻结、缺乏足够的运输船等因素，俄国也很难在短时间内运送这么多兵员到战场上。

听到这番话，山县应该稍感安心了吧。但是，施泰因教授接下来的话，却一下子又让心情稍微平复的山县再次不安起来。

当俄国计划占领朝鲜时，西伯利亚铁路就会发挥决定性的作用，因为俄国可以借此在亚洲构筑起自己的海军力量。俄国对朝鲜可能的支配以及在朝鲜半岛东侧设置海军基地这两点，才是西伯利亚铁路兴建后给日本造成的大问题。

我若是山县，大概会急得边掉眼泪边说："施泰因先生，你怎么不早点说呢。"因为俄国军队一旦出现在朝鲜半岛东侧，简直就是掌握了日本的生死。对日本人来说，日本海虽然没有歌手石川小百合所唱的"津轻海峡冬景色"那般严寒，但也有一种冷得会结冰的印象呢。当然，还有好吃的松叶蟹。可是，生活在朝鲜半岛和俄国等极寒之地的人们，却对日本海有着温暖海域的印象。对于受到大陆严寒考验的人们来说，日本海已经算是温暖海域了。

如果俄国得以南下朝鲜半岛，并且在半岛东海岸的元山附近建设港口，那里就会成为俄国远东舰队的根据地。而且那里的谷湾海非常深，大型船只也可以安全地停靠。施泰因教授具体指出，面对日本海的元山，其附近的永兴湾温暖不会结冰，感觉上就和对岸的日本新潟差不多。施泰因先生警告道，如果俄国在这里建立海军基地，日本就会陷入进退维谷的境地。

山县在与施泰因先生会面前，就已经抱有这样的想法，即"我国的政治战略是要让朝鲜完全脱离与中国的关系，让它成为一个独立自主的国家，以免被欧洲某一强国借事端进行侵略占领之忧"。这段话的意思是，日本的政治与战略是要让朝鲜摆脱中国的影响，并且不让欧洲强国（应该就是指俄国）占有。从中我们可以看到，在让朝鲜脱离中国这一点上，山县与刚才介绍过的福泽谕吉有着相同的见解。

施泰因向脸色变得非常黯淡的山县提了几个对日本可行的措施。他首先说明，在主权之下的国土范围称为"主权线"。接着说明关乎本国存亡的外国的状态，就是所谓"利益线"，日本的利益线就在于将朝鲜置于中立地位。施泰因认为，日本没有必要立即占领朝鲜，只需让朝鲜如同瑞士、比利时，或是苏伊士运河那样，保持中立状态就行了，要让朝鲜成为中立国，只要取得英国、俄国、中国、德国及法国等多数国家的认同即可。

也就是说，暂且先不主张占领朝鲜才是明智的，而朝鲜中立一事需要得到清政府以及其他列强的允诺。于是，这里就出现了由日本来代替清朝，对朝鲜的中立进行保障和担保的理论。所谓担保，就是通过武力等实力来维持某种状态，山县在与施泰因会面时，就萌生了这种意识。当时是 1889 年（明治二十二年）6 月，来年《大日本帝国宪法》就将开始施行，并召开首次国会，即帝国议会。而调查之后回国的山县将成为在帝国议会上与议员对峙的首位内阁总理大臣。

三　民权论者如何看待世界

最重要的是国家独立

1889 年 12 月，从维也纳归来的山县从黑田清隆手中接管了内阁。在 1890 年 11 月 25 日召开的第一届帝国议会中，民党人士占据了全部 300 个议席中的大多数，而山县必须在这样的议会中取得对于海军建设费等军备扩张预算的支持。顺便说明一下，民党反对当时执政的藩阀，在帝国议会众议院中，立宪自由党和立宪改进党的议员都被归为民党，他们在第一届议会的人数达到 171 人，占所有议席的一半以上。

因为当时只有缴纳直接国税达到 15 日元以上的人，才拥有选举权与被选举权，所以不论是拥有选举权的人，还是候选人，都可以说是有钱人，而其中多数是地主。身为地主，大概都希望能够降低地租吧。因此，在立宪自由党中占大多数的地主们，在政府推进的富国强兵政策与休养民力（降低地租）的主张之间，显然更倾向于后者。用现在的常识思考的话，地主（有钱人）应该会支持政府，但在当时，地主却站在民党一边，要求降低地租，反对政府的政策。

在当时的情况下，民党人士对于世界的看法是怎么样的呢？我们就以刚才介绍过的福泽还有山县等人对东亚的认知，来与民党方面进行比较。不过在这之前，我想先回溯到更早一点的时代，即11年前的1879年（明治十二年），读一读当时在千叶县担任县议员的干义郎的日记。

西南战争结束两年之后的1879年，出现了资金不足这一重大问题，政府开始增发纸币，造成物价高涨。受此影响，1880年主张尽快开设国会的国会期成同盟成立了，要求开设国会的呼声日益高涨。

干义郎既是出生在千叶县的名望家，也是推动自由民权运动的人物。名望家，一般都在江户时代担任过名主①或村方三役②等职务，相当多的人也在明治维新以后担任郡公所管辖下的区长等职，属于在地方肩负重要职责的人物。干义郎留下的日记，时间跨度非常长，从1879年一直写到了1931年。

干义郎在日记中写道：

> 我国稍有学问的人皆在讨论开设国会及自由民权。开设国会当然很重要，但若仔细思考，会发现还有更急迫之事。那是什么呢？就是修正条约。要让日本成为独立国家，就必须

① 名主为村落的最高职位，相当于村长，负责管理村落的账簿、年租收入、社会治安及相关行政事务。

② 村方三役亦称地方三役，是村落的首领，确立于江户时代。村方三役包括名主、组头和百姓代三职，是负责村落行政自治的农民官吏，也是村落管理的直接责任者。

修改条约。……因此，我认为眼下第一要事是修改条约，开设国会之事就算稍微延迟也无妨。

如果用一句话来概括他的主张，应该如何表达呢？
——首先要修改条约。

没错。简单来说，就是这一点。这是干义郎 1879 年的日记，正是政府答应开设国会（国会开设敕谕）两年前的事。最初倡导民权的，是由板垣退助、片冈健吉等士族所组成的土佐立志社。以立志社为中心，准备建立民权派的全国性组织的则是爱国社，而爱国社在大阪召开大规模集会的时间，就是 1879 年。

但是，就算是对开设国会如此期待的民权派，也主张先修改条约。当时日本的国家主权被强加的不平等条约所侵害，那些绞尽脑汁进行思考，努力制定《商法》和《民法》，试图恢复国家主权的日本人，大多对于国家独立抱有独特的强烈感情，这样的人也同样大量存在于民权派中。

大家大概知道吉野作造这个人吧。他是东京帝国大学法学系的教授，正是他奠定了大正民主理念的基础。在教科书一类的资料上，吉野作造于 1916 年（大正五年）在《中央公论》发表了《试论宪政之本义及达成宪政目的的途径》，他是提倡民本主义的学者。比起吉野作造，他的学生、同为东京帝国大学法学系教授的冈义武也不逊色。太平洋战争末期，东大法学系的教授团体与海军的一部分军人，在高度保密的情况下进行了不经过苏联而是直接与美国接触、试图停战的活动，冈义武便是其中之一。

冈教授在第二次世界大战之前的 1936—1938 年，曾经前往欧洲留学，其间，他阅读了英国的外交史料。可以说，他是第一位使用第一手资料，把幕末维新时期的日本与英国的外交关系进行好好梳理的学者。而在将日本民权派的自由民权思想与欧洲自卢梭以来的民主理论进行比较后，他注意到一个不同点：日本民权派关于个人主义和自由主义的理解非常单薄，这一点与欧洲差异极大。

从 1935 年开始，冈义武着手将这一观点写成论文，并在 1939 年自欧洲留学归来之后得以完成。这个时间点有着相当重要的意义。不知道大家是立志成为理科学者还是文科学者，还是说想要成为大富豪呢？（笑）先不论梦想是什么，单论努力去实现这些梦想的时机，其实也是具有非常重要意义的。

冈教授是继承了吉野作造衣钵的知识分子。他写作这篇论文的时间，适逢日本发动全面侵华战争，而且直到第二次世界大战爆发之前，他还在继续写作。冈教授注意到了日本民权派思想中缺乏个人主义和自由主义思想的原因。虽然不能将原因完全归结为所谓"没有国家独立，就没有个人独立"这样的口号，但是从明治初期开始，民权派似乎就总是以国家主权为先。当需要在国家与个人之间做出选择时，如果缺少自由主义这一支柱，人们就会在某些时代状况下，认同国家所做的任何事情。冈教授想必是在听着步步逼近的战争脚步声的同时，深深苦恼地思考着日本人要怎么做的问题。在中日战争全面爆发到太平洋战争爆发前的这样一个战争时代，他在仔细地回顾着明治时期日本人的内心世界。

也就是说，即使是民权派，即使他们的立场是反政府的，但只要涉及外交或者军事问题，就都与福泽或山县的想法没有太大的差别。明治维新后的日本新政权在诞生之初，就处于不平等条约的束缚之下，所以在要求自由和民主这些理想以前，首先要恢复国家的主权，这种合理主义的观点浸透到了社会的各个层面。

国会的意义是什么？

当然，也有部分民权派人士主张开设国会才是第一要务，甚至比修改不平等条约更为优先。说起来，这些民权派其实更激进一些，不过他们关于为什么要开设国会的理由相当有趣，可不仅仅是为了讨论法律和预算问题之类的漂亮话。让我们先来看看同样是1879年10—11月间，山梨县的某位民权派记者所写的新闻报道吧。

山梨县与长野县一样，养蚕业盛行，因此也成了制丝业发达的地区。前面已经提到，民权派人士大多是地主阶级，所以对于什么样的法律可以保护贸易和产业，以及关于地租和税金的问题，特别较真。不过，如果也以这样的视角来阅读这篇报道，那可就错了。下面就引用这篇题为《国会论》的社论中的一段话：

> 原本一国的兵力就不仅是士兵的力量，其根源在于国民团结一致的力量。……总而言之，兵力就是全国民心的集合体。该怎么做才能团结国民之心呢？就是要借由国会。因此，必须立即开设国会。

这是就"为何必须开设国会"这一问题进行的阐述。让人感到恍然大悟的是，这里将兵力解释为国民的集合体，是国民团结一致的象征。如何才能让国民团结一致呢？于是，问题最终归结到了可以借由国会来团结国民这样一个结论。有趣的是，当时人们的

脑中还存在着这样一个等式，即所谓的兵力、力量，不光是指狭义上的军事力量，还等同于汇聚人心的场所，也就是国会。

在这里我想说的是，即使是主张以开设国会为第一要务的民权派，他们对于国会的观点，也大多来源于要如何集聚军事力量或者对外的国家实力这种观念。听着日本民权派——这些日后将占据议会中民党议席的人——的议论，就会明白虽然他们一直声称反对政府，但是在左右国家前途的根源问题上，他们其实与其他人并无不同。批评政府的权力中心被萨长藩阀占据也好，指责开发北海道是浪费国家预算也罢，虽然都是对政府政策的反对，但是他们作为反对派，在国会中所起到的作用本应不止于此。在日本的对外政策这一问题上，民权派与福泽、山县之间，并没有多少差异。经过前面的论述，大家能够了解这一点了吧？

"毫无气力的奴隶本性！"

下面再将时间稍微向前推进，看看临近甲午战争的时候，人们对战争的感觉。让我们先来看看战争爆发前一年，1893 年（明治二十六年）的自由党报纸。自由党是由大井宪太郎在第一届国会总选举前的 1890 年 1 月重建的，选举之后，他又在第一届帝国议会召开前，将该党改名为立宪自由党。政党几番改名，实在是有点麻烦。1891 年坂垣退助就任总裁后，这个党再一次将名称改回了自由党。在这以后，自由党成为初期议会时期的一大有力政党，并且是民党联合的核心。

当时，从上层的政府官员、知识分子到底层的庶民，大家所居住的世界可以说是完全不同。因此，记者这个角色就显得很有趣。底层百姓就如同生活在民间故事里的张三、李四，或是遗世独立的隐居者，上层人士要如何向这些人传达世界的动向或政府的工作呢？民权派属于知识分子阶层，相比底层民众，他们所处的文化环境更接近上层的官员们。所以，自由党就发行了两种报纸：《自由党报》和《自由灯》。前者主要刊登以民权派及政府官员为目标读者的严肃文章，后者则是一份图文并茂的报纸，他们借此来将自由党的主张传播给下层民众。"自由灯"，既与"自由党"有相同的读音①，也可以被解释为"自由之灯"，还挺俏皮的吧。《自由灯》所刊登的文章都是用有趣滑稽、还带点煽动性的语气写成的，有点类似于演讲，比较能被下层民众所接受。例如，下面这篇由牧原宪夫老师整理出来，并被引用在了《客人与国民之间》②这本有趣著作里的文章。文章写于1884年（明治十七年）8月，让我们来简单地看一看这篇文章。

> 在征兵及税金问题方面，日本人中存在着众多诉苦的老顽固。但对于与外国的关系，却是毫不关心，只要提到外交等话题，就会立刻睡过去……真是充斥着毫无气力的奴隶本性的人们……对于这些散漫的人来说，假如日本变成俄国的附属国，也绝对只会乖乖地听话……

嗯，就算下层的人民没有选举权，但这种煽动方式还是会让

---

① 在日文中，"党"与"灯"有相同的读音。
② 『客分と国民のあいだ——近代民衆の政治意識』，吉川弘文館1998年版。

人担心，如此鼓噪说这些人毫无用处，真的没关系吗？但如果阅读了整篇文章，就可以发现，这是在向民众呼吁：要是再不好好正视相关问题，日本恐怕就要变成俄国的附属国了。这其实是在用夸张的话语，来拼命地让大家对国会产生兴趣。对于当时的演讲会等活动，不论是否具备选举权，老百姓都会以一种看热闹的心情前往听讲。所以，对于政党来说，这些民众虽说没有选举权，却也是重要的客人。

而以知识分子、政府官员为目标读者的《自由党报》，又刊登了什么样的内容呢？我们知道，自由党的主张与山县几乎是一样的。如果列举甲午战争爆发之前的言论，不外乎是这样一些口若悬河的言论，如“为了支持韩国独立的正义之战”“为了捍卫我国独立的自卫战争”“开化与保守之战”等。

自由党报纸的言论，就如同福泽谕吉在甲午战争开始后的1894 年 7 月 29 日在《时事新报》所写的文章（《日清之间的战争是文明与野蛮的战争》）中所说的话。

> 但他们却冥顽不灵，不懂得普通道理，见到开化文明的进步非但不心悦诚服，反而妨碍进步，且无法无天地对我方表示反抗之意，导致我方不得不发动此战争。

福泽的逻辑是，因为清朝人食古不化，无法理解普通的道理，他们非但不同意朝鲜的改革，反而加以阻碍，所以日本为了文明开化而不得不诉诸武力，日本军队就是为了让清朝了解文明的军队。

看到民权派与福泽举起双手赞成甲午战争，大家会不会感到有点奇怪呢？

——不会觉得特别奇怪。当时的人们大概对战争并没有"反对"或"可以反对"的想法……

啊，我没料到会有这样的答案，有点麻烦了。（笑）是这样吗？在大家灵活的头脑中，并没有"民党＝反政府＝反对战争"的公式呀。嗯……

那就让我们先退一百步来讲。请大家设想一下民权派会反对或者说应该反对战争的情况，毕竟在日俄战争时就出现了相当多的人反对开战，为什么这种情况在甲午战争时没有出现呢？

当然，就像之前所说的那样，民权派也有着要将日本从不平等条约中解放出来的强烈意愿。但即便如此，民权派为什么没有像反对日俄战争那样反对甲午战争呢？

——没有反对的理由？

如果知道日俄战争爆发前的议会状况，就可以更好地理解吧。在日俄战争之前，政友会这样的政党也反对过战争。怎么措辞比较好呢？自由党为什么会采取比较偏向政府的，即便没有条件，也要创造条件打仗的路线呢？

——……

大家想到了吗？其中有一个非常直接的答案，还有一个比较深奥的答案。

——因为清朝很弱，相比之下，日本军队比较强，所以战争可以简单地结束。

也就是对清朝的蔑视。或许这个因素也存在吧。还有其他答案吗？

——要是能提高对朝鲜的影响力，出口的生丝就可以卖得更好，农村就可以赚钱，自由党就会得到选票。

虽然这也不是我设想中的答案，但是如果仔细阅读《自由党报》的话，就会发现其惊人的好战态度，而其中一个理由正是刚刚这位同学的回答。在甲午战争中获胜后，日本就能独占对朝鲜的经济和政治影响力，从而扩大日本的市场规模。当时的日本对于这种前景确实有着相当大的期待。

为了对抗藩阀政治

让我们试着用政治学等思考方法，来将现在的思路再扩大一些吧。福泽谕吉曾经说，虽然民党在众议院占有八成议席，可以将政府的法案与预算案逼到无法通过的地步。但是，面对政府还是只能进行诸如"藩阀政府""专制政府"之类的批判。有点像现在的执政党对民主党（2016 年民主党与维新党等合并成为民进党）等在野党的批评。到头来，政府的重要职位大多由长州、萨摩、土佐、肥前这四个幕末雄藩占据。因此，民党中的自由党和改进党的成员们即使既有钱又有头脑，也无法进入藩阀政府内部。

如今可以通过国家公务员考试来任用官员。如果有志成为内阁大臣，只要取得国会议员席位，就会有机会，因为内阁大臣的半数以上都选自国会议员。但在当时，这种以政党为基础的议院内阁制以及国家考试制度都还没有建立起来，政府的人事都掌握在藩阀政府手中。福泽就表示，假如朝鲜被纳入日本的势力范围，而日本人也可以自由出入的话，政党成员们就可前往朝鲜这一新天地去取得相应的地位。事实上，甲午战争后，不仅中国台湾被割让给日本，而且日本对朝鲜的影响力也得到极大地提高。台湾"总督府"首先被建立，经过日俄战争和之后的日韩合并，朝鲜"总督府"也被建立起来。这就意味着出现了数千个新的政府职位。

无论是圣诞节、新年还是盂兰盆节假期，历史学家大概都会在国立公文书馆等地方一直看历史资料的微缩胶片，毕竟入了这一行就注定要这样。（笑）所以，我也曾看过在台湾"总督府"和朝鲜"总督府"任职官员的名录。甲午战争后，日本对中国台湾实行殖民统治，日本在当地建立各类机构，并派遣了非常多的日本人前往任职，其中包括小学老师、农业试验场的技师及法院的法官、警官，当然还有军人等。到太平洋战争结束时，台湾"总督府"共有 43870 名日本官员。就官员的职位数量而言，这是一个相当庞大的数字。因此，对外战争所带来的不仅是市场规模的扩大，还有福泽所说的："现在，民党要获得新的殖民地，并在当地取得自己至今未能得到的行政职位。"而这就是自由党等在议会中并未强烈反对战争的理由之一。

还有其他的想法吗？

——……

我们提供了战争经费

想不到吗？那么差不多就公布答案吧。甲午战争是一场历时 9 个月的战争（1894 年 7 月 25 日至 1895 年 4 月 17 日），平均每个月所花的军费是 2000 万日元，临时军费则控制在约 2 亿日元。那时大隈财政^①已经结束，正是松方财政^②时期，明治政府对于通过发行国债来增加国家年度收入抱着非常谨慎的态度，政府担心实施这种政策，会危及国家的独立。从某种意义上讲，当时的日本是个不举债的国家。

甲午战争的军费，经由从第一届议会开始进行的交涉而准备完毕。在讨论甲午战争的经费之前，我想先对当时的预算制度进行一些基础性的说明。当国家要用钱时，政府需要先提出预算案，经议会同意后，才可以使用相关的经费。关于这一点，《大日本帝国宪法》第六章"会计"当中有相关的规定。明治维新后，虽然还有些勉强，但日本还是基本维持了安定。完成地租改正当然是原因之一，但是另一个因素的影响更大，即形成了能够提出年度收入和支出的制度，也就是说可以编制国家预算。这是非常重要的国家计划。例如，当准备购入数艘战舰时，最重要的事情就是制定一个十年期的购买预算案。而拜地租所赐，政府终于能够制定预算了。

这里的重点是宪法第六十四条第一项："国家的年度收入及支出必须要提出每年预算案，并经帝国议会决议通过。"因为有这项规定，所以就算是政府也无法任意决定预算。如果议会没有对年度预算做出"这个预算案没问题"的表示，预算案就不能成立。

当时，明治天皇为了建设海军，曾经将皇室经费转给海军建

---

① 明治初期，由参议兼大藏大臣大隈重信推行的财政政策。他通过废藩置县、地租改正、秩禄处分等政策，保证明治政府的财政稳定，并通过建立官营工厂和国有银行向私营企业主提供资金来实现产业的现代化。

② 19 世纪 80 年代，大藏大臣松方正义推动的财政政策。松方正义在 1881 年 10 月取代大隈重信成为大藏大臣，并贯彻大隈财政末期开始推动的纸币整理，于 1882 年借鉴比利时中央银行制度创设日本银行，建立日本现代信用制度。

造舰艇。另外，让政府缩减自身经费也是一种手段。因为民党绝对不希望增加地租，所以民党向政府所要求的，就是督促其精减人数众多的官员所需要的经费。从第一届议会开始，民党方面的议员就一直强烈主张缩减政府开支。

那么在这种情况下，会产生什么样的观点呢？不论是自由党还是改进党，都自负地认为是因为自己强烈要求国家节约政府开支，才筹措到战争所需的费用。我是如何知道民党议员们的这种心情的呢？其实是来源于史料。让我们来看看当时田中正造所写的贺年卡。

在日俄战争时，田中正造明确坚持反战立场，但在甲午战争时，他却支持战争，而且他在之后发生的足尾铜山矿毒事件中，向明治天皇提出了直诉状，时间是在日俄战争爆发前的 1901 年。田中在第一届众议院选举中当选，是立宪改进党的议员，他认为甲午战争"是一场好战争"。1895 年 1 月 1 日，甲午战争虽然还没有结束，但是人们对日本获胜充满了信心，田中在这一天寄出的贺年卡中这样写道：

> 恭贺新禧！文明的名誉在全世界发扬光大。海陆军连战连胜，压倒四百余州。2600 多万日元剩余金支付了 5 个月的军事费用。这是自议会开设以来，民党辛苦忍耐、尽力节省经费的结果。我想没有同苦，就无法共享喜乐。正因为过去曾经与各位共苦，所以今日与大家共享喜乐。一同祝贺吧。

几乎全是汉文的世界呢。现在的人如果收到这样难懂的贺年卡，新年的快乐气氛可能也就飞走了。"四百余州"是一个比喻，就是指广阔的中国。"剩余金"就是年度支出剩下的钱，用来支付5个月的战争费用，这是我们大家拼命逼着政府节约的成果。因为当时的弹药、军舰等战备多由英国及法国制造，所以支付军费是个没法通融的问题。而日本政府能够支付这些军费，就是我们民党的功劳了。总而言之，是议会持续向政府要求节约、打击官员的浪费和海军贪污等，才把钱从预算中一点一滴节省下来，用以支付军费。

这段话含意颇深。也就是说，甲午战争的胜利并非山县、海军或是陆军的功劳，而应该归功于在议会拼命要求政府节约行政费用、筹措战争经费的民党。真是强势呢。这是在以后要直接向天皇告状的人、一个坚定的民党人士对于甲午战争的想法，请大家记住。

最后，让我们来说一说最终将日本引向开战的外务大臣陆奥宗光。请大家仔细阅读陆奥的以下言论，这是1893年（明治二十六年）他在帝国议会演讲的节选。

若要达成修改条约之目的，就必须让外国看到实际的证据，即我国的进步、我国的开化，使得我国真正成为亚洲特别的文明，一个强大的国家。

陆奥宗光的意思是，如果要成功与列强修改条约，就不能只在鹿鸣馆等地向列强展示日本的发展状况。要让欧美列强确切知道日本的进步和开化，就必须让他们亲眼看到，虽然同在亚洲，日本乃是特别的文明，并具备相应军事力量的实际证据。

这个演说果然非常强势呢。在日本与清朝因为朝鲜政府能否推进财政改革而陷入争执之时，日本政府正在考虑将局势引向战争。我们必须考虑外务大臣陆奥对日本政府这一立场的影响。

在即将开战前，陆奥还发出了这样的言论："只要错不在我方，不论采取何种手段，都要制造开战借口。"首先发难要求开战的居然不是军部大臣，而是外务大臣。因为在甲午战争可能爆发的时候，或是在开战以后，以英国为首的列强势必会进行各种干涉，比如敦促早日停战，或者要求日军不得攻入北京，等等。所以陆奥说，不论采取何种手段，也要制造出日后日本不会被批评的开战借口。

——真是惊人。

四 甲午战争为何爆发

强势的外务大臣

那么甲午战争是如何发生的呢？我们来说一说战争即将爆发前的情况吧，先看一看陆奥宗光的著作《蹇蹇录》吧。在甲午战争结束后的 1895 年（明治二十八年）4 月，日本与清朝签订媾和条约后不久，俄国、德国、法国三国认为日本不能夺取属于中国大陆领土一部分的辽东半岛，要求将之归还中国，这就是三国干涉还辽事件。《蹇蹇录》写于发生这一事件的当年年底，陆奥宗光在其中详细讲述了甲午战争中，他是如何行动、如何奋斗，却遭到三国干涉的经过。也就是说，这本书要表达的实际上是某种辩解。《蹇蹇录》这个不常见的书名，来自中国古典中的"蹇蹇匪躬"（意指劳心劳力、全心全意地侍奉君主）一词。总之，陆奥是在向明治天皇说明自己是如何开战、获胜、和谈，但在最后却受到三国干涉的经过。

接下来，我们就通过这本书来了解一下甲午战争的开战过程，需要注意的是，这本书完全是从陆奥个人角度出发的。它以"东学党之乱"作为第一章，以"俄国、德国及法国三国的干涉（下）"

作为最后一章。也就是说，他将东学党起义作为甲午战争爆发的大前提，那么我就先对这一事件进行一些说明吧。

1894 年，朝鲜国内发生了反抗朝鲜政府的农民暴动。因为这些农民信奉东学，因此被称为"东学党"。东学是与西学（基督教）相对的说法，以儒教为根本，融合佛教、道教及民间信仰，是当时朝鲜的民间宗教。由全琫准率领的东学党起义（韩国称之为东学农民战争、甲午农民战争）扩展到整个朝鲜半岛，并在当年 6 月达到高潮，朝鲜政府因此请求清朝出兵。

当时的清朝不惜诉诸武力，也要守住朝鲜。"为保护属邦"，李鸿章立即派遣 2 艘巡洋舰以及 2000 多名陆军到朝鲜。6 月 6 日，清朝向日本发出了出兵朝鲜的照会。之所以这么做，是因为当时日本与清朝之间签订了有关于朝鲜的条约，就是之前我们提到的伊藤博文与李鸿章在 1885 年（明治十八年）签订的《中日天津会议专条》。条约规定，当朝鲜发生任何问题需要出兵时，两国应在事前照会。虽然条文上日本与清朝处于平等的立场，但是从地理上来说，中国与朝鲜领土接壤，而日本与朝鲜则隔海相望，因此，实际上清朝在派兵方面较为有利。日本方面在 6 月 7 日联络清朝，表示了出兵的意向。

但在 6 月 11 日，并不喜欢外国干涉的朝鲜政府几乎全盘接受了农民军方面的要求，局势很快就得到了控制，清军沉浸在什么都不用做就可以撤军的氛围中。而在前一天，却发生了让朝鲜政府和清朝方面都惊讶的事。那一天，日本派遣 430 名海军陆战队员进入汉城，虽然人数不多，但却展现出了让人无法置信的迅速行动力。6 月 16 日，又有 4000 名日本陆军在仁川登陆。陆奥说出了这样深沉的话语：

> 我政府的计策是在外交方面居于被动者地位，而在军事
> 方面则要时刻掌握先机。

陆奥暗示道："在外交方面，日本不得已，只能采取被动姿态。
但在军事方面，则在确实地准备着。"

以前人们的表达方式还真是有意思。"被动者"这个词在现代
几乎已不再被使用，就是自己并不想做，"被如何如何"的被动形
态。关于"军事方面则要时刻掌握先机"这一点，许多学者做过相
关的研究。例如，从广岛派出的军队最快需要多少时间抵达朝鲜半
岛的仁川，结果发现，日本的确从相当早的时候就已经开始进行相
关准备了。但至少在外交方面，陆奥认为还是要等待"朝鲜发生动
乱、中国首先出兵"的时机。

朝鲜的局势已经趋于稳定，但是日军与清军却开始了在朝鲜
的对峙。甲午战争是在一个月后的 1894 年 7 月底（宣战时间是 8
月）开始的，那么在这段时间里发生了什么事呢？

陆奥宗光提议，由日本与清朝一起向朝鲜政府要求改革，并
表示"在改革取得实质进展前，不会撤兵"。这可真是有点微妙呢。
日军与清军正在对峙，而朝鲜被要求的"改革"是编制预算、制定
征税手段等绝非一朝一夕可成的项目，日本还提出要求，在改革取
得实质进展之前不撤兵。

这就是"外交方面居于被动者地位"。反正无论是谁，都很难
批判要求经济改革这种事。虽然朝鲜政府确实需要经济改革，但

是日本不撤兵的举动很难说是被动者，这种立场显然更主动，更有攻击性。

　　一方面，清朝义正词严地表示，最重要的就是双方一起撤军；另一方面，对于日本提出的改革朝鲜内政的要求，则表示"日本自己去处理就行"。因为当时朝鲜政府内部有许多亲清派，已经不存在听从日本指挥的势力了。从清朝的角度来看，大概是认为陆奥的强硬态度只不过是表面功夫而已。因为清朝了解到，当时日本的帝国议会上发生了争执，政府如果不停止宪法，可能就没法通过预算案。所以日本应该只是做出需要处理国际问题的姿态，来给解决国内问题争取时间吧。如果阅读中国方面的史料，就能够发现当时清朝的驻日本公使做出了上述判断。

清朝的反驳

　　当陆奥强硬地表示"不撤军，日本决意即使只有自己，也要进行朝鲜的改革"时，清朝进行了相当聪明的反驳，让日本一时语塞。如果站在清朝派驻朝鲜顾问的立场上，应该如何反驳日本的要求呢？

　　——……太突然了，有点困难。

　　给个提示，是直接利用对方的言论进行反驳，这在外交上也是最有效的做法。清朝要如何反驳，表示"朝鲜不需要在此时进行改革"呢？日本曾经用某种主张来批评朝鲜与清朝的关系，清朝应该如何利用这一点来进行反击呢？

　　——朝鲜政府并没有请求日本过去帮忙。

　　是的，没错。虽然说日军与清军同在汉城，但是清军是受朝鲜政府请求而出兵的，而日本并没有接到请求。不过，因为《中日天津会议专条》的关系，日本也有出兵朝鲜的权力。清朝一旦反驳日本并不是朝鲜政府请来的，日本就答不出话来了，为什么会这样子呢？

——因为必须尊重朝鲜的意愿。

为何日本必须那么做呢？

——因为朝鲜是"独立国家"。

没错没错，而且可以用过去日本曾使用过的一个词来表述，就是日本与朝鲜缔结条约时留下的一个词。

——"自主之邦"。

是的，就是这个词。观察这样的互动过程挺有意思的吧。"你们不是说朝鲜王朝、李氏王朝是独立自主的吗？"清朝就这样正中要害地反驳了日本。1876 年 2 月，日本与朝鲜缔结的《江华条约》第一条就这样明确了，而且在那之后，日本也持续地强调这一点。福泽谕吉也一直说："因为清朝以宗主国的身份位居朝鲜之上，所以朝鲜政府无法断然实行改革。"清朝反驳道，一直以来表示朝鲜是"自主之邦"的日本，要强制进行有干涉内政之嫌的改革吗？这个时间大约是 6 月 21 日。

因为发生了东学党起义这样的突发事件，所以中日双方根据先前缔结的《中日天津会议专条》共同出兵朝鲜。在双方军队保持一定距离的对峙状态下，清朝与日本进行着外交上的折冲。这就是甲午战争即将爆发之前的状况。在这样的形势下，日本关于是否要推动朝鲜政府内部改革的主张，就带上了相当强烈的强迫性色彩。但即便如此，日本方面最终还是决定要用武力来改变由清朝决定朝鲜是否为"自主之邦"的状态。

甲午战争的国际形势

最终，甲午战争爆发了。这当然不是陆奥一个人"努力"的结果。关于这一点，还应该从国际环境出发来加以确认，清政府在开战前就已经充分认识到日本担心俄国会进行干涉。从甲午战争是帝国主义代理人战争的性质来说，这场战争的爆发恐怕也是不可避免的。

英国在 1894 年 7 月 16 日从背后支持了日本，这种支持相当于是对日本说："想干的话，可以干啊。"这个时候签订的《日英通商航海条约》，就是英国支持日本的表态。其实，一直到签约前夕，英国都在担心如果日本与清政府因为朝鲜问题纠缠不清，进而开战的话，俄国可能会趁机南下。但是，随着英俄之间对话的展开，英国渐渐开始将无所作为的清政府的态度看成是软弱，并因此转变了态度，准备通过支持日本来对抗俄国的南下，开始响应日本关于关税自主权和修改治外法权等要求。战争爆发前着手进行的这些程序，可以看作是帝国主义国家的一个信号，如果这意味着日本要进行战争的话，英国会采取旁观的立场。

相应地，清政府就成了俄国的代理人。甲午战争后，李鸿章接近俄国的行为，某种程度上也正确地反映出了在这场代理人战争中，各方在开战之前就已经确立的对立关系。

为什么英国和俄国会在以朝鲜为舞台的甲午战争中对立呢？大家可以试着以经济利益为中心来思考。这个问题的答案就在甲午战争结束后签订的《马关条约》之中。为期 9 个月的战争结束后，

1895 年 4 月，中日双方签订了《马关条约》，其中第一条就是"中国认明朝鲜国确为完全无缺之独立自主"。对于朝鲜的形容词，是不是越来越繁复了？如果以现在的眼光来看，多少会觉得这个句子有些不可思议吧。想要代替清政府来对朝鲜施加影响的日本，却让清政府许下了这样的承诺。

在 1876 年（明治九年）订立的《江华条约》中，已经出现了"自主之邦"这样的用词；而在甲午战争后的《马关条约》中，进一步变成了"完全无缺之独立自主"。这些关于朝鲜的条约及通商口岸的开放等，都会通过最惠国待遇来让其他列强也得到同样的待遇。当然，因为有地理上靠近朝鲜的有利之处，可以预见日本大概会占有朝鲜市场庞大利益中的大部分。《马关条约》还规定，除已经作为通商口岸开放的城市之外，再开放沙市、重庆、苏州及杭州等地。同样地，这些条件也可以平等地适用于其他各国，所以对列强来说，日本的胜利也实现了它们在贸易上的利益。

发生普选运动的原因

对于近代日本来说，甲午战争是首次与大国的战争。根据参谋本部编纂的官方版战史，1894 年 7 月 25 日到 1895 年 11 月 18 日，日本陆军的阵亡人数为 13488 人，伤病总人数为 285853 人。死者相对来说比较少，但伤病者真是非常多。海军的阵亡人数则是 90 人，受伤 197 人，陆海军共有约 14000 人战死。清朝方面的详细阵亡人数没有一个具体的数字，根据研究甲午战争第一人的原田敬一的估计，清朝方面大约有 3 万人战死，而朝鲜方面大概也有 3 万人以上的牺牲者。

下面来看看甲午战争结束后的日本吧。经过甲午战争，日本发生了许多变化，比如刚才已经提及的与英国的关系。1894 年 7 月，《日英通商航海条约》废除了领事裁判权，并在原则上恢复了关税自主权。日本从清朝获得的 2 亿两白银（若加上赎辽费，总计约 3.6 亿日元）赔款，实在是一笔巨款，要知道甲午战争期间，日本的国家预算仅约为 1 亿日元，这相当于获得了 3 倍于国家预算的赔款。

那么在国内政治方面，最大的改变是什么呢？大概可以用十个字来论述。

——是战争结束后立即出现的改变吗？

很好的问题。并不是立即出现的，是大约 5 年内的变化。给个提示，福泽谕吉也说过参与其中的话。

——获得赔款，使财政得以好转。

从清朝获得的赔款，六成被用于以俄国为假想敌的军备扩充和八幡制铁所①的建设费，另外还填补了充当军费的临时军事费用，让紧张的财政状况获得了缓解，确实是很大的影响。

——让国民产生了"日本是亚洲盟主"的意识。

没错。日本人对清朝的看法也发生了很大的变化。清朝是个大国，过去一直很强大，让人感到害怕，而且直到近代之前都是文化的中心，如果说到文人，那就是指清朝和朝鲜的知识分子。但是在甲午战争中，日本士兵看到拖着辫子的清朝士兵，使用着规格完

---

① 八幡制铁所是位于日本福冈县北九州市的炼钢厂，1901 年开始投入生产。二战之前，其钢铁产量占日本全国产量的一半以上，是当时日本最大的炼钢厂。现为新日铁住金旗下企业。

全不一的武器来打仗，就不免产生了轻蔑之感。在出现轻视中国的情感这一点上，回答正确，这也确实是东亚盟主意识的萌芽。不过，这也不是我想到的答案。

——普通选举之类的……

没错，真是敏锐，就是这一点。甲午战争结束后的 1897 年（明治三十年），民权运动家中村太八郎等人以长野县松本为据点，成立了普通选举期成同盟会。战争结束后，一部分人开始讨论改革设限选举制度的问题。1890 年的选举，选出了第一届帝国议会。大家知道，当时只有缴纳直接国税 15 日元以上的人才有选举权。也就是说，最开始的选举是有条件限制的。7 年之后，在松本成立了普通选举期成同盟会，为何中村太八郎和木下尚江会突然意识到必须争取真正的普选呢？

——没能得到辽东半岛，让很多国民对政府有一种失望感，于是转而支持这一运动。

我认为"失望感"这个词用得很好。当时，拥有选举权的人数是 45 万人，再从中选举 300 人作为帝国议会的众议院议员，失望感就是在这种状况中产生的。另外，当时还出现了许多以三国干涉还辽为题材的小说和时事评论。

德富苏峰是一位思想家，也是出版《国民之友》杂志的评论家。他原本抱有民权主义的想法，但是在三国干涉还辽之后，他的思想开始转向国权论。当时的国民都非常关注三国干涉还辽问题，正是因为民众对时事有这么高的关注度，中村等人可能也期待着民众对自己的支持，所以才发动了普选运动。还能想到其他方面的原因吗？

——在与俄国对立关系明确化的状况下，即使没有政治权利，但一旦与俄国开战，也有可能被征召入伍，对于这种前景感到不公平的人在增加。

原来如此。很有主动性的回答呢，非常有意思。在甲午战争中，约有14000人阵亡。如果开战，民众就会被征召，直面死亡。所以在考虑将来的战争时，自己既然有可能会被征召，就应该拥有相应的权利，即选举权，这正是普选的思想。已经越来越接近答案了。

——因为三国干涉，政府就不得不放弃既得利益，民众觉得政府靠不住，没有反映民意。

对，这就是正确答案。当时的人们常常有这样的想法：日本明明在战争中获胜了，但是因为俄国、德国和法国的不满，就必须将辽东半岛归还中国。这是军队虽强，然而外交太弱的缘故。因为政府的软弱，就擅自归还了国民浴血奋战得到的东西，而政府之所以能够这样自作主张，就是因为没有普选的关系。

宣战与和谈的权力是由天皇在内阁或国务大臣的辅佐下行使的，因此，议会几乎不会讨论外交议题，既无法通过法律进行约束，也无法借助预算来控制。虽然议会也有诸多局限性，但是能够反映国民意见的也只有这里了，所以只好通过普选来对政府施压。当时要求普选的人们大概就是抱着这种想法吧。以对三国干涉还辽的不满为契机，人们开始期望实现普选，着实有些出人意料呢。

第二章

日俄战争：问题在于选朝鲜还是选满洲

一　甲午战争之后

战争的"效用"

大家好，今天我们来说一说日俄战争。首先我们来了解一下帝国主义时代战争的"效用"。日俄战争作为一场帝国主义战争，有什么"效用"呢？在这场以俄国为对手的战争中，日本在非常勉强的情况下获得了胜利，结果是使日本成了可以在欧美等列强国家设立大使馆的国家。在那个时代，处于不平等地位的弱小国家是无法在大国设立大使馆的，而只能设立公使馆。以日本与英国的关系为例，日本驻英公使馆升格为大使馆是在1905年（明治三十八年）12月。那一年9月，日俄两国签订了《朴次茅斯和约》，日本的国家地位因此立刻得到了这样有形的提升。在那个时代的国际社会中，实际上是有着严格的上下关系的。

第一章已经提到过，在清朝与日本开战之前，英国已经与日本签订了《日英通商航海条约》，内容包括废除领事裁判权、提高关税税率以及平等的最惠国待遇等。也就是说，日本在甲午战争之前，就已经废除了一部分不平等条约，剩下的一个目标，就是彻底恢复关税自主权，这一点在日俄战争结束以后的 1911 年也达成了。

从这一点来看，或许可以说日本通过甲午战争，首先实现了在亚洲的独立，又通过日俄战争，进一步达成了从列强势力下独立的目标。甲午战争始于 1894 年，日俄战争则是 1904 年开始的，其间刚好隔了 10 年。这相当于日本在 10 年时间里通过两次战争，一步步地达成了独立的目标，不得不说这种做法还挺"脚踏实地"的呢。

美国斯坦福大学教授马可·皮第（Mark R. Peattie）在他的《殖民地——帝国 50 年的兴亡》① 一书中，揭示了日本政治家在战略思想和安全保障观上广泛存在的一致性。也就是说，政府官员和议员们都赞同这种通过实力把不平等条约一个个废除的策略。但这里不能忘记的是，山县与施泰因教授两人之间所谈论的，关于朝鲜半岛对于日本的重要性。大家可能会觉得，朝鲜半岛问题不是已经通过甲午战争解决了吗？事实上，在朝鲜半岛与日本展开对抗的并不只有清朝，俄国与日本之间也存在着问题。

我们观察日俄战争开战的过程就可以发现，朝鲜半岛问题再次让日本感到烦恼了，朝鲜问题这一次作为动摇岛国安全保障观的问题浮出了水面。施泰因关于不要让第三国占领朝鲜半岛的警告，因为日本与俄国的紧张关系而再度浮现出来。这就是今天要讲的最重要的内容。

虽然日本通过日俄战争达成了修改不平等条约这一目标，但是这场战争最重要的结果，其实是在战争结束 5 年之后的 1910 年

---

① 『植民地——帝国 50 年の興亡』，读卖新闻社 1996 年版。

（明治四十三年），日本吞并韩国，使其成为自己的殖民地。这意味着作为岛国的日本，通过把与中国和俄国接壤的朝鲜半岛并入国土，拥有了与欧亚大陆相连的土地。甲午战争后，日本从中国夺走的土地是台湾与澎湖列岛，这些殖民地都是岛屿。因此，这一点可以说是很大的变化。

附带说明一下，到现在为止的内容，我们都使用朝鲜这个称呼，这是因为朝鲜的正式国号是大朝鲜国，简称就是朝鲜。但是，朝鲜在 1897 年已经将国号改为大韩帝国，所以在甲午战争之后到日俄战争之前的这段时期，当时的日本多将朝鲜称为韩国，将朝鲜半岛称为韩半岛。

什么是新型战争

首先，让我们确认一下日俄战争的规模。在不同的资料中，关于这场战争的数据各不相同。在大约一年半的时间里，日本与俄国都出现了超过 20 万的死伤者。

在进入正题之前，让我们先想一想，对于俄国来说，日俄战争是什么样的战争。这一点也相当有趣。在日俄战争中，俄国方面有一位年轻的少将斯维青①，战争爆发时，他尚在俄国参谋本部所属的研究机构学习，之后随军出征。在沙俄政府垮台之后，他在苏联军中任职，并成为研究对日战争准备的战略家。

1937 年，也就是中日战争全面爆发的那一年，斯维青以《20

---

① 亚历山大·安德烈耶维奇·斯维青（1878—1938 年），沙俄、苏联的军人、军事作家、教育家与理论家，1938 年在"大清洗"中被处决。

世纪最初阶段的战略：1904—1905 年的陆海战争计划与作战》为题，回顾了日俄战争的创新之处，非常有意思。我是通过庆应大学的横手慎二教授的研究了解到这一点的，当时非常兴奋。斯维青这样写道：

> 日本计划的核心是运用不同的军队，也就是发展陆军与海军的协调合作。通过这种协调合作，达成陆上战略的基本，同时运用军事力量这种思想则被排除。日军的展开并非是同时性的，而是阶梯式的，本质在于陆海行动的协调合作。

听起来很费解吧？文中所说的"达成陆上战略的基本，同时运用军事力量"，是指在比日俄战争更早时期的 1870 年，德国（当时是普鲁士）与法国作战时所采用的，堪称陆战经典的以大军包围歼灭对手的作战方式。而在日俄战争中，日军并未采取这种德式战略，而是采取"陆海行动的协调合作"。也就是说，对于战略家斯维青而言，陆海军共同作战是值得大书特书的事。

斯维青所讨论的陆海军共同作战，具体是指什么战役呢？

——日本海海战？

因为陆军没有参与，所以日本海海战不能说是共同作战呢。提示一下，这是在《二百三高地》（东映电影，1980 年上映）等电影中一定会出现的场景，日军与俄军围绕要塞和堡垒所进行的绞肉机般的肉搏战。欸，大家没看过《二百三高地》啊……确实，当时各位还没出生呢。那换个提示，是由乃木希典担任司令官的战役，这样能答上来了吗？

——旅顺战役。

是的，就是这个了。当时，对俄国来说极为重要的舰队正停泊在辽东半岛南端的大军港旅顺，乃木就是负责攻略这一要地的陆军第三军的司令官。当时俄国的波罗的海舰队被编为第二太平洋舰队，正驶向远东地区，对日本海军来说，其无论如何都要避免这支庞大的舰队与停靠在旅顺港的俄国舰队会师。因此，海军非常希望陆军可以攻陷旅顺要塞，再从这里炮击停泊在旅顺港的俄国舰队。这正是斯维青所写的陆海军共同作战。

不知道大家有没有听说过对马海战中协助东乡平八郎指挥作战的作战参谋秋山真之。这个秋山当时天天给乃木写信，请他一定要攻下旅顺要塞。以下是 1904 年 11 月 30 日秋山写给乃木的书信，我把难读的部分修改成现代文了：

> 从大局出发，能否占领二〇三高地，实际上是关乎国家存亡的，请务必断然实行。……为了攻略旅顺，即使损失四五万勇士，也不算太大的牺牲。若此战对敌我而言都关乎国家存亡的话，就应该如此。

秋山在信中说，尽管这场战争会牺牲四五万名陆军士兵，但因为关乎国家存亡，所以，乃木先生，拜托了。面对这样的重托，陆军无法无动于衷。总人数达到 13 万人的第三军在经过 3 次总攻之后，死伤人数达到了七成（阵亡 15390 人，受伤 43914 人，另有病人约 3 万人），遭受了非常大的损失。但是，结果终于如秋山所愿，陆军赶在 1905 年 5 月的对马海战之前，在 1 月攻陷了旅顺。

说到旧日本军队，脑海中总会浮现这种印象：陆军与海军的关系极为恶劣，互相争夺着物资与预算。但是，从战争对手的角度来观察的话，或许更能正确反映当时的实际情况。

"二十亿钱款和二十万生灵"

接下来，先让我们简要地了解一下日俄战争对于日本社会的意义。因为在讨论导致开战的原因之前先掌握这一点，可以更明确地理解我们学习日俄战争的意义。

仅旅顺战役就出现这么多的死伤者，所以日本从日俄战争后直到第二次世界大战之前，总是说自己是付出了 20 万人的牺牲及 20 亿日元的军费，才终于得到了满洲①。事实上，这个说法出自山县有朋在日俄战争结束 4 年后，即 1909 年（明治四十二年）所写的《第二对清政策》这一意见书中，他在其中就用了"二十亿钱款和二十万生灵"的说法。大概"二十和二十"说起来比较简洁有力吧。

把时间推进到 1931 年（昭和六年）的"九一八"事变前后，当时也有"守护二十亿资源和二十万生灵得来的满洲权益"的说法。昭和时期，当日本与中国因满洲权益而发生争执时，日俄战争的记忆被迅速地从日本民众的记忆中唤醒。当情势进一步发展，日本在 1933 年 3 月退出了国际联盟。在退出国联之前，日本的全权代表松冈洋右在国际联盟的会场上发表了这样一些言论，即日本通

---

① 满洲：指中国东北部，现在主要作为历史名词使用，为保持译文的流畅性，下文中基本加以保留，不做修改。

过《朴次茅斯和约》从俄国获得了各种各样的权益，而中国也承认了日本的许多权益，所以关于满洲权益，中国的主张是错的，日本才是对的。当然，对于松冈洋右这种"中国有错、日本没错"的主张，从历史上来看是否正确，我们会在之后讲述"九一八"事变的部分再来详细说明。

总之，请大家先记住，"九一八"事变其实是源自中日之间围绕着日俄战争的记忆进行的斗争。学习日俄战争的意义，其实也是思考昭和时期战争的起源问题。

施泰因的预言恐成现实

在前面的章节中我们已经提到，甲午战争之后，由于俄国、德国和法国的干涉，日本只能把在《马关条约》中得到的辽东半岛归还给清政府。三国干涉还辽不仅让日本丢了面子，还极大地影响了朝鲜和清朝日后对待日本的态度。

简单来说，就是产生了"日本这不是挺弱的吗，还不是只能听俄国的话"这样的想法。在朝鲜政府内部，对日本不满的势力集结在闵妃（明成皇后）周围。计划接近俄国的亲俄派势力也在朝鲜政府内部增加。这种转变在甲午战争结束3个月以后的1895年7月就已经开始发生，对日本来说，这种情况相当严峻。

日本方面非常震惊，并采取了非常残酷的行动。原陆军中将（1887年转为预备役）三浦梧楼作为公使被派往朝鲜。三浦计划重新拥立大院君，于是派遣公使馆卫兵入侵景福宫，发动了暗杀闵妃的乙未事变。这是无可辩解的野蛮行径，属于干涉别国内政的政变。他的打算是，除掉亲俄派的核心人物闵妃，从而让朝鲜政府内部愿意与日本合作进行改革的人重掌政权。

身为王后的闵妃被杀，朝鲜方面不可能坐视不管。聚集在闵妃周围的亲俄派安排国王高宗到俄国公使馆避难，亲俄派依靠俄国的势力，重新掌握了政权。真是可以拍成电视剧的激烈斗争呢。在这样的情况下，朝鲜在1897年10月将国号由大朝鲜国改成了"大韩帝国"，开始了以现代化为目标的各种改革，又在1899年颁布了具有宪法性质的《大韩国国制》，共九条。其中第一条明确："大韩国乃世界万国公认自主独立之帝国。"请大家注意"自主独立"这个词。

当朝鲜把国号改为大韩帝国时，首先对其加以承认的就是俄国。但俄国没有立即表现出把韩国变成自己的保护国，或是要牵制日本的明显意图。这个时候，俄国最在意的是中国的东北地区，也就是满洲。

虽然借由甲午战争的胜利，日本在朝鲜半岛貌似获得了压倒性的优势地位，但是也仅仅维持了一小段时间。紧接而来的是，韩国对于现代化的摸索以及日本与俄国之间围绕韩国的均势对立状态。

当初是俄国发起了三国干涉还辽，所以可以想象甲午战争之后清朝与俄国的关系应该会不错，而促成这一局面的就是李鸿章。接下来，让我们来看看俄国的对华政策。俄国仿佛是在呼应李鸿章的亲俄政策一般，对中国的政策也活跃起来。刚才提到，相对于朝鲜，俄国对满洲更有兴趣。俄国对处于西伯利亚南方的中国东北表现出这样的兴趣，这一点非常有意思。

1896年，俄国沙皇尼古拉二世举行加冕礼。李鸿章作为清政府专使出席，据说还收了一笔数目不小的贿款。2005年10月，我曾经在莫斯科逗留一个月，其间游览了克里姆林宫钻石馆，里面的财宝真是让人叹为观止。看着那些堆积如山的财宝，真会让人不禁去想："如果收到这样的宝物作为贿赂，大概会把灵魂都卖掉吧。"以李鸿章的这次访俄为契机，1896年6月，清政府与俄国签署《中俄密约》，又称《中俄御敌互相援助条约》，日本则称之为《露清防敌相互援助条约》。条约规定，当日本进攻中国或者俄国领土时，两国将一致对日。这是一份没有被公之于世的秘密条约，也是非常明确的对日攻守同盟。

这份条约把从黑龙江、吉林两省至符拉迪沃斯托克的东清铁路（中东铁路）铺设权许给了俄国和法国的银行。也就是说，俄国现在能够铺设铁路横跨中国东北地区。1898年，俄国竟然又以清政府对日本赔款的援助作为担保，获得了旅顺和大连湾25年的租借权，以及一直延伸到辽东半岛南端的旅顺、大连的东清铁路南部支线的铺设权，这部分铁路就是之后的南满铁路。

现在我想问问大家，对于旅顺、大连租借权的问题，我为什么会用"竟然"这样强烈的用词呢？

——因为俄国通过三国干涉还辽让日本放弃了辽东半岛，现在俄国却从清朝那里夺走了，真是太狡猾了。

啊，确实是这样。这一点可以说是深刻了解当时日本国民的心情而发出的感叹。还有其他的吗？

——因为施泰因的警告恐怕会变成现实。

非常好。如果听到这个回答，坟墓里的施泰因教授也会喜极而泣吧。施泰因对山县说过："西伯利亚铁路本身并不可怕，因为抵达东亚地区的西伯利亚铁路必须通过中国领土。这对俄国来说，是一个限制因素。"然而，这个限制因素现在却部分消失了。如果清朝与俄国进一步合作，由清朝与俄国的合资公司来铺设东清铁路及其南部支线的话，对于俄国的限制因素也就完全消失了。虽然不是在朝鲜半岛的东侧，但是俄国会在辽东半岛的南端拥有一个不冻港，也就是说，俄国现在可以在远东海域建立海军基地、部署海军了。关于铁路的铺设，清政府与俄国分别在 1896 年和 1898 年签订了《中俄密约》和《旅大租地条约》，这些条约对于当时的日本来说，简直就像噩梦。

二 英日同盟与清朝的变化

俄国的满洲政策与清朝的变化

接下来，我们了解一下俄国所推行的向满洲发展的政策吧。之前我们已经提到，俄国取得了横跨满洲的铁路，以及从这条铁路的中间向南延伸到辽东半岛南端的大连的铁路铺设权。接着在1900年，清朝发生了义和团运动。这是打着"扶清灭洋"口号的农民团体义和团在中国各地发展起来以后所发动的农民斗争。各国派遣到清朝的传教士被当作外国势力的象征，成了义和团打击的对象，传教士被斩首这样的残酷事件也多有发生。另外，驻北京的各国公使馆遭到围攻，清政府不仅参与其中，还向列强宣战了。在日本，这场运动被称为"北清事变"。

俄国把这场事变看作一个好机会，声称为了保护广布于满洲北部的俄国权益，派兵占领了黑龙江沿岸地区。

从这时候开始，清朝与俄国的合作关系发生了变化。清政府开始觉得俄国似乎有些可疑，不能完全信赖。李鸿章确实采取了联合俄国来抑制日本的政策。但是，俄国却趁义和团运动之机，占领了黑龙江沿岸，还发生了侵占这些地区并杀害中国人的惨案。结果就在清廷内部产生了"到底应不应该追随俄国"的疑问。第二年，也就是1901年，李鸿章去世了。

俄国还派了很多部队到北京，声称在义和团被八国联军（日本也有参与）完全镇压前，要驻军保护自己的权益。与中国签订的条约则规定，以1902年为限，联军进行分批撤军。

但是，义和团运动平息一年后，本来应该撤军的俄国却完全没有从满洲撤军。英国于是在1902年采取了行动。俄国与清朝之间有长达数千千米的边境接壤，还租借了优良的港口旅顺和大连，俄国是不是在陆海两方面都拥有了对中国的巨大影响力呢？英国暗自想道："对，肯定是这样没错了。"英国进一步认为，如果自己再不有所动作，恐怕将来会很不利。要是俄国掌握了从海陆两方面都能够进入北京的能力，肯定对自己没有好处。

加之，条约明确规定1902年要从满洲撤军，俄国却完全不履行条约。眼见俄国不会遵守与清朝约定的撤军期限，英国转身向日本提出了结盟。就这样，英日两国在1902年1月签订了同盟条约。当时的英国正深陷南非的布尔战争，所以暂时没有余力在中国施加自己的影响力。

这里需要注意的一点是，英国的行动意在向俄国展示一种姿态，即"日本要和英国合作了，明白吗？"期待能借此让俄国改变态度。所以英日同盟缔结之后，并没有立刻引发日本与俄国的对立，更不要说战争了。从史实来看也确实是这样吧？日俄战争是在英日同盟缔结两年之后爆发的。

伊藤博文在1900年创立的政党——政友会这样冷静地评论道：

"英日同盟实现了，但这是要求俄国自律的同盟。"并且认为同盟的效用之一，是通过与海洋强国英国结盟，让日本暂时不用建造军舰，如此一来大概就不用提高地租了，对于政党来说，这是值得高兴的事。

英日同盟是在第一次桂太郎内阁时期缔结的。当时在议会的376个议席中，政友会及宪政本党占据了压倒性的多数。两党反对政府为了准备与俄国的战争而扩张海军，他们主张，因为已经有了英日同盟，所以不需要扩张海军来对抗俄国。直到不久之前，大部分的研究仍然认为，就是因为缔结了英日同盟，所以让日本政府和军队早早地进入了对俄备战的状态。但是，最近着眼于政党势力动向的研究却否定了这种观点。这是第一章中介绍过的坂野润治教授和京都大学的伊藤之雄教授等人在研究中得出的新观点。坂野教授表示："直到日俄战争爆发之前，相当多的日本国民和一部分的统治阶级，应当说都是厌战的。"

确实，从选举结果来看，也可以发现政党非常强势。桂太郎内阁在1902年12月解散了国会，但在第二年3月的总选举后，赞成政府预算案的议员依旧没怎么增加，政府因此陷入了困境。即使解散后再选，在议会376个议席中，政友会和宪政本党仍然胜出了。也就是说，虽然当时的选民因为有财产限制而无法代表全体民众，但是这些选民选择支持政党，这在某种意义上也说明，他们不希望政府去扩张海军。

与此同时，清政府内部也在逐渐改变。刚才已经提到过，在外交上，清政府开始对与俄国的合作产生怀疑；在内政上，也有了新的变化。1898年，清政府的一部分开明势力试图进行改革，这被称之为戊戌变法，他们的目标是建立起君主立宪制。让我们再想一想东亚的其他地区，对比一下可能就会觉得还挺有趣的。韩国在1897年改国号为大韩帝国，并在1899年颁布了宪法。当时的东亚几乎同时发生了这些变化。

改革举措包括废除选拔官员的科举考试制度，用中央政府或者地方的经费派遣优秀的官员和学生出国留学，推进军队的现代化，等等。从清朝开始对俄国的态度产生疑问的1902年左右到日俄战争之后，清朝出现了前往日本留学的热潮。这大概是出于日本同在汉字文化圈，留学费用相对欧美也更为便宜，而且可以更迅速地展现出留学的成果等原因。以《故乡》而闻名的鲁迅，就是在1902年来到东京的。日本陆军士官学校也招收了许多留学生，例如，1913年（大正二年），在中国陆军参谋本部的7位局长当中，就有5人是从日本留学归国的。

另一个需要注意的重点是，在日俄战争开始之后的1905年，在东京诞生了一个旨在推翻清朝统治的革命组织，即孙中山建立的中国同盟会。在1911年推翻清朝、建立中华民国的辛亥革命中，具有日本留学经历的人们起了关键作用。例如，早稻田大学的留学生宋教仁，就组织发起了建立新国家的运动。但是，宋教仁在辛亥革命之后的活动中，被袁世凯的手下暗杀了。

慎重开战论

下面，我们来了解一下日俄战争之前日本与俄国的动向。在日本也有积极鼓吹开战的势力，比如以东京帝国大学教授为中心的"七博士"，他们在1903年6月前后开始积极活动。之所以说"以东京帝国大学的教授为中心"，是因为七人之中还有一位是学习院大学的教授。当然，这种事情其实无关紧要啦。小野冢喜平次等六位东京帝大的教授和学习院大学的教授中村进午，将《关于满洲问题的七博士意见书》提交给了首相桂太郎、外务大臣小村寿太郎、陆海军大臣以及山县等元老。

　　提出《意见书》的时间其实并不算早，因为日俄战争在第二年2月就开始了。参谋本部的意见是，应该在西伯利亚铁路完成之前开战，"早点开战较为有利"，并从1903年10月开始对态度慎重的桂太郎内阁施压。这个时候距离开战已经只有4个月的时间了。

　　虽然一部分人高唱要早点开战，但是直到开战之前，桂太郎首相和大部分元老仍然认为应该先进行外交交涉。他们无疑都对日俄之间的交涉抱有相当的期待。但是，以往的研究因为过于相信那些二战之前写下的传记等资料，都认为桂太郎首相、山县以及小村在非常早的时候，如缔结英日同盟时，就已经在考虑日俄战争了。然而，根据昭和女子大学千叶功老师的研究，这并不正确。当时的信件一般都是用现代人难以阅读的草书写的，在仔细解读了这些难以阅读的信件之后，千叶老师发现了一些至今为止不为人知的真相。

　　当时有两位元老资格最老，那就是伊藤博文和山县有朋。日俄战争结束4年后，伊藤在哈尔滨被韩国独立运动家安重根刺杀。日俄战争之前，伊藤和山县是明治天皇最重要的顾问。事实上，他们二人和桂太郎首相等内阁成员，还有议会里的政党势力等，都对开战非常慎重。

　　我们可以看看下面这封有趣的信件。这是桂太郎在1903年12月21日因为认识到与俄国的外交交涉无法成功，而必须进行战争的准备了，所以在内阁会议以后给元老山县和伊藤写信，请求他们赞成开战。其中最重要的部分就是下面这一段：

> 在朝鲜问题上，我方要充分陈述修正的期望，如果对方不同意，就贯彻最后的手段（即不惜一战）。

简单来说，就是关于日本与俄国正在进行交涉的朝鲜问题，先试着向俄国详细说明日本的希望，如果俄国还是不同意的话，日本能不能下定决心准备包括战争在内的一切手段？山县先生、伊藤先生，可以吗？桂太郎通过给元老的书信，进行着关于开战的最终确认。而这个时候距离开战只剩下两个月了。

当时山县多大年纪呢？65岁。在那个时候，这已经是相当高龄了。冬天他应该待在小田原这样比较温暖的地方，住在带漂亮庭院的别墅里取暖吧。山县给桂太郎回信了。桂太郎是陆军军人出身，对于山县来说是个小后辈。所以，山县如同对待毛头小子一样对待桂太郎，他有些不高兴地写道："开始战争的论调，老夫不知道。"也就是说，日本决心不惜进行战争这种事，他没听说过，不知道。

山县虽然在韩国问题上也不退让，但是对于满洲问题，这个俄国与日本正在交涉的另一个问题，他认为可以妥协，满洲的门户开放问题，就照俄国所说的去做不就好了吗？用不着急着去要求门户开放。所谓门户开放，是指俄国按照与清朝的约定，从满洲撤兵，不独占当地的贸易和经济。山县认为，这些要求可以全部放弃。事实上，直到1904年1月，山县仍然主张在坚持韩国问题不退让的基础上，做出某些妥协来与俄国继续交涉。这时距离开战已经只有一个月了。

山县等人直到最后仍然对外交交涉抱有希望的理由之一，是他们明白，虽然日本缺乏战争经费，但俄国同样没钱。当时处在沙皇统治下的俄罗斯周边国家，波兰、爱沙尼亚、芬兰等，都在进行着反抗俄国的活动。日本认为，这时的俄国怎么也不像有能力打仗的样子，毕竟其周边已经忧患重重。

通过俄国史料可以了解什么？

俄国的名字，在十月革命之前是俄罗斯，十月革命之后成为苏联，而苏联解体后又重新将国名改回了俄罗斯。如今的俄罗斯公开了许多史料，通过阅读这些史料，研究者们有了许多有趣的发现。俄罗斯真是个有意思的国家，它采取"沙俄所做的事，无论好坏都公开"的立场。在位于圣彼得堡的俄罗斯史料馆，历史学家鲁克亚诺夫（Igor V. Lukoianov）阅读了大量关于日俄交涉的史料，就让我们通过他的研究来了解一下关于日俄战争的新发现。

当时的俄国不仅在经济上出现了困难，同时也饱受帝国统治下的地方动乱的困扰。在尼古拉二世时代，俄国并没有建立君主立宪制度，当然也没有内阁会议。沙皇通过在具体问题上听取不同大臣的意见来进行决策。当面临开战的最终决定时，对于远东问题有着相当了解的财政大臣维特和陆军大臣库罗帕特金等，都已经不在沙皇身边，这些人当时都下台了。

取而代之的是名字有点拗口的别佐布拉佐夫（Aleksandr Mikhailovich Bezobrazov）。1903 年 10 月，以此人为中心的别佐布拉佐夫派在宫廷的权力斗争中取得了决定性的胜利。受到沙皇宠信的别佐布拉佐夫派中的一人被任命为远东总督，负责进行日俄交涉。这位总督对于韩国问题非常积极，也抱有很大的野心，而韩国问题恰恰也是日本最为重视的。

我们已经说过，俄国的兴趣在满洲。维特和库罗帕特金等人计划铺设东清铁路，并将其南部支线一直延伸到辽东半岛南端，进而在铁路沿线进行矿藏等产业的开发。这是一个有着很高可行性的计划（之后，日本继承了俄国铺设完成的南部支线铁路权利，并将其改称为南满洲铁道）。当然，这一计划需要花费大量的资金。如今，我们还可以在哈尔滨看到当初俄国兴建的漂亮街道和建筑，从这些地方也能窥见当初沙俄投入的金钱之多。

这个时候，远东总督对沙皇夸下海口："还有比建设铁路更好的方法。只要拿下韩国，不就不用花钱了吗？至于日本这样的小国，根本不值一提。"他的意思是，一旦控制韩国，就可以通过韩国保护辽东半岛的旅顺和大连。通过在陆上铺设铁路、建设城镇来保护居于东清铁路南部支线末端的旅顺、大连要花很多钱，为了节约这些经费，保障旅顺和大连的安全，可以从海上，也就是通过控制朝鲜半岛的方式来完成。而日本是不敢真的开战的。

甲午战争就是围绕着朝鲜和朝鲜半岛进行的战争。然而这一次，韩国问题因为意外的原因再次成为日俄之间斗争的焦点。原因就在于俄国的经济状况及安全保障观，它既希望节约铺设铁路和建设城镇的费用，又想在远东海域保有海军力量。

关于日俄战争为什么会发生这个问题，不同的时代有着不尽相同的答案。到20世纪70年代末，马克思主义唯物史观在日本都具有相当的影响力。当时比较有力的解释是，随着日本帝国主义的成长，它便开始追求满洲，也就是中国东北的市场，于是要求俄国遵守门户开放政策，并由此发动了战争。

　　但是，根据俄国方面以及日本的公开史料，关于日本与俄国开战的原因，围绕着朝鲜半岛出发的战略安全保障观这一因素也不容忽视。2005 年，在纪念日俄战争百年而召开的国际会议上，聚集了来自日本、俄罗斯以及美国等国的学者。前面提到的鲁克亚诺夫先生也上台做了报告，关于日俄战争中到底哪一方更想开战这一点，他表示，应该是俄国对战争更为积极。由此我们可以得出一个结论，对于日俄战争的双方来说，其实日本更想避免战争，而俄国更倾向于开战。

三 不得不开战的理由

日俄交涉的分歧

听到这里，相信大家已经明白了从 1903 年（明治三十六年）8月开始，一直持续到开战前一个月为止的日俄交涉中，日本与俄国在满洲和韩国这两个问题上处于对立的状态。大学教授们总是会把显而易见的事情解释得高深莫测，换句话说，其实就是说明问题的水平不行吧。所以大家现在对于满洲问题到底是怎么回事，韩国问题具体来说又是什么，还是一脸茫然的样子呢。

那么，我们就来看看日本希望俄国接受的项目具体都是什么吧。下面就是日本当时的主张。

俄国承认日本在韩国的优势权益，日本承认俄国在满洲进行铁路经营的特殊权益。在日本出兵韩国、俄国出兵满洲时，约定会尽快撤回。俄国承认由日本独自协助韩国改革。

很明显，日本最希望获得的是俄国对于自身在韩国的优先权的承认。"优势权益"是当时的说法，指某国拥有在殖民地或是相当于殖民地地区的特殊权益。也就是说，日本要求俄国承认日本将韩国纳入其势力范围。作为交换，日本虽然无法赞同俄国占领满洲，但是可以承认满洲的铁路沿线是俄国的势力范围，即承认俄国拥有东清铁路及其南部支线的"特殊权益"。

这些交涉的内容在当时就已经广为人知，也被称为"满韩交换论"。所谓"交换论"，就是列强之间互相承认对方在某些地区的优势地位，而日俄之间交换的，就是韩国和满洲。

如果看过俄国对这一提议的回答，大家可能会发出这样的感叹："啊，大国果然厉害。"俄国是这样回答的："日本根本就没有讨论满洲的资格。"真是非常冷酷。关于韩国，俄国也表示没办法承认日本的优势权益。不过，俄国也没有直接把话说绝："嗯，如果日本答应某个条件的话，我们承认日本在韩国的优势权益也不是不可以。"

是什么样的条件呢？嗯，那是一个非常厚颜无耻的条件。（笑）并不是我一个人这么想，而是当时的日本人大概都是这么想的。俄国的条件是，要求日本承认俄国在朝鲜海峡的航行自由。只要日本承认俄国在朝鲜半岛与日本之间广阔的朝鲜海峡的自由航行权利，俄国就承认日本在韩国的"优势权益"。俄国进一步表示，要让北纬39度以北的韩国保持中立，而且日本保证不将韩国领土用于军事战略活动。第二次世界大战后发生的朝鲜战争，使朝鲜半岛分裂为朝鲜民主主义人民共和国和大韩民国，其军事分界线就在北纬38度附近。在这附近进行分割，大概是因为这条线两边的地形原本就界线分明吧。

俄国提出的关于韩国的提议，对于当时的日本来说是绝对无法接受的。虽然元老、首相以及阁僚对于和俄国这样的大国开战都表现得非常谨慎，但是俄国的答复对于当时的日本来说过于严厉了。不得将韩国领土用于军事战略活动这样的条件，对日本来说是非常严重的束缚。而且，如果俄国舰队可以在朝鲜海峡自由航行，那施泰因教授的警告不就成真了吗？

不为韩国问题而战

正如之前我们所讲的那样，对当时的日本来说，韩国问题是无可退让的。但如果俄国也确实不想打仗的话，为什么在这一点上，它不能稍做妥协来与日本对话呢？

主要原因在于，俄国没有发现日本竟然如此重视韩国问题，直到日本真的先发制人发起攻击，俄国都没有想到日本会下决心开战。沙皇和远东总督为什么都没有理解日本会为了韩国问题，不惜与俄国开战这一点呢？俄国在当时没能正确地理解日本的想法，为什么会发生这样的误判呢？

——因为当时日本一直表示韩国是独立国家。

也就是说，俄国并没有意识到日本从甲午战争结束到1905年的10年间，一直在增强在该地区的存在这一点。确实是这样。大家如果去莫斯科或者圣彼得堡看一看沙皇的财宝，就能完全理解为什么俄国会轻蔑地说"日本这样的小国"了。还有没有别的奇思妙想？

——俄国在内政上有许多不安定因素，一旦在外交方面向日本妥协，就会让沙皇在国内显得无力。

确实是个刁钻的角度。（笑）这个回答等于是说，不管日本怎么样，俄国都会开战。当时沙俄对于波兰等国的支配力有所减弱，为了提高这些国家对沙皇的向心力，就有必要进行战争。

——日本主张韩国独立只是为了本国的国防安全。

这是个非常成熟的回答。山县是一个对安全保障非常执着的人。只要韩国保持中立，日本基本上就没什么可担心的。就俄国误判日本对于韩国的看法这一点来说，没有错。

——（俄国）认为日本的目标是取得在大陆的利益。

很好，我也觉得是这样。日本在进行日俄战争的准备时，就需要谴责俄国，并极力宣传自身战争的正当性。那时日本基本上就是在高唱满洲的门户开放。为了让英美真正地支持自己，在借款、购入军舰等方面给予方便，日本必须有一个漂亮的借口。对于美国和英国来说，韩国问题已经是过去式，因为清朝与日本已经进行过甲午战争，结果是日本获胜，现在俄国与日本虽然在争夺在韩国的优势权益，但这已经与英美的贸易无关了。

对英美来说，最重要的还是满洲。当时，中国东北地区是世界主要的大豆出产地，而且这一地区一旦被俄国占据，俄国军队就相当于驻扎到了接近清朝首都北京的地方，不论是陆上还是海上，俄国都将成为对清朝最有影响力的列强国家，这样的状况是英美所不乐见的。日本对于英美的这些想法非常清楚，所以它在谴责俄国时，并不怎么提及韩国，而是说满洲，至少要说满洲的门户开放。之前提到过的七博士的言论，也都在谴责俄国试图独占满洲这种行为是有违文明的。让我们来看看这个时期，政友会领导之一的原敬所留下的日记吧。

　　事实上，我国的大多数国民都不希望战争。政府刚开始让七博士高唱讨伐俄国论，又组织对俄同志会等组织，一再地提倡强硬论，只是企图借此向俄国示威施压，从而让日俄交涉成立，但却意外地导致了不得不开战的局面。(《原敬日记》，1904 年 2 月 11 日)

　　这里介绍的是原敬在日俄战争爆发之后不久所写的日记。日记的内容表明，大多数日本国民都不希望发生战争，政府之所以会让七博士和对俄同志会这些强硬派高唱对俄强硬论，只是为了能更有利地展开日俄交涉，但是却意外地发展成了真正的战争。

　　其中的重点在于，"(政府)又组织起对俄同志会等组织，一再地提倡强硬论"。七博士和对俄同志会认为，如果东清铁路及其南部支线在满洲铺设完成，中国东三省就会落入俄国统治之下，哈尔滨等重要都市都会变成俄国都市，门户开放自然也就无从谈起了。这样一来，其他国家就连经济活动也完全无法进行了。如此一来，美国人、英国人也很困扰吧？七博士和对俄同志会都抱有类似这样的观点。

　　总之，当日本说起为何不得不与俄国对抗的这个问题时，几乎都不曾提到韩国问题。当日本为了战争的资金向英美借款的时候，如果说："因为韩国的问题要打仗了，请借一些钱。"可以预料到对方大概不会有积极的反应。"欸？你因为韩国问题不是已经打了甲午战争了吗？"要让英美了解到日本对韩国的需求，是要确保施泰因教授指导下产生的所谓"优势权益"，那是非常困难的事。所以，不如直接说："美国想要出口南方棉花生产的棉布吧？想让中国东北的大豆出口到世界各国吧？"在这种情况下，满洲的影响力就很大了，满洲就会显得非常重要。

1900—1905 年，满洲的市场在持续扩大。但是，俄国也恰巧在这个时候，在铁路运费方面对本国和外国实施了差别对待。如果这时候对美国、德国和英国说，这么下去可能港口关税及使用税等也要提高，其他国家当然会产生警诫。

日本作为一个后起的帝国主义国家，在向欧美阐述正当化战争的理论时，并不能直接明说对于自身最为重要的部分，这不免让人感到悲哀。

四 日俄战争带来的影响

日本与美国的共同步调

甲午战争具有帝国主义时代代理人战争的性质，日俄战争更是如此。战争中，给予俄国财政援助的是德国和法国，而给予日本财政援助的则是英国和美国。在甲午战争爆发之前，英国在《日英通商航海条约》中答应修改部分不平等条约，以此作为对日本的支持。有意思的是，日俄战争爆发前，美国也做了类似的举动。

在日本还没有下决心开战，军部开始进行陆海军联合演习的1903年10月8日，美国与日本一同进行了一项活动。日本与美国在商议后，同时宣布修改各自与清朝签订的通商条约。这两者之间看似毫无关系，其实可以从某种程度上窥见日俄战争的代理人战争性质。

日本与清朝修改通商条约所释放的主要信号是，"日本要求在东三省的满洲实行门户开放"。日本通过修改通商条约，使得清朝决定开放更多的城市。美国也在修改的通商条约中，要求清政府开放更多的都市。观察这两个同时发表的条约，可以发现其中释放了

这样一种信号：日本与美国要求开放满洲地区的门户，使外国商人可以自由出入并经营企业。

通过签订这样的条约，日本与美国向全世界宣示了战争结束后满洲会发生的状况，美国由此为日本创造了一个比较容易募集战争经费的环境。了解这样的背景之后，看到那些貌似与战争毫无关系的条约，也能够知道"这些决定促成了战争"。此外，相较于1899 年美国国务卿海约翰提出的门户开放宣言，这一次的要求也稍稍向前更进了一步。

代理人战争的规则之一，就是要让其他帝国主义国家知道，"这场战争赢了的话，会有这样的种种好处"。

——德国和法国为什么会援助俄国呢？

其中各有说来话长的缘由，没办法简单地说明。但法国援助俄国的理由之一在于，"已经上了贼船"。在俄国铺设东清铁路时，法国银行曾经援助俄国政府。因此，如果俄国输掉战争，法国可能就没法收回 19 世纪 90 年代以后在东亚投资的铁路公债。得知俄国要与日本打仗，法国也感觉有些没底，只好说："没办法了。总之，加油吧。只要能小胜就好，战争可别拖太长时间了。"

在德国方面，仿佛魔术师般控制着中欧和东欧国际关系的俾斯麦下台了，现在由威廉二世这位通过德国资本主义的发展而获得了极大权势与力量的皇帝控制着德国。威廉二世认为，在德国专注于西欧事务时，就需要先解决其背后来自俄国的威胁。于是，他决定把俄国这个潜在的敌人引向东方。这也是三国干涉还辽时，德国在俄国背后加以支持的原因。虽然威廉二世从甲午战争后期就开始高唱所谓"黄祸论"，但是他关于"亚洲令人不安，日本令人不安，俄国还是早点去打压一下他们比较好"的说法，也可以解释成德国希望把俄国的注意力引向东方。相比法国，德国给了俄国更多的借款。德国的东方政策可以说就是让俄国在远离德国的一边进行战争，德国的这种战略也是促使俄国开战的理由之一。

清朝在战场上的协助

接着让我们来看看当时清朝的动向吧。清朝在甲午战争之后，选择与俄国合作。到了日俄战争时，有没有发生变化呢？这又是非常复杂的情况。前面已经提到过，日本在七博士"满洲、满洲"的鼓动下，主张门户开放就是一切。清朝也意识到，"虽然俄国能给钱，但是如果继续追随俄国，国家怕是都要被夺走了"。既然如此，那么与相比俄国弱小的日本合作，实行满洲的门户开放会比较好，反正只是开放，应该没问题。因此，清朝便开始向日本靠近。

在日俄战争中，清朝采取了中立态度。但是，当日军与俄军交战时，一些地方势力曾经向日本提供资金支持，例如，清朝的地方官员中就有人捐款给日军。这种行为很有趣，在国民政府时期的战争中，也出现过类似的情况，当某位将军获胜时，居然会收到现金作为奖励。日本这边就很遗憾，不论是甲午战争还是日俄战争，都没有出现过哪个将领因为打了一场漂亮仗而得到现金奖励的事。当时，袁世凯也送了2万两上海银给日本。

但是，最重要的还是清朝在战场上提供的协助。当时的战场主要在满洲，也就是奉天（沈阳）、旅顺、大连和金州，并不包括长城以南地区。在这个地区的情报战方面，日本获得了压倒性的胜利。这是因为清政府虽然嘴上说着中立，但其地方官员们却对日军给予了帮助，对当地的地理情况非常熟悉的农民们在为日军的情报工作效力。

那些农民虽然不识字，但是会数数，因此完全可以掌握俄军马匹的数量、部队的序列等情报。这种程度的情报工作，只要人多就可以很好地完成，日本由此对铁路沿线的俄军部署有了相当确切的了解。有趣的是，进行这项研究的是一位美国学者，名叫沃尔夫（David Wolff），2007 年，他正在北海道大学的斯拉夫研究所工作。

在小说中，明石元二郎的情报工作很有名。但事实上，前面所讲的那些不显眼的情报工作取得了相当的成果。甚至可以说，是这些工作帮助日军在战争中获得了险胜。

战争改变了什么？

日本从日俄战争中获得了什么呢？《朴次茅斯和约》中有以下内容：

> 第二条　俄国政府承认日本国于韩国之政治、军事、经济上均有卓绝之利益。

虽然这是付出高达 84000 名阵亡者代价才得到的胜利，但是通过这场战争，日本在对俄交涉中所要求的条件终于得到了满足，当初所要求的在韩国的"优势权益"成了和约条文中的"卓绝之利益"。甲午战争后签订的和约中，只写了"完全无缺之独立自主"，到这里则进一步变成了"政治、军事、经济上均有卓绝之利益"，可以说是相当执着了。从这一条款也可以看出，日俄战争之后，韩国被日本殖民地化已是必然。

《朴次茅斯和约》的第三条，对俄国以外的所有帝国主义国家来说，堪称福音。

> 第三条　俄国政府声明在满洲之领土上利益，或优先的让与，或专属的让与，有侵害中国主权及有违机会均等主义的，一概无之。

因为俄国占领黑龙江、吉林和辽宁而被排除在满洲之外的列强，现在可以平等地进入满洲了。美国、英国，甚至在战争中援助俄国的德国和法国，都能享受这一条款带来的好处。通过日俄战争，中国东北地区以"帝国主义列强，欢迎光临"的姿态开放了。

因为日俄战争，日本国内又发生了什么样的变化呢？这些变化基本上可以被看作是甲午战争所产生的变化的延续。首先是不平等条约的修改，列强明确承诺将在 1911 年实施修约。日本终于可以完成不平等条约的修改，实现真正的独立了。至于日本国内，应该说有两三个方面发生了改变。日俄战争的阵亡人数达 84000 人，而甲午战争是 14000 人，前者是后者的 6 倍。因为这场战争，日本国内会发生什么变化呢？

——嗯……不是太清楚，反政府的思想会扩散得更厉害吧。

没错。1910 年，发生了幸德秋水等人企图暗杀明治天皇的所谓大逆事件。西园寺公望内阁时期，对于社会主义思想的管制较为宽松，使得社会主义思想有所传播，不过马上就被严厉打击，进入了"严冬"。这个回答本身是没有错的。在同一时期，还出现了石川啄木这样的思想家，他认为当时国家已经达成目标，并写出了

《时代闭塞之现状》等作品，来批评日俄战争之后的日本社会状况。还有其他的思考吗？

——因为战争，国家债台高筑，又造成了那么多的死伤者，结果却没拿到赔款，民众因此对政府多有批评。

说得很对。因为条约中没有赔款条目，使大家都感到很失望，"甲午战争那样的美梦"没法再一次实现。还有其他的吗？提示一下，战争中的巨额军费是由民众负担的。

——……？

有点难吧。甲午战争后产生的变化之一，是第一次出现了政党内阁。宪政党作为执政党，组织了第一次大隈重信内阁。日俄战争之后，也出现了与选举有关的重大变化。回顾日俄战争时期的议会状况，就会发现，相比甲午战争时期，日本当时并不希望开战。原敬的日记里也有相关的描述。原因之一就在于，为了筹措战争经费，必须向外国进行大笔借款。

大家知道"非常特别税法"吗？这又是与经济相关的话题。桂太郎内阁通过大规模增税，来支持日俄战争。在战前，地租、营业税和所得税都是直接税，从比例上看，地租占比最大。与此同时，企业的数量也在增加，个人的工作所得也在提升，营业税与所得税也在作为直接税支撑着国家的运转。

税金的增加幅度非常厉害，比如地租，就增加到了原来的两倍左右，原本的税率只是地价的 2.5%。而在战争之前，政府颁布了"非常特别税法"，即"只在战争期间增税"。根据这一法律，地租的税率增加到了 5.5%，市区的地租更是增加到了 20%，真是非常大幅度的增税。所得税方面，则一律提高到了原来的 1.7 倍。

根据井口和起教授在《日俄战争——从世界史所见的"坂之途上"》①这本小册子中给出的数据，日本政府分别在1904年4月和12月两次实行"非常特别税法"，结果从民众那里额外取得了相当于1903年国家年度收入的税金。明明已经缴纳了地租、营业税和所得税，却因为国家实施了特别税法，必须再缴纳差不多金额的税费，一年的纳税额相当于变成了原来的两倍。

这样的特别税法是有时间限制的，原本应该在战争结束后立刻取消，但是，政府这一次没能从俄国那里得到赔款。在谈判时，据说日方曾要求30亿日元的赔偿金。当时日本人的胆子还真是大呢。然而，尼古拉二世坚持一个戈比也不会支付，所以日本直到最后也没有得到赔款。日本政府虽然心痛，但是也没有办法，结果就把在国内增税七成的制度永久化了。政府盘算着，只要删除"本法仅适用于战争期间"这一条，"非常特别税法"就能直接继续施行了。政府通过删除条文的方法修改法律，强行让原本的临时法律永久化，这会产生什么影响呢？

1900年，山县内阁修改了众议院选举法。选举法在修改之前，规定只有缴纳直接国税15日元以上的人才拥有选举权，这一次修改则将标准降到了10日元。选举法修改之后，拥有选举权的人达到了98万人。相较于开始实施选举时的45万人，人数已经大幅增加。通过修正选举制度，让地主以外阶层的意见也可以通过议会表达出来了。

在之后的日俄战争期间，发生了前面所说的相当于一年缴纳

①『日露戦争：世界史から見た「坂の途上」』，东洋书店2005年版。

两次税金的情况。在这种情况下，虽然选举法与 1900 年时的仍然一样，但是特别税法却在意料之外的地方产生了影响。在 1908 年的选举中，拥有选举权的人一下子达到了 158 万。请大家注意这一点，拥有选举权的人达到了 150 多万，战争前后发生了这样大的变化。但是，我们目前还没办法确认政府是否在事前预料到了这一点。

因此，在日俄战争之后，国会、地方议会的人员构成就发生了相当大的变化。这种变化的影响非常大，大家知道出现了什么变化吗？

——……是被选为议员的人出现了变化吗？

是的。拥有选举权的人增加了，权力阶层也就发生了变化。因此，在选举中被选为政治家的人也就不同了。之前，拥有选举权的主要是哪些人呢？

——地主。

没错，大多是富裕的地主。现在这种情况正在逐渐发生改变。例如，经营企业或在银行等薪水不错的地方工作的人，他们所缴纳的直接税是营业税和所得税。经过战争时期的增税，缴纳这些税金超过 10 日元的人数增加了不少。可以想象，在拥有选举权的人中，企业经营者和银行家这样的有钱人也增加了。

但是，对于这个问题要如何求证呢，应该做些什么样的调查呢？可以看看那个时候新成立的政党。当时一些人打出了"我们要组织维护企业家利益的政党"的旗号。在 1908 年的第十次总选举中，首次出现了戊申俱乐部这样一个由 45 名企业家组成的政党。

即使是被称为地主政党的政友会，在那次选举中也出现了大地主议员落选、新兴的企业家议员当选的情况。日俄战争后，原本在地方工商会议所等场所活动的企业家们，第一次组织了自己的政治团体并冠以政党的名号。企业家议员们也开始了公开的活动。

相比之下，虽然山县内阁并没有受到太多关注，但其实做了不少有意义的事。1900年的选举法修改，虽然只是把选举资格从15日元降低到10日元，但实际上包含着对甲午战争后因产业繁荣而兴起的工商业者和企业家们的肯定，并给予他们在议会中的地位这一系列内在含义。另外，通过诸如改变选区的划分方式，把更多的议席分配给拥有大工厂的都市区域等举措，来将新兴的阶层吸收进议会。毕竟如果议会里的议员都是地主的话，就没法增加地租税率了。虽然日本这个时候还没有下决心要和俄国打仗，但是如果地主议员占据大量议席，支撑战后军费增长的预算案就可能因受到太多的反对而无法通过。所以，政府需要更加重视工商业者，这部分人因此也得到了选举权。

被选举权就是在选举中作为候选人参选的权利。但是，根据1889年的选举法，不少想要参选的人最后都没有真正参选，因为当时的选举，不仅存在需要缴纳直接国税达15日元以上的限制（我们说过很多次了），作为候选人，还需要缴纳一定金额的保证金，如果在选举中没能取得一定的票数，这些钱就会被没收。通过1900年山县内阁的选举法修改，被选举人的纳税资格限制已经基本消失，因此，如果城市里的工商业者认为某个新闻记者出身的人"能言善辩，应该把他送进帝国议会"，就可以比较容易地赞助他进入议会。这样一来，就可以对地主议员施加压力，让更多具有不同想法的人进入议会，于是企业家们就在实际上掌握了选举权。山县内阁对被选举权限制的改革，在日俄战争后的1908年选举中就慢慢显现出了效果，企业家可以把自己希望的人送进议会了。

　　山县在历史上是个饱受批评的人物，好像还被人起了绰号，叫作"蝈蝈"，这大概是因为他的脸比较瘦长。据说，大正天皇也不喜欢和山县一起吃饭，可能因为大正天皇是个铁道迷，所以非常喜欢努力建设铁路的原敬，而不喜欢山县。不过，山县却建立起了让工商业者、企业家以及实业家们得以进入议会的制度基础，这一点可以说非常有趣。

　　日俄战争后，因为增税，使得缴纳直接国税 10 日元以上的人数扩大到了原来的 1.6 倍，拥有选举权的人数则超过了 150 万人，这是非常重要的一点。

第三章

第一次世界大战：日本所受的主观挫折

一　拥有殖民地的时代，失去殖民地的时代

世界面临总体战

大家好。今天我们来聊一聊第一次世界大战吧。这场世界规模的战争发生在协约国与同盟国之间，协约国方面由塞尔维亚、英国、法国、俄国等国组成，奥匈帝国、德国、土耳其等国则组成了同盟国。一战的开战时间是 1914 年（大正三年）7 月 28 日，德国最终接受停战协议、结束战争的时间则是 1918 年 11 月 11 日，双方在第二年缔结了和平条约。

首先，让我们来看一看一战期间全世界和日本的伤亡人数。相比全世界总计阵亡 1000 万人、伤 2000 万人，日本仅因为进攻青岛伤亡了 1250 人，这之间的差距非常大。尽管在世界范围内出现了数以千万计的牺牲者，但日本却只有 1000 多人的死伤。

因此，关于这场战争改变了什么这一问题，要将全世界和日本的情况分开考虑。在世界层面，三个重要的欧洲帝国崩溃了，这可以说是最大的变化。首先崩溃的是统治俄国的罗曼诺夫王朝。作为协约国一员的俄国，因为长期的战争造成了国内的动乱，于

1917年3月（俄历2月）首先爆发了二月革命，沙皇的统治被推翻。11月（俄历10月），列宁与托洛茨基领导的布尔什维克发动十月革命，建立了工农兵政权。接下来是身为同盟国核心的德国，因为1918年11月国内劳动者发起的武装暴动，皇帝威廉二世逃亡，德意志帝国就此灭亡。德国的盟友奥匈帝国在之后也因为战败而四分五裂。在帝制瓦解之后的1919年，在德国诞生了魏玛共和国，俄国则历经外国干涉与内战摧残，于1922年建立起了苏联（苏维埃社会主义共和国联盟）。

在日本，虽然以天皇为中心的立宪君主制尚未出现动摇。但是，大正天皇因为幼年时期疾病的影响，体质一直相当虚弱，这个时候病症更是进一步加重了。同时，又有传闻说政府要出兵西伯利亚（因为俄国与德国单独媾和并脱离协约国，害怕战线瓦解的协约国于是计划对俄国内战进行干涉，日本是最积极的参与者），导致国内米价高涨，各地都发生了米骚动。面对这种情况，元老山县有朋决定推举原敬为首相，这一举动可以说是当时出现的最大变化。因为在这之前，当元老向天皇推荐首相人选时，资格最老的山县一直反对政党内阁。但是面对恶化的内外形势，山县不得不同意原敬出任首相，政友会于是成为执政党，政党内阁由此诞生。除外务大臣和陆海军大臣之外，原敬内阁的成员全部由政友会的成员担任，可以说是一个真正的政党内阁（1918年9月29日至1921年11月4日）。虽然这与世界的激烈变化不可同日而语，但是政党内阁的成立依然算是一个相当大的变化。

我们在序章中已经说明过，当在战争中出现大量的死伤者，国家就有必要更新社会契约。第一次世界大战这样的总体战也不例外。三个帝国崩溃后分别成立了共和国，这也是新的社会契约形成的表现吧。另外，这场战争中的参战各国普遍都付出了极大的代价，因此出现了通过建立国际组织来避免战争再次发生的构想，这种构想在 1920 年以国际联盟的形式实现，而国际联盟某种意义上也象征着第一次世界大战相对之前的战争所具有的新的特征。

在帝国主义时代，一个国家拥有殖民地被视作理所当然。但在第一次世界大战后，对于这种行为的批评开始出现了。对于殖民地的竞争正是大战发生的原因之一，各国也由此开始反省殖民制度。所谓帝国主义，一般是指某个国家对其他国家进行支配，从而使自身处于政治与经济上的优势地位。一直以来，以国家之名公然掠夺殖民地以及发展保护国等行为，在这以后不会再得到无条件地承认了。当协约国一方处理原属德国的殖民地时，国际联盟采取委任统治的形式。赤道以北的南洋诸岛等原属德国的殖民地，正是通过委任统治的方式落入了日本手中。

日本一贯追求的目标

虽说掠夺殖民地的行为已经不再被认可，但世界也不会在转瞬之间就变成满是圣人君子的地方。必须承认的是，委任统治在本质上与殖民统治并没有区别。不论是正式的还是非正式的，在殖民地方面，日本从这次大战中获得了什么呢？日本对于殖民地的态度，是否与在过去的战争中一样呢？让我们先来看看这一点吧。

日本通过甲午战争，获得了中国的台湾和澎湖列岛；通过日俄战争，获得了关东州（旅顺、大连的租借地）、东清铁路的南部支线（长春到旅顺）和其他附属的煤矿及铁路沿线的土地，并在日俄战争结束 5 年后的 1910 年（明治四十三年）吞并了韩国；在第一次世界大战中，日本获得了德国在山东半岛的权益以及赤道以北的德属南洋诸岛，这些都是日本逐步取得的。此前我们提到过的马可·皮第教授是美国顶尖大学之一斯坦福大学的研究者，他对日本的殖民地统治的特征很有研究，皮第教授认为：

> 在近代的殖民帝国当中，像日本这样以清晰的战略思考为导引，并在政府领导层内部有着对于战略的慎重考虑和广泛的一致见解的国家非常罕见。
>
> 日本所领有的殖民地，都是基于符合日本的战略利益这一最高宗旨来取得的。

在皮第教授的以上论述中，最重要的是"战略利益"这个词。我们回想一下日本所取得的殖民地，确实可以说几乎全都关乎国家的安全保障，也就是具有明确的军事目的。中国的台湾与福建省隔台湾海峡相望，台湾海峡对于海上交通运输非常重要。朝鲜半岛与日本之间则是朝鲜海峡，关于这里的重要性，施泰因教授已经解释过了。

为了与日本进行比较，我们也来看一看英国、法国、俄国这些欧洲帝国主义国家的情况吧，这些帝国主义国家是因为什么样的理由而寻求扩大殖民地的呢？在工业革命前，15—18 世纪前后，实行君主专制的欧洲各国为了增加国家财富而采取的贸易政策被称为重商主义，大家可以结合这一点来思考这些国家获取殖民地的理由。

——为了扩大市场，刺激经济。

没错。商业是非常重要的原因。从 15 世纪前后开始，欧洲国家就开始为了获得资源与市场而开拓殖民地。

——以类似种植园的模式，有效率地大量生产农产品。

所谓种植园模式，就是在殖民地的广阔土地上大规模地种植单一作物。这种模式在亚洲和非洲都曾被推行，用于生产茶叶、咖啡、可可和天然橡胶等作物。还有其他想法吗？

——为了传播基督教。

丰臣秀吉和江户幕府禁止基督教的一个理由就是，害怕西班牙、葡萄牙等国通过传教与贸易，扩大对日本的影响。而荷兰与中国则被认为是专心进行贸易的国家，所以依然允许与它们进行贸易往来。还有吗？

——……

嗯，暂时想不到了吗？那就由我来说吧。通过向海外殖民地输出移民，来解决国内的人口过剩和失业问题，这种获取殖民地的理由属于社会政策的一种。在俾斯麦和威廉二世时期的德国，就采取过这种政策。对于日本来说，虽然以上因素也必然存在，但军事用途同样是日本获取殖民地的一大目的。或许正如皮第教授所言，日本对于殖民地的这种考量，是很少见的。

日美战争的恐慌

为什么日本会参与到这场主战场离自己很远的世界大战中？如果能明白这一点，就可以理解日本为什么会去夺取德属南洋诸岛和山东半岛的权益了。

1914 年（大正三年）7 月 28 日，奥匈帝国向塞尔维亚宣战。

与日后造成数千万人死伤的战争相比，引发战争的导火索显得有些无足轻重。一个月前，奥匈帝国的皇储被亲俄派的塞尔维亚人刺杀。当然，在这之前巴尔干半岛的民族问题，德国、奥匈帝国与俄国的对立等问题，早已深刻存在。在8月1日德国向俄国宣战后，8月4日，与俄国结盟的英国对德国宣战，波及全世界的战争就此开始。

8月23日，日本向德国宣战。日本这次参战其实有点蛮干的感觉。

这一次的主角是第二次大隈重信内阁的外务大臣加藤高明。当时，大正天皇正在位于栃木县日光田母泽的御所避暑，加藤高明不请自到，在半夜赶到了日光，得到了天皇对于参战的裁可。德国就像日本的老师，一直以来是日本在科学、军事、技术等方面学习的榜样。元老山县等人对于参战颇为犹豫，但是加藤高明却已经非常积极地着手加入战局。

那么这个时候，岛国日本希望通过对德开战，从而在安全保障方面获得什么样的利益呢？一个常见的说法是，当列强忙于欧洲战事时，日本趁火打劫，强化了其在中国的影响力。这个事实无可否认，在列强没有余力向亚洲输出商品时，日本对中国的出口便增加了。不过，这是从经济角度来考虑的，军事战略方面又如何呢？日本把这场战争视作一个机会，希望趁机获得什么呢？作为提示，请大家想一想海军方面的问题。

——南洋诸岛？

是的。刚刚已经提到过，南洋诸岛被委托给日本统治。德国在赤道附近的太平洋中间这个绝佳的位置占据了许多岛屿，这也是日本想要夺取这些岛屿的原因。这个回答没有错。因为如果日本与美国发生战争，就需要太平洋上的岛屿作为海军基地。

大家现在去旅行游览的那些岛屿，实际上从第一次世界大战开始，就已经被列强惦记上了。美国一直以来都没有占有殖民地，但经过1898年的美西战争，美国战胜西班牙，获得了菲律宾和关岛，还合并了夏威夷和东萨摩亚。位于太平洋东西两侧的美国与日本，哪一方更早开始对对方产生警惕之心呢？可能是美国。日俄战争结束后的1907年，美国发生了"战争恐慌"（war scare）。这种恐慌来源于日本人可能会跨洋袭击美国、战争就要爆发这种毫无根据的臆想。

这种恐慌的来源是1906年4月18日发生的旧金山大地震。在旧金山有许多中国城，那里居住着大量华人。就算酬劳比美国人低，中国移民还是会毫无怨言地努力工作，但结果却是被美国社会所敌视，生活中备受歧视。大地震发生之后，因为害怕中国城的华人会趁乱攻击自己，美国人感到十分恐惧。在敌视华人的环境下，又发生了大地震，虽然还没有详细的数据，但是确实发生了针对中国城和华人的暴行和劫掠。在日本也发生过同样的事。1923年（大正十二年）9月1日关东大地震发生之后，也发生了针对朝鲜人和中国人的屠杀事件。事件的起因是一些毫无根据的谣言，认为"平时被欺负的朝鲜人说不定会攻击日本人"。那起事件造成数千名朝鲜人、约200名中国人遇难。美国与日本都经历过因为大地震而引起的战争恐慌。

从加州白人的视角来看，不论是中国人还是日本人，都是东方人。1891—1906年，有数千名日本移民前往加州，拿着较低工资的日本移民也被视为破坏美国社会一体性的捣乱者。1906年旧金山大地震发生后，市政府以教室不足为由，禁止日本学童进入公立学校。1907 年，排斥日本移民（禁止日本移民经由夏威夷、墨西哥及加拿大等美国本土以外地区进入美国）的联邦移民法案获得通过。在日本打败俄国之后，好战的日本国家形象在美国社会快速地传播开来。

西太平洋岛屿

当美日关系发生摩擦时，日本开始注意到德国拥有的太平洋岛屿的重要性。包括马里亚纳、帕劳、加罗林及马绍尔等在内的密克罗尼西亚群岛，处于美国横跨太平洋的必经之路上。第一次世界大战伊始，外务大臣加藤高明就以日本与英国缔结的英日同盟为依据，要求参战，但是英国的态度却相当警惕。英国消极地回应说："没事，现在好像还用不着日本协助。"加藤却拐弯抹角地说要"保护英日同盟所期望的整体利益"，坚持参战。

1914 年 9—10 月，日本出兵占领了德国领有的岛屿，其理由是这样可以让英国安心地把军事重心放在西半球。虽然德国在马绍尔群岛的贾卢伊特（Jaluit），加罗林群岛的波纳佩（Pohnpei）、特鲁克（Truk）、雅浦（Yap）及马里亚纳群岛的塞班等岛屿设有海军基地，但都被日本占领了。大家有没有注意到，以上海军基地都是第二次世界大战时经常出现的地点？如塞班岛，如果被美军占领的话，B-29 这样的大型轰炸机就可以从塞班的基地出发，空袭日本本土。美日双方围绕塞班岛展开了极为激烈的战斗，因为不论对哪一方来说，这里都是战略要地。

现在提到南太平洋诸岛，除了观光以外，大家大概都不会觉

得和自己有什么关系，但在过去可不是这样。不知道大家有没有从祖父母那里听过《酋长的女儿》这首歌。光说歌名大家可能反应不过来吧，这首歌的歌词是这样的："我的爱人／酋长的女儿／虽然皮肤黝黑／但在南洋是美人／在赤道边／马绍尔群岛／在椰子树荫下／一步一步起舞……"

歌词挺奇怪的吧？日本在1914年占领了这些德属岛屿，并在1919年的巴黎和会上被正式委任统治南太平洋诸岛。从那时起，为了进行水产养殖和贸易等活动，移居当地的日本人不断增加，岛上的原住民与日本人也开始了交流。这就是这首创作于1930年的歌曲的背景了。

非常不好意思，这里要插一段我个人的事情。在"九一八"事变发生的1931年，我的母亲出生在栃木县佐野市附近一个叫田沼町的小镇（现属佐野市），她曾经说过，小时候镇里有一位从南洋嫁过来的褐色肌肤的女性。小孩子们不懂事，往往意识不到自己的行为有多坏，他们会跟在南洋姑娘的后面走，一边唱《酋长的女儿》，一边拍手。据说她还能很巧妙地头顶着一个大坛子慢慢行走。这表明在昭和初期，即使在田沼町这样的小镇，也出现了南洋出生的新娘。

山东半岛的战略意义

太平洋上的岛屿具有重要的战略意义，日本在参战以后迅速占领了这些岛屿。就战略价值而言，日本为什么要占领中国青岛呢？请大家一边思考这个问题，一边看看日本在中国大陆获得的据点。

青岛在一战之前便处于德国统治之下。日本参战以后，不仅攻占了青岛，还占领了德国铺设的胶济铁路。这条铁路由东向西，连接了面对胶州湾的重要城市青岛和山东省的省会城市济南。德国在19世纪末动工建设这条铁路，1904年铁路全线贯通。在巴黎和会上，这些曾经属于德国的利权引起了相当大的争论，美国表示应该直接归还中国，但日本认为这是自己从德国手中赢得的，应该先由德国移交给日本，再寻找一个适当的时机，由日本归还给中国。

这个时候，日本坚持要把山东半岛的铁路据为己有的理由是什么呢？陆军是基于安全保障方面的什么理由而要占据这条铁路呢？

——因为满洲距离这条铁路比较近吗？

哦，真是个好问题。满洲基本上就是指中国东北地区的三个省，即辽宁省、吉林省和黑龙江省，所以距离上并不是很近。日本在日俄战争之后取得了从长春到旅顺的铁路。在旅顺和长春之间，有一个叫奉天的地方，虽然奉天现在的名字是沈阳，但因为是讲历史上的问题，所以还是用当时的名称吧。在奉天，有一条从朝鲜新义州和中国安东过来的铁路，也就是说，日俄战争和日韩合并后，如果要从日本经由朝鲜前往满洲，可以先从日本乘坐渡轮前往朝鲜半岛，然后乘火车前往中国。接着，日本又通过下一场战争，夺取了山东半岛的铁路。

——也许是为了更方便地介入中国的内战。

很好的方向。不过相比“内战”这个词，说是中国走向国家统一过程中的斗争，可能更为恰当。说到这一点，我觉得可以先稍微偏题，说一说1914年（大正三年）前后中国的情况。

1911 年（明治四十四年），中国发生了旨在推翻清政府统治的辛亥革命。主要有三方势力参与其中：以留学早稻田大学的宋教仁和在夏威夷创立了革命团体的孙文等为代表的革命派，清政府学习西方军制所建立的新军内部的改革派，以及要求开设国会的政治家。在中国最有影响力的英国认为，就算清政府覆灭了，但只要由官僚当中最有实力的袁世凯来组织政府，就可以控制局势，英国因此没有干涉革命。

1912 年，清朝灭亡，中华民国诞生。虽然革命的原动力是以南京和广州为根据地的孙文等南方革命派，但是以北京作为根据地的袁世凯在逼迫清朝末代皇帝宣统退位的过程中出力很大，从而赢得了与孙文的竞争，并在这一年 3 月出任临时大总统。1914 年，袁世凯仍然统治着北京政府，但是在南方，孙文等革命派和不少有着新思想的地方实力派正在计划扩张地盘。"更方便介入中国的内战"，也就意味着对于中国内乱的担心，这个回答非常好。还有其他的回答吗？从军事层面来看，日本的行动实际上非常具有战略性。

——那里有一片内海吧？辽东半岛的最南边是旅顺，如果拿下山东半岛，就可以把两个半岛之间的内海……

没错，那里是渤海。那日本夺取山东省铁路的目的是什么呢？

——可以从海陆两个方向进攻中国。

正是这样。在战争结束后，陆军的军务局局长（负责陆军与其他省厅的政治事务交涉）山田隆一强烈主张，对日本来说，胶济铁路比青岛租借地更重要。由此可见陆军对这条铁路的重视。他是这样说的：

> 在山东省，青岛租借地并没有价值，这条铁路（指胶济铁路）才是唯一在军事上、经济上以及殖民上具有价值的重要物品。

当中国出现动荡时，控制着青岛和胶济铁路的日本可以从山东半岛南部的青岛登陆，然后沿着铁路向西推进。只要把军队迅速地送到济南，之后就可以通过中国的铁路直达天津和北京。在此之前，日本如果想派兵到北京，军队首先要在朝鲜半岛的仁川登陆，从这里通过铁路前往安东，再经奉天、锦州和山海关，抵达北京。

英国控制着建设在中国心脏位置的最佳铁路。而日本通过一战，迅速夺取了原本被德国控制的重要地区，当时很少有国家掌握如此重要的地区，也没有国家具备从海陆两个方向威胁北京的条件。"从陆地和海洋同时前进"，是地理上邻近中国的帝国主义国家日本的优势。我们在第二章的开头已经说明过，俄国军人斯维青认为，日本进行的陆海军协同作战是一种创新。在第一次世界大战中，日本依然有陆海协同作战的想法呢。

在俄国海军被驱离东亚海域后，距离日本最近的海军力量就是德国的东亚分舰队了。在一战爆发以后，停留在青岛的德国舰队虽然大部分已离港驶向太平洋等海域，只有很少的几艘军舰留在青岛，但是试图将德国舰队驱逐出东亚海域，可以说依然是日本参战的一大原因。

二 为什么会出现"国家改造论"

不改则亡国

第一次世界大战给日本带来的影响，恐怕仅次于第二次世界大战，或者说与第二次世界大战的影响一样巨大。我们已经通过原敬组织了真正的政党内阁这一点，说明了战后日本出现的变化。但是日本国内的变化，远不止政党内阁的成立这一点，还有其他更大的变化。接下来，我想和大家一起更深入地了解这些变化。

一战造成欧洲 3000 万人死伤，而日本却仅有千余人。正如我们在序章中提到的，当在战争中出现大量的伤亡时，社会就会出现紧张状态，导致战后出现相应的变化，所以需要对基本的社会契约进行修改。从这个角度思考的话，第一次世界大战对日本的影响应该不大才对。

日本在 1914 年 8 月参战，三个月后的 11 月左右，主要的战斗就已经结束。虽然在那之后，日本依然在地中海等地进行运输和护航等任务，但是并没有出现大的伤亡。不过，在一战结束之后，日本国内却出现了大量的所谓"国家改造论"，有不少个人和集体向社会宣扬充满危机感的言论，如"日本再不改变的话，就要亡国了"，等等。

为什么日本在战后会出现这样强烈的危机感呢？让我们先来看看"国家改造论"都要求一些什么样的"改造"。

1. 普通选举
2. 消除身份歧视
3. 打破官僚外交
4. 建立民本政治组织
5. 承认工会
6. 保障国民生活
7. 改革税制
8. 取消形式教育
9. 改革对新领土、朝鲜、中国台湾和南太平洋诸岛的统治
10. 整顿宫内省
11. 改造现有政党

一共有 11 个项目呢。这些要求在 1919 年（大正八年）后被陆续提出，都是那些被称为"改造团体"的组织的典型主张。其中一些要求乍听起来，现代人可能会难以想象，如第 5 项"承认工会"，劳动者的自由结社权、集体谈判权、罢工权等权利在第二次世界大战后才被认可，所以当时一些人提出了这样的要求。第 7 项"改革税制"，应该是要求废止对地主和资本家有利的税制。关于"改革对新领土、朝鲜、中国台湾和南太平洋诸岛的统治"，我认为其中

包含着要让日本的殖民地和委任统治地也适用宪法，赋予当地人选举权和被选举权这样的要求。"改造现有政党"，则是在地主和资本家支持的政友会和宪政会以外，成立其他政党。

这个时期的改造团体，大多是由参加过 1919 年巴黎和会的少壮派政治家和记者等创立的。当时，除被政府委任前往巴黎的外交官和军人之外，还有许多政治家、记者以自费或者工作单位出资的方式，前往巴黎感受会议气氛。刚才所列的 11 项要求，就是这些政治家、记者及企业家等在巴黎萌生了"日本不行了，这下要完蛋了"的危机感以后，回国提出的改造运动的目标。

甲午战争后出现的改造运动，只有"普通选举"一个要求，如果说这只是一个点，那么，日俄战争后的改造运动，则是企业家和地方议员主张"消除不当税金"的经济运动，已经扩大到线的程度。而第一次世界大战后出现的全面的国家改造论，其主张已经由线扩展成面。其中的原因和背景是什么呢？

这些改造论所要求的普通选举、消除身份歧视、不搞官僚外交和秘密外交以及组织工会、保障国民生活等主张，即使被说成是由南美等地的军人领袖发动政变之后建立起的革命政权的口号，也不奇怪。请大家想一想，为什么一战之后，会出现这样彻底的改革要求？与一战相比，日本在甲午战争和日俄战争中的伤亡都更大，也充满了紧张的气息，还花费了很多金钱。在第一次世界大战中，日本反而是赚了 15 亿日元。

——日本人看到欧美与本国的政治和社会制度的差异以后，认为日本被轻视的原因会不会就在这里，所以要求改革。

是的。在那之前，也有岩仓使团这样的机会让人们得以向欧洲先进国家学习。但是这一次，记者们将亲眼所见写成报道，刊登在东京《朝日新闻》等报纸上，让大众都能够看到。而且这一次的报道是通过电报传送的，可以将会议的最新进展快速传回国内。大家看清了日本什么地方不行，与欧美的差距在哪里，于是就产生了这种改造论。

——一战以后，美国实力的增强、苏联的诞生，这意味着日本的假想敌势力在增强。因此，就需要学习对手的政策来让日本成长。

又是一个非常厉害的回答，（笑）假想敌也出现了。不过，这确实是一个重点。在巴黎和会结束三年后的 1922 年，也就是上面的改造论被提出之后不久，苏联成立了。也就是说，因为已经预见到革命后的俄国会诞生一个全新的政权，日本为了适应这种新的国际环境，需要改革。还有其他的想法吗？

——上面列出的 11 个要求就是西欧的协约国与日本的较大不同之处，从战争的结果来看，是不是可以说，就是这些不同之处使协约国获得了胜利？

如果以上面的 11 点要求为标准，比较一战的战胜国、战败国以及日本之间的差异，我们可以先来看看一战末期的情况。在一战的末期，其实感觉德国一度就要获胜了。我们可以联系之前提到过的俄国的状况来一起思考。1917 年 3 月俄国爆发了革命，于是向德国表示"希望停战"。我在序章介绍托洛茨基时也稍微讲到过，在《布列斯特—立陶夫斯克条约》中，俄国割让了许多领土给德国作为赔偿。十月革命爆发后不久，布尔什维克为了专注国内革命，不惜一切代价想要从大战中抽身。最终，将包括芬兰、俄属波兰、立陶宛、乌克兰、爱沙尼亚及比萨拉比亚等地割让给了德国。这是近代以来，一个国家割让最多领土的案例。但德国为何在取得了俄国割让的广阔且富饶的土地后，仍然成了战败国，在和谈会议上被战胜国横加指责呢？

德国最后是哪里做得不对呢？对于同时代的人来说，这大概是非常令人在意的秘密了。换句话说，英国和法国在战争的最后，到底是因为什么而取得了战争的胜利？如果仔细观察战败的德国与胜利的英法在国家和社会层面上的差异，大概就是刚刚所列举的那11点要求了。毕竟连欧洲的三个帝国都灭亡了，怎么能不好好地进行宫内省的改革呢。这个答案虽然出乎我的预料，但也是非常好的回答。其他同学有什么看法呢？

——目睹了第一次世界大战后欧洲的惨状，想到虽然这次日本没有受到巨大的损害，但下一次再发生战争要怎么办呢？这种不安全感在逐渐扩散。

将来的战争

也就是说，虽然日本在一战中受到的损害比较轻，但是前往巴黎的日本人对第一次世界大战后欧洲的惨状产生了同理心，进而担心起了日本的未来。这也是相当厉害的想象力呢。日俄战争所使用的弹药总量，在第一次世界大战的激战地，只要一到两周的时间就会被消耗殆尽。日俄战争造成日本84000人阵亡，在一战的激战中，一场战役就会造成这样的损失。面对将来可能面临的总体战，这些人开始变得非常不安。另外，飞机等新武器也在一战中登场了。

他们在欧洲所感受到的恐怖，许多日本人在1923年的关东大地震中也切身体会到了。很多人曾在和会的举办地巴黎，目睹了第一次世界大战所带来的严重损害，而大地震的惨痛经历更让日本人实实在在地通过自己的双眼，感受到了"总体战也许就是这样的"。因为地震和之后发生的火灾，死亡与失踪人口超过了10万。地震发生后，人们仿佛看到了第一次世界大战的惨状，这不由得让人感到不安。如果能进一步分析这种不安的感觉，应该就可以找到答案了。

在不少人的印象里，历史发展的轨迹大概是螺旋式的吧。在甲午战争中，日本阵亡14000人，日俄战争中，则有84000人死亡。虽然日本在第一次世界大战中幸免于难，但是在欧洲，包括平民在内，有1000万人失去了生命。如果发生下一场战争，又会是什么样的状况？战争结束后的欧洲国家为了弥补战争造成的损失，恐怕会重新将注意力转向资源丰富又陷于军阀割据当中的中国。20世纪20年代之后，围绕中国的资源与经济，可能会爆发新的战争。通过分析总结日本的中长期战略《帝国国防方针》的修改过程，我们就可以明白这一点。

1907年编制的《帝国国防方针》是基于日俄战争结束后的状况，对于日本未来的国防方针所进行的设想。后来，在原敬内阁担任陆军大臣的田中义一等人起草了文案，然后由山县有朋加以修改，最终定案。这份由军方主导编写的机密文件，即便是首相也只能查阅与内阁和议会有关的预算部分。在当时的国防方针中，头号假想敌还是俄国。

1918年，军方对国防方针进行了第一次修改，这已经是初版完成11年之后了。这一次，俄国、美国还有中国被并列为首要的假想敌。从第一次修改的时间来看，下一次修改应该也是这么从容才对。但就在五年后的 1923 年，军方再一次就方针进行了修改，时间间隔被缩短了。在这一次的修改中，假想敌发生了相当大的变化，陆海军都将美国视为头号假想敌。

从国防方针修改的频率增加、假想敌对象的改变，也可以了解到第一次世界大战后日本的紧张感有多么强烈。

日本为什么会因为第一次世界大战而发生巨大的变化，我所预想的答案相当复杂，可能会有些超出大家的想象。

危机感的三个来源

那么，我就来说明一下自己的答案吧。大致可以分成三个阶段，每个阶段都有引起改变的原因。首先是一战刚爆发时发生的事情，接着是战争结束后日本面临的状况，最后是因为巴黎和会而引发的反抗日本统治的行动。这三点成了日本主观危机感的来源。

具体来说，第一点是日本在准备参加第一次世界大战时，曾经与英国、美国进行了沟通，但是沟通的内容在帝国议会上被揭露后，日本社会掀起了对政府的激烈批评。第二点是在战争结束以后，日本在巴黎和会上受到了中国与美国的批判，因此深受冲击。最后是在巴黎和会期间，处在日本统治下的韩国发生了"三一"运动。所谓的威胁就是以上三点。第一次世界大战以来，日本体验了各种各样的苦恼，由此在主观上产生了强烈的危机感。

接下来就从这个观点出发，回到开战初期，来分析一下第一次世界大战。请大家不要做出"欸？又要从头开始吗"的表情。（笑）即使是一样的时间轴，也可以从不同的角度看到完全不同的历史，不必担心哦。

三　开战前与英美的交涉

加藤高明与爱德华·格雷

让我们来更详细地看一看 1914 年 8 月日本参战时的状况吧。当时，第二次大隈内阁的外务大臣是加藤高明。先前说到过不速之客加藤高明前往大正天皇的御邸，排除元老山县的犹豫坚持开战的事情。

加藤高明不同于那些从幕末维新时期开始活跃的政治家，他从东京帝国大学法学部毕业后，先是进入三菱工作，之后在大藏省任职，然后才成了一名外交官，他属于明治时期国家进入安定以后的一代人。他长得颇为仪表堂堂，还迎娶了三菱创始人岩崎弥太郎的女儿。所以，要说加藤最不缺什么的话，那就是选举经费了。他领导的宪政会，是后来与政友会并列的两大政党之一，基本上都靠三菱所提供的选举经费，所以从来没有担心过宪政会成员的选举费用问题。

因为加藤之前担任过驻英大使，所以当他以"保护英日同盟所期望的整体利益"的名义向德国发出最后通牒，致力于对德开战时，人们都认为这是因为加藤有"英国病"而无话可说。当时，日本人把那些英国说什么就做什么的行为称为"英国病"。但是，两国间的外交应该没有那么简单。之前好像也已经稍稍提到过，其实日本以英日同盟的名义参战的计划，英国一开始是反对的。当时英国的外交大臣是爱德华·格雷，这位外交大臣很喜欢赏鸟、飞蝇钓等亲近大自然的活动，这些都是英国上流社会的爱好，他还写过一篇非常好的随笔《垂钓者的假日》。

格雷本人对日本有很深的了解。但是，英国最初却要求日本不要以英日同盟的名义参加第一次世界大战。两国自1902年缔结同盟以来，同盟条约已经有过两次修改，但是条约的目的仍在于确保"东亚及印度的整体和平"，以及"中国的独立和领土完整"。仔细阅读条约就会发现，这是关于东亚、印度以及中国这些区域安全的保障条约，并不存在必须对德开战的内容，这是英国拒绝日本参战的第一个理由。

另外，在1914年8月，还没有人能断言这场战争到底会不会长期化，所以英国认为，目前只需要日本帮助保护在东亚海域的英国商船就行了。虽然英国一度以这样的理由拒绝了日本参战的要求，但在加藤的一再要求下，英国终于表示："对于日本所做的，关于日本为了英日同盟的友谊而参战的说明，我们已经充分了解了。"不过，格雷也对日本提出了参战条件，他要求日本方面发表声明，把军事行动限定在"中国海以西、以北以及德国租借地胶州湾以内的区域，不扩及太平洋"。这个要求可以说是相当严厉。

然而，在加藤还没有做出回应的时候，英国已经在没有告知日本的情况下，擅自发表了英日政府已经达成一致的消息，表示日本的军事行动只限上述区域。这着实让人感受到了英国的厉害之处呢。

为什么英国会要求同盟国日本发表限制军事行动范围的声明呢？英联邦和自治领对日本怀有的戒心可以说是其中的一大原因。太平洋南部的澳洲和新西兰，对于日本的南下十分担心，如果日本以英日同盟作为理由参战，最后可能会摆脱英国的控制，突破军事行动的区域限制。而一旦日本占领太平洋上的那些德属岛屿，就会逼近这些澳洲国家。

除此之外，还有另外一个原因，而且格雷对于这个原因的担忧更甚。当日本以英日同盟为理由参战时，英国最担忧的问题会是什么呢？

——一旦日本扩张得太厉害，会对英国海军的优势造成威胁。

当时英国的海军大臣，是在第二次世界大战时出任首相的丘吉尔，丘吉尔和英国海军却都希望日本快点全面参战。一战开战之初，德国计划以短期决战的方式来结束战争，而英国海军则动员了所有地区的舰队，迅速投入各地的战斗。因此，丘吉尔所领导的英国海军与想要尽可能限制日军活动区域的格雷及英国外交部不同，他期待日本遵照英日同盟的约定，全面参战。

——英国可能是担心日本与美国间发生什么状况吧。

是的，英国确实很在意美国的反应。这也是正确答案之一，还有其他的思考吗？

——如果日本的势力过度增长，远东会变得不安定。

"远东变得不安定"，这一点非常好。维护远东的秩序这一点，算是一个提示。

——嗯……远东吗？

对，在之前的内容里我们也已经有所提及。在远东，英国拥有最多利权的地方是哪里呢？

——中国。

没错，就是中国。在中国境内划分了各自势力范围的英、法等国，这个时候正在欧洲战场与德国打仗。德国当然也一样无暇顾及其在中国的权益。与此同时，日本却趁机强化自己在中国的利权，而强化的手段大概就是夺取原本属于德国势力范围的山东半岛吧。因为山东是德国的势力范围，趁战争之机夺走好像也没有问题。但是，不要忘了这片土地原本的主人中国，中国当时处于中立状态，尚未参战。日本以对德开战的方式夺取德国在华利权，必然涉及中国，不免会引发中国的强烈反对。英国考虑到了这一点，它并不想因为英日同盟的关系，而让中国对日本的反对波及英国。

英国害怕的事

对英国来说，最不乐观的是损失中英贸易的利益，而非日本占领德国租借地。中英之间的贸易额大概占了英国国际贸易总额的一成，所以英国对于日本在中国采取某些行动而引起中国混乱的情况很警惕。当时的日本挺能搞这类活动的，例如，日本与中国南方的革命派合作并向其提供资金，让他们能够发动革命反对袁世凯的北京政府。英国担心的就是日本干出这样的事情，而日本也确实像是会干这些事的样子。总之，如果中国发生南北之间的对立和内乱，导致以上海和香港为据点的中英贸易额下降的话，那将会是最令英国感到痛苦的事情。

1912—1931 年间，发生了第一次世界大战、日本的战后恐慌、大萧条和 1931 年的"九一八"事变。在第一次世界大战爆发的 1914 年，美国的对华出口贸易占比最小，其次是日本，英国则遥遥领先。1915 年，即战争的第二年，英国的对华贸易依然没有受到太大的影响。剧烈的变化发生在 1917 年左右，日本的对华出口额超越英国。但日本也只是在很短暂的一段时间里超越了英国，到 1919 年时，日本对华出口份额又开始下降，而英国的份额再度回升。不过，英国的对华贸易额没能回到一战以前的水平，日本下降的部分主要被美国填补了。

20 世纪 30 年代以后，三国的竞争呈现三足鼎立之势。美国的贸易份额逐步提升，日本则在缓慢下降，英国在 1925 年前后的大幅下降之后，虽然出现了短暂的回升，但整体而言还是下降的。1925 年发生了什么呢？当时，中国共产党在上海组织发动了反帝群众运动①，中国掀起了抵制英货的浪潮，英国成了运动的锋芒所向，一时间异常狼狈。英国不希望在贸易方面遭受损失，所以非常执拗地要求日本，就算参战也不要将军事行动的范围扩大到中国南方。

美国的备忘录

美国也对日本的参战颇有意见。日本在 1914 年 8 月 23 日对德宣战以后，美国发表了这样的声明：

---

① 即五卅运动。1925 年 2 月起，上海、青岛等地陆续发生工人争取权利、反对外国势力的罢工抗议活动。事件发展至 5 月 30 日，上海的抗议工人与学生被英国警官指挥的警察开枪镇压，死伤甚重。

1. 日本政府没有在中国扩张领土的意图，只是基于英日同盟而采取行动，美国政府对此表示满意。

2. 中国发生动乱时，若日本政府判断须由日本或其他各国采取相关措施，美国政府希望日本能够事先与美方达成协议。

第一条声明明显是在牵制日本。"日本要参战了啊，知道了。美国相信日本没有想在中国搞事情，也没有要扩张领土。"美国通过发表这样的言论，来约束日本的行动。第二条则表示，当中国发生内乱或革命时，日本要与美国商讨以决定下一步行动。

美方的备忘录如果只是美日两国间的秘密，就不会出现问题。但是，日本的在野党却知晓了这封来自纽约的电报。在第二次大隈内阁时，执政党是立宪同志会，而政友会则是在野党。美方的备忘录被政友会得知后，在1914年9月大隈内阁为审议临时增加军事费用而召开的临时议会上，政友会对加藤外相进行了激烈的攻击。即使到了同年12月召开的第35次帝国议会上，这种攻讦依然在继续。政友会议员松田源治批评美国和日本政府，表示"这是对日本自主权、独立权、宣战权的一大限制"。

政友会批评政府说，美国这是侵犯了日本的独立自主和宣战的权利，是对基本主权的侵犯。真是义正词严呢。政友会议员们对于来自英美的种种限制和牵制感到异常的愤怒。政府加入第一次世界大战的判断倒是还行，但怎么能被英国把军事行动的范围限定在"中国海以西、以北以及德国租借地胶州湾以内的区域，不扩及太平洋"呢？而且被美国要求不能在中国大陆搞小动作，扩大利权。这被认为是对日本主权的侵犯，成了相当大的问题。

说到侵害主权，我们来看一看明治宪法中的相关内容吧。明治宪法规定，天皇拥有宣战与和谈的权利。当然，天皇也不能专断独行，而需要在外务大臣的辅佐下来行使，所以宣战与和谈事务实际上是由内阁负责的。根据政友会议员们的想法，在什么时间、与什么国家开战这样的事，是不应该受到他国干涉的。加藤外相对于来自英美的"干涉"默默接受的举动，是不能容忍的。因此，加藤的外交工作被批评为软弱外交。同时，日本国内还产生了对于同属协约国的英国，以及之后加入协约国一同对抗德国的美国的敌意。明明是应该团结合作的协约国成员，却在一开始就出现了这样的状况。

政友会作为在野党，紧抓着宣战权不放，吵闹着说英美干涉了日本的主权。从某种意义上说，这其实只是攻击政府的计策。不过，1914 年 9 月临时议会中的这场争执，与 1919 年巴黎和会上英、美、法三国与日本之间的激烈争论也是有关系的。

争论的焦点在于德国在山东半岛的利权，到底是直接归还中国，还是先由日本接管，再寻找适当的时机归还中国？当几个国家为这一问题争论不休的时候，1914 年临时议会上的痛苦回忆又一次浮现出来。巴黎和会召开时，日本处于原敬内阁时期，政友会是执政党。所以，在巴黎遇到的外交难题，全部被归咎于当年第二次大隈内阁、立宪同志会及加藤外相的无能，这种记忆通过巴黎和会上的争论被再一次强调。而日本与英、美等协约国盟友之间的不信任感，反而在这漫长的共同作战期间形成了。

"二二六"事件在思想上给参与叛乱的青年军官们很大的影响，被判处死刑的右翼分子北一辉曾就巴黎和会上关于山东问题的激烈争论发表如下言论："在凡尔赛，中国与美国同时排日，仿佛在朝着日本扔烂泥。"

四　在巴黎和会上被批判的日本

松冈洋右的信

战争结束后的 1919 年（大正八年）1 月 18 日，巴黎和会召开。经过大约半年的会议，与会各方终于在 6 月 28 日签署了《凡尔赛和约》。巴黎和会可谓热闹非凡，除了与会议直接相关的外交官外，也吸引了来自世界各国的青年才俊。参与撰写威尔逊的"十四点和平原则"，从而创造了德国停战契机的年轻才子沃尔特·李普曼（Walter Lippmann）为了出席会议，拜托了威尔逊的亲信："什么样的位置都没关系，我就想参加会议。"他这才参与到了会议中。

在会议结束一个月后的 1919 年 7 月 27 日，松冈洋右给牧野伸显写了一封信，这封信现在被收藏在国会图书馆的宪政资料室里。牧野是大久保利通的儿子，当时与西园寺公望一起率领日本代表团前往巴黎参加和会。松冈则是长州藩（相当于现在的山口县）出身，松冈家原本在当地小有名气，但在明治维新时期没落了。松冈洋右少年时赴美苦读，从俄勒冈大学毕业不久后回国。他在日俄战事正酣的 1904 年（明治三十七年） 10 月，取得了当年外交官考试的第一名，由此成了一名外交官。1933 年（昭和八年）3 月，日本因为满洲问题最终退出国际联盟时，松冈作为全权代表发表了最后的演说，然后离场而去，那一瞬间使得他成了当时的著名人物。

松冈写这封信的时候，国际联盟还没有成立，更不要说日本退出国联了。当时的松冈是作为巴黎和会的报道主任前往巴黎的，报道主任差不多就是所谓的宣传部部长。松冈在会议期间以宣传专家的身份支持牧野，在这样大型的国际会议上并肩奋战了半年的两个人，在会议结束以后会交换什么样的意见呢？真是让人感兴趣呢，一起来读一读吧。

> 所谓的"二十一条"是越辩解越不利的。无论如何，山东问题原本就无法与所谓的"二十一条"分开讨论，而且关于"二十一条"，其实我们开口辩解就会显得愚蠢。我们的说辞大多会被当作是诡辩（special pleading），主张因为他人同样做了强盗，所以自己的强盗行为就不应该被谴责，这种借口毕竟只是强词夺理罢了。

松冈认为，对于所谓的"二十一条"，日本越辩解越是不利，山东问题根本无法与"二十一条"分开讨论，日本的辩解都是徒劳的。试图用做小偷的不只有自己这样的说辞来脱罪，并没有说服力。说得还挺好的吧。毕竟松冈是努力学习，从美国的大学毕业的人呢。"special pleading"是一个法律用语，指不直接反驳对方的观点，而是通过提出新的事实来为自己辩护。不过，这个词在这里大概是更口语化的用法，就是只陈述对自己有利的事实。松冈认为，这种不公正的诡辩是行不通的。

让日本备受批评的就是山东问题。1914 年 8 月，日本明明宣称是"以归还中国为目的"而与德国开战，但在 1915 年 5 月，却态度强硬地向袁世凯提出了"二十一条"，硬是炮制出了关于山东的条约。一开始说为了将山东归还中国而从德国手中抢走山东，结果却将山东据为己有，也难怪日本会受到世界各国的强烈谴责。

信中似乎传达着松冈的烦恼：自己很努力地进行了宣传，说因为别人也做了强盗，所以没道理单单谴责日本，然而"能否让人首肯，存疑"。也就是说，松冈其实也明白，这样是没办法说服其他国家的。现在提到松冈，大家对他的印象大概是个搞极端外交的人物：他做了退出国际联盟的演说，在第二次近卫文麿内阁时期，缔结了德意日三国军事同盟。然而，这个时候的松冈，却是一位忧心不已、认真务实的外交官。希望大家不要忘记写出了这样令人印象深刻的文字的青年松冈。

虽然松冈当时对日本政府抱着批判的态度，但他也明白自己在巴黎和会上的任务。已经意识到无法说服世界，却还要履行报道主任的职责，想必是相当令人痛苦的吧。了解松冈的这一烦恼以后，大概也能预想到在外交官中间，同样会出现对改造运动的那 11 项要求的共鸣。

近卫文麿的愤慨

接下来，我们来读一读近卫文麿的文章。近卫也是拜托了全权代表西园寺公望才来到巴黎的。进入昭和时期以后，在卢沟桥事变爆发前的 1937 年 6 月，近卫在各个阶层的期待和支持下，出任首相并组阁。然后，他又在太平洋战争开战之前的一段时期里担任了首相。下面的文章是近卫在 1920 年从巴黎回到日本后写成的。

> 在和会的举办地巴黎，首先感受到的是实力支配这一铁律，这一铁律至今仍然严峻地继续保持着自身的存在。……正确的人种平等提案①，因为是实力不足的日本所提出的，就被抛弃。与此相反，毫无道理的门罗主义，却因为是有实力的美国的主张，就堂而皇之地被写入国际联盟的盟约里了。

出生在日本最有历史的华族之家的贵公子近卫，在巴黎气愤地大发牢骚。他发现，虽然大家嘴上冠冕堂皇地说着理想，但是到巴黎和会现场一看，终究还是凭实力说话。有着崇高意义的人种平等提案，因为是实力不足的日本提出的，结果遭到了否决；而令人难以认同的门罗主义（美国要远离欧洲的斗争，专注美洲事务），却因为美国的强大实力，被写入了国际联盟的盟约。

关于人种平等提案，在这里稍做一些补充说明。在决定和约的具体条款，以及接下来要建立的国际联盟的盟约会议上，日本提议在盟约中加入这样的条款："参加国际联盟的各国，不得对居住在境内的外国人实行差别待遇。"其实就是希望禁止对移民的差别对待。因为日本人在美国常常受到各种差别对待，比如限制日本人移民美国，加州等地还禁止日本人获得土地所有权或是租赁土地。

日本外务省等部门认为，对于美国歧视日本移民这个问题，

---

① 日语原文为：『人種の差別撤廃提案』。

可以通过在国际联盟盟约中加入禁止对移民实施差别待遇的条款，来牵制美国的行动。但是，如果日本一开始就明确表达这样的意图，美国肯定会首先反对，所以就把这样的企图包装成谁都难以反对的内容，也就是将其泛化为"追求国际联盟会员国之间的平等，以及对于国民的公平待遇"，试图将这样的内容写入国际联盟盟约。

但是，担任国联盟约起草委员会主席的威尔逊却表示，这样重要的议案不能实行一般的多数同意，而需要获得委员会的全体一致通过才行。结果，日本提出的人种平等提案以 11 票赞成、5 票反对的结果被否决了。这样的事情也难怪会让近卫感到愤慨。

在一战结束前，美国总统威尔逊就已经开始思考战后的世界秩序了。当时，领导俄国革命的布尔什维克领袖列宁和托洛茨基为了国内革命，脱离了协约国，进而退出了战争。他们还揭露了沙俄时期的秘密外交文件，这些文件暴露了英国、法国和日本是如何毫无廉耻地计划在战后瓜分殖民地的。其中与日本相关的部分，就是日本与英、法、俄、意等国通过秘密条约，确定了原属德国势力范围的山东半岛和太平洋上的南洋诸岛在战后都会被日本收入囊中。

面对这种状况，威尔逊认为必须重新赋予协约国的战争目的以崇高的理想，否则就难免会让世人失望，还会在理念上输给布尔什维克。1918 年 1 月，他在美国国会发表了关于战后世界蓝图的构想，即所谓的威尔逊"十四点和平原则"，其中最有名的内容就是民族自决原则。但是，威尔逊在阐述民族自决原则时，所设想的区域其实是相当有限的，这一点在当时还不为人所知。

在威尔逊的设想中，适用民族自决原则的区域，是《布列斯特—立陶夫斯克条约》中被割让给德国的波兰、罗马尼亚、塞尔维亚以及中立立场被破坏的比利时。威尔逊认为，对于这些区域，应该承认其民族自决的权利，否则这些区域恐怕会成为引发下一次世界战争的导火线。

事实上，对于英、法等国在第一次世界大战之前取得的殖民地，威尔逊并未想过在这些地区实行民族自决原则。威尔逊明确表示，"这一宣言不会忽视拥有权利的政府的正当要求"。但是，正如负责外交事务的美国国务卿罗伯特·兰辛（Robert Lansing）在1918年12月30日的日记中写到的那样："这一宣言充满了炸药，唤起了绝对无法实现的希望。"威尔逊的宣言在世界各殖民地人民的心中，燃起了极大的希望。

"三一"独立运动

当时处在日本统治下的朝鲜，就是这些燃起希望的地区之一。威尔逊并未设想在朝鲜实行民族自决原则，然而兰辛的担忧却变成了现实——朝鲜爆发了争取独立的运动。1910年后成为日本殖民地的朝鲜，某种意义上是按照自身的希望对威尔逊的意图进行了解释，并进一步将本国独立的希望与之联系起来。

1919年，大韩帝国时代的皇帝朝鲜高宗突然去世。朝鲜民众群情激愤，一部分人以将于3月3日举行的高宗葬礼为掩护，于3月1日在首尔发起了众多群众参加的示威游行，之后运动规模扩大到整个朝鲜半岛，这就是"三一"运动。不论是朝鲜总督府还是驻朝日军，都没有预料到会发生这种全国性的独立运动。2007年，曾经担任朝鲜军司令官的宇都宫太郎的日记①出版了。宇都宫太郎作为朝鲜军司令官，是镇压"三一"运动的主要人物，他的日记里有不少关于那场运动的记录。顺便一提，他的儿子是以和平主义者身份而广为人知的自民党议员宇都宫德马，并主持着宇都宫军缩研究所。

宇都宫太郎的日记被发现一事，曾经轰动一时。原因就在于通过对日记的解读，发现一直以来不少被认为是独立运动英雄的人物，都曾经出现在宇都宫周围，还有人接受过宇都宫的资金援助。当然如果是革命家的话，从敌人那里套取情报或者资金都可以说是极大的胜利。所以，我个人并不认为在日记中出现的行为可以与背叛画等号。

宇都宫太郎是个认真务实的军人。他在日记里描写了成千上万的群众在街上游行的场面，他们"一边散发独立宣言书，一边高呼独立万岁的口号"。宇都宫判断，运动的主导力量是天道教徒、基督教徒以及学生等"新进有为"（前途乐观且年轻优秀）的朝鲜人。从研究史上看，这也是正确的判断。而且，宇都宫直率地谈道，独立运动的主要原因在于日本"蛮横无理的强行合并"，并在合并后对朝鲜人进行有形无形的各种歧视。也就是说，他认为造成朝鲜独立运动的原因在于日本的错误。

宇都宫太郎的日记里，有一段记述会让人不禁发出这样的感慨："啊，那个事件果然是真的。"日记中详细记录了"堤岩里教会

---

① 宇都宫太郎关系资料研究会编：『日本陆军とアジア政策1—陆军大将宇都宫太郎日记』，岩波书店2007年版。

事件"，这是日军在镇压"三一"运动过程发生的残暴事件之一。同时，日记也揭露了这样一个事实：在朝鲜总督府与朝鲜军司令部之间，曾经讨论过应该隐瞒多少事实，以及如何就事件的真相向东京的中央政府进行辩解的问题。

堤岩里教会事件发生在1919年4月15日，朝鲜水原郡一个名为堤岩里的村落中。前往这一地区负责警备任务的宪兵"将村中30多名耶稣教徒与天道教徒驱赶到教堂内，在讯问了两三个问题之后，杀掉了32人，然后烧毁了教堂和20多间民居"。简单地说，事情经过就是宪兵们把认为与独立运动有关的30多名天道教和基督教教徒关到教堂里讯问，但大家什么都没有交代，可能是因为原本就与事件毫无关系。但是，宪兵却杀害了全部的人，还放火烧毁了教堂和附近的民居。村民没有武器，也没有抵抗，结果却被军队杀害焚尸。从日记可知，朝鲜军和朝鲜总督府都明白这一事件势必会成为国际焦点，所以对外宣称并没有屠杀和放火的情况，仅仅是镇压方式有点问题。

当各国代表在巴黎和会上议论正酣的时候，朝鲜发生了"三一"运动。巴黎和会和华盛顿的参议院于是开始讨论，与其他列强对殖民地的统治相比，日本对朝鲜的统治是否过于残酷了，并质疑日本是否适合对战败国的殖民地进行委任统治。美国国会还批评从巴黎回国的威尔逊对于这些发生在远东的问题不闻不问。为什么华盛顿会热心地讨论关于朝鲜的问题，甚至对威尔逊进行抨击呢？接下来，我们会更详细地分析巴黎和会，请大家思考其中的原因。

五 与会者的侧面与日本所受的创伤

空前的外交战

观察那些聚集在这次会议上的人们，是一件很有意思的事。首先是刚才已经提到过的沃尔特·李普曼，他是能够与前后四位美国总统聊家常的知名记者。美国在 1917 年加入第一次世界大战时，李普曼刚从哈佛大学毕业，正是个崭露头角的新人记者。美国参战的目的之一就是要在欧洲的战争即将结束时，通过参战来引导战争走向一个"理想"的结局。为了让战争更像样地结束，就要制定更加合适的和谈条款。正是李普曼执笔写下了威尔逊的"十四点和平原则"。

李普曼在第二次世界大战期间也展现了自己的力量。比如在美日关系方面，1939—1941 年间，也就是第二次世界大战在欧洲爆发直到太平洋战争爆发这一时期，一方面，他写信给富兰克林·罗斯福总统，宣称"美国对日本开战毫无好处"；另一方面，他又在报纸专栏上写下这样的文章（1939 年 2 月）：

这不是资本主义对共产主义的战争，而是民主主义对集权主义的战争，决定这种情势的首先是日本，其次是美国。如果日本不希望美国参战，他们就不会冒着开战的危险贸然行事。如果日本不这样做，罗马和柏林也不会做出冒险的事。

写下这篇专栏文章的李普曼，是希望美国政府能够与日本达成某些共识。

让我们回到巴黎和会的话题。当时，吉田茂也前往巴黎了。第二次世界大战后的 1951 年 9 月 8 日，日本与美国签订了《旧金山和约》，日本终于结束了被占领状态。签署这份和约的全权代表就是吉田茂。那个时候，吉田茂的形象就是整天叼着雪茄。不过，他去巴黎的时候是不是也叼着雪茄就不得而知了。

吉田茂去巴黎之前就已经是一名外交官了，他在中国的山东济南担任领事。这种级别的外交官本来是没有资格出席和会的，不过，吉田茂的岳父就是日本派往巴黎的副全权大使牧野伸显。吉田于是拜托岳父带他一起去参加和会，并如愿在 1918 年去了巴黎。吉田茂当时写给牧野的信件被保存了下来，这封信读起来相当有趣，一起来看看其中的一部分吧。

欧洲战争终于接近尾声了，接下来想必就是外交舞台上的事了，为了作为日后的参考，非常希望能前往欧洲见识这场空前的外交战……因此，作为晚辈，非常冒失地拜托您，如果方便的话，即便只是暂时也好，请让我到英国工作，希望不吝举荐。

吉田茂也明白，因为自己刚成为驻济南领事，外务省恐怕不会立即同意自己的调动。但是，巴黎和会肯定会是一场"空前的外交战"，所以非常希望能去"见识"一下，即使是短暂的时间也好。他希望岳父在外务省的上级那里运作一下，把自己派到英国周边任职，所以就写了这封信。

吉田茂在第二次世界大战后 5 次组阁，在很长的一段时间里领导着自民党政权。但从"混蛋解散"① 也能看出来，他是位诙谐直率的政治家，这封信也是恭敬而又直率的好文章。

青年凯恩斯

聚集在巴黎的人中，还有一位重要的人物，英国经济学家约翰·梅纳德·凯恩斯（John Maynard Keynes）。在巴黎和会结束 10 年后的 1929 年 10 月 24 日（黑色星期四），以纽约华尔街的股灾为起点，全球范围的大萧条开始了，失业问题尤其让各国政府困扰，在美国，失业率最高达到了 25%，而在德国，甚至达到了 40%。

为了摆脱大萧条，当时受到广泛支持的"处方"是减少政府的公共投资，让经济自主调节自身的问题。但是，凯恩斯却大胆指出："不，那样的想法不对。"他论述道，为了克服大萧条，即使出现持续的赤字，政府也要积极发挥自身的财政机能，扩大公共投

---

① "バカヤロー解散"，在 1953 年 2 月的众议院预算委员会上，吉田茂与社会党议员西村荣一就日本外交问题辩论时，因情绪激动而小声骂了一句"混蛋"，但声音还是通过麦克风传了出去，在野党针对这一问题发起内阁不信任案，迫使吉田茂解散了众议院。

资，总之就是要扩大需求，直到失业者消失为止。这是对凯恩斯1936年的著作《就业、利息和货币通论》最简单的总结。京都大学教授间宫阳介通过岩波文库出版了该书新的翻译版，大家可以找来读一读。不过，这本书可不太好懂。

说到凯恩斯的书，大家总会觉得那是经济学著作，肯定不好理解，所以就敬而远之。其实，他也写过非常有意思的书，比如披露巴黎和会幕后故事的《凡尔赛和约的经济后果》一书。

当时凯恩斯是英国全权代表团的财政部首席代表，但他不等6月28日的《凡尔赛和约》签字仪式，就在6月7日（另有说法为5日）辞去职务，离开巴黎回国了。回国后的凯恩斯为了向全世界曝光巴黎和会的不公正之处，写下了《凡尔赛和约的经济后果》一书。这本书出版后，立刻被翻译成各国语言，成了畅销书。

凯恩斯辞职回国的原因就在于他对协约国，尤其是美国对德国的处置感到极度愤慨。在巴黎和会上，协约国一方的战胜国热衷于讨论如何才能有效率地从德国榨取赔款。德国背负巨额赔款义务，被战胜国极尽所能地压榨，经济复兴自然就成了不可能的事。只要人们冷静地加以思考就会马上明白，如此一来，战胜国恐怕并不能拿到自己想要的赔款。

英法必须在促进德国最重要的鲁尔工业区复苏的同时，不断从德国获得赔款，再用这些赔款偿还美国的战争借款。这些借款的金额是天文数字，我看过一份资料，当时着实被吓了一跳，因为上面居然是直到1985年为止的借款偿还计划。也就是说，美国对英法的借款数额之大，已经到了需要偿还60年以上的程度。当时，各国对美国的战争债务分别为：英国42亿美元、法国68亿美元、意大利 29 亿美元。

只要想象一下这样庞大的金额在各国之间流动的情形，就不难预料，这种流动不仅需要严密的计划，而且其中任何一个环节都不能发生问题，一旦出现问题，就有可能导致世界经济整体陷入危机。整个计划最重要的就是要让德国尽早实现产业复兴，通过向世界出口其优秀的产品来持续地支付战争赔款。

因此，凯恩斯要求美国在尽可能降低德国赔款金额的同时，也应该放宽英法所背负的战争债务的偿还条件。但是，美国在巴黎和会上并不同意这位经济学家提出的意见，主张英法应当首先偿还债务。

这时人们总会不禁产生这样的想法：1919 年的时候，如果像凯恩斯建议的那样，将德国赔款的金额控制在一个相对较低的水平，是不是就不会发生 1929 年的大萧条了。这样一来，第二次世界大战可能也就不会发生了。然而，凯恩斯的意见却没有被采纳。最后，凯恩斯留下一句"你们美国人是压伤的芦苇"，离开了巴黎。大家知道凯恩斯这句深沉的台词是模仿了谁的话吗？

——帕斯卡的"人是一根会思考的芦苇"吗？

其实这句话出自《旧约圣经》中《以赛亚书》第三十六章第六节："看哪，你所倚靠的埃及是那压伤的苇杖，人若靠这杖，就必刺透他的手。"也就是说，凯恩斯通过把美国比作"压伤的芦苇"来批评美国不可靠。凯恩斯在《凡尔赛和约的经济后果》中，以相当大的恶意描写了巴黎和会上的威尔逊总统。

虽然他的手很大而且很有力气，但是并不灵巧，从第一印象来看，不管他在其他方面多有地位，却丝毫感受不到学者的气质或是相应的学识。……大家普遍相信，总统在一大帮顾问的协助下，已经准备好一个全面的计划。不仅包括有关国际联盟的内容，也有"十四点和平原则"的具体实施方案。然而，实际上总统还没有任何计划。……他的构想不仅如浮云般模糊不清，而且也不全面。

相当过分的说法吧。威尔逊曾担任普林斯顿大学的校长，是一位学者型的政治家。凯恩斯却断言这样的人没有学识，批评他的理想没有实质内容，看得出他对美国在巴黎和会上的做法非常不满。

"通灵者"劳合·乔治

凯恩斯对劳合·乔治的评价与他对威尔逊的批评形成了鲜明的对比。让我们来看看凯恩斯对于英国首相劳合·乔治的评价。凯恩斯将劳合·乔治与威尔逊相比较，并赞扬了前者。

对于身边的人，劳合·乔治先生具有一种极为准确、仿佛能够通灵一般的感知能力。面对这样的对手，威尔逊总统完全没有一点儿机会。英国首相在注视着在座所有人的同时，会调动他那非同常人的第六感或是第七感，判断出每个人的性格、动机和潜意识的冲动，进而洞察他们的想法，甚至是接下来要说的话，再加上心灵感应般的直觉，他能够让争论和诉求都最大限度地满足周围人的自负、嗜好和利己之心。这不禁让人觉得，可怜的总统在会议上简直就是捉迷藏游戏中被蒙上眼的那一方。

所谓"通灵者"，就是指坐着就能看透他人想法的人。虽然凯恩斯说劳合·乔治伯爵是"通灵者"，但如果真的有超越第六感的第七感，未免也太恐怖了。（笑）另外，之前我们说到过的"怪人"卡尔老师，也对劳合·乔治有着很高的评价。

"通灵者"劳合·乔治扮演了什么角色呢？我想用一个例子来说明，那就是日本与中国因为原属德国的山东半岛利权而激烈对立的时候，劳合·乔治与法国总理乔治·克里孟梭和威尔逊一同进行的调解。

1919 年 4 月 22 日，日本与中国代表因为山东问题发生了争执。日本主张应该先由自己从德国手中接管山东半岛，之后再寻找时机归还中国；中国则主张自己也是向德国宣战的战胜国，所以要求立刻归还山东半岛。威尔逊是个理想主义者，他不打算和日本进行可能会阻碍中国成长和发展的妥协，而且也相信通过压制日本可以为太平洋地区带来和平。在威尔逊的安全保障观中，为了 20 世纪 20 年代以后的安全，就需要对日本进行遏制。

但是，威尔逊这种扶植中国、压制日本的战略在会议上有些过于直白，陡然引起了牧野伸显和西园寺公望等日本全权代表的反感。当时，恰逢五大国之一的意大利因为欧洲的殖民地瓜分问题，在与英、法、美争吵之后中途退出了和会。因此，英、法、美三国并不想过分刺激日本。面对威尔逊要求日本承认中国主张的劝告，牧野和西园寺等日方全权代表威胁道："如果这样的话，日本也拒绝签约，将和意大利一样，退出回家。"在这样的情况下，劳合·乔治与克里孟梭一起介入了中、美、日三国之间。

在克里孟梭、威尔逊与劳合·乔治同时出席的巴黎和会三巨头会议上，克里孟梭首先请来了中国全权代表团的成员顾维钧。顾维钧精通英文，在哥伦比亚大学取得了博士学位，是一位非常优秀的专业外交官。1933 年日本退出国际联盟时，顾维钧也是中国的全权代表，所以松冈洋右与顾维钧也算是颇有渊源。克里孟梭首先开口说道："威尔逊总统，我今天早上重新看了法国与日本之间关于山东利权的协议，法国确实做了支持日本要求的约定。"据说克里孟梭在说完这句话后，就一直摆出一副打瞌睡的样子，在之后的会议中，他再也没有发表其他言论。这等于是向中国表明法国置身事外的态度，会议就在这样略显尴尬的情况下开始了。另外，克里孟梭只会说法语，无法与只会说英语的威尔逊直接对话。

克里孟梭说的没错。1917 年（大正六年），为了在战后的和谈中瓜分战败国的殖民地，日本、英国、法国、意大利和俄国之间缔结了相互承认的秘密条约。这个时候，正好协约国期待着日本能够对地中海的运输行动进行援助，因为德军的潜水艇相当活跃，协约国在地中海的运输受到了相当大的威胁。日本出力进行护航任务，于是就要求得到相应的回报，而协约国给予的回报就是这份秘密条约。所以克里孟梭才会表示，法国与日本之间确实存在密约，对于日本想要的东西，法国必须支持，然后他就闭眼沉默了。这样的秘密条约交叉地存在于各国之间。刚刚我们也说过，俄国在革命之后曝光了与沙俄有关的秘密条约。

顾维钧立刻对此展开了反驳，虽然他不否认法国与日本之间的秘密条约，但是日本逼迫中国承认的"二十一条"中与山东相关的条款，是中国在日本的最后通牒下，受到军事威胁而签订的。最近的国际法规定，强迫缔结的条约并无法律效力。

顾维钧依据法理所做的进一步反驳，同样非常有说服力。如果一个国家对另一个国家宣战并在战争中获胜，那么该国之前与战败国签订的不平等条约就不再具有效力。虽然中国向德国宣战的时间是 1917 年 8 月，战争已经接近尾声，但是宣战这一事实是不容否认的。顾维钧表示，中国参加了第一次世界大战，不论实际上对战争做出了怎样的贡献，都是战争的胜利者之一。这一事实造成的结果，就是那些清政府时期被德国强加的不平等条约现在应该一笔勾销。虽然 1898 年德国从清政府手中夺走了胶州湾和青岛，但是现在相关的条约已经失效了。顾维钧的主张是正确的，中国与德国签订的不平等条约，已经因为中国的宣战和胜利而消失。因此他主张，既然原有的条约已经失效，那么就不应该经过日本，而是由中国直接收回德国在山东半岛的利权。

超能力者劳合·乔治是如何回答顾维钧的呢？劳合·乔治的回答一方面抓住了中国的弱点，另一方面也暗含对美国的讽刺：

（1917 年，欧洲）处在极度痛苦中的时候，日本尽了自己的努力前来帮助。事到如今，情况好转，不能只用一句"当初谢谢了，那么再见吧"来打发。我们对中国的同情不容置疑，但是已经缔结的条约，不能因为自己不满意，就像碎纸片一样随意丢弃。

劳合·乔治用这番话否定了顾维钧的主张，之后他更是发挥了通灵者般的实力。当时的会议记录被保留了下来，读起来很有临场感。当顾维钧刚说出"不"字，准备反驳时，劳合·乔治却没有给他机会，而是继续说道：

> 如果德国是胜利者，世界就会落入德国的统治之下，中国也不例外，明白吗？美国？美国在当时还没做好准备对抗德国。

顾维钧和威尔逊对于这番话都沉默不语。不可否认，劳合·乔治的观点非常有力，而且在英国的立场上完全正确。英国与日本缔结秘密条约，即使与中国的贸易额下降，也要与德国对抗。与法国一样，英国牺牲了大量本国青年的生命，才终于获得了战争的胜利。美国与中国参加一战的时间分别是1917年4月和8月，距离德国求和停战已经只有一年多的时间了。劳合·乔治似乎看出了顾维钧准备把美国作为后盾的意图，所以他在顾开口前的一瞬间平静地说道："美国是在相当后期才参战的。在对德战争最痛苦的时期，给予支持的国家并非美国。在最艰难的时候，与一同作战的盟友签订密约，这有什么不对吗？"虽然劳合·乔治对中国也表示同情，但是他支持日本对于山东利权的要求。

抨击的口实

就像前面讲述日本国内的"国家改造论"时所提到的那样，日本在巴黎和会上感受到了极大的危机感。事实上，巴黎和会所缔结的《凡尔赛和约》第156—158条，都按照日本的要求明确了

"山东利权归日本所有"。所以如果我们客观地观察日本所处的立场，就会发现那些认为日本在巴黎外交失败的人，其实基本都是说主观意义上的失败。但是，相较于政治和经济问题，意识问题以及与身份认同相关的问题，更容易在人们心中留下伤痕。第一次世界大战后日本人在巴黎的经历，可以说正是这种情况的反映。

作为今天讲座的结尾，接下来我想说一说刚才讲到"三一"运动时稍微提到，但没有深入的话题：关于威尔逊总统因为"三一"运动而受到美国国会强烈批评的事情。"三一"运动受到了世界范围的关注，日本也因为其对朝鲜的残暴殖民统治而广受批评。

大家在世界史的课堂上，是否听过这样的说法？美国因为国会的反对，所以没有加入在第一次世界大战后诞生的国际联盟。这是一个重点。威尔逊总统在巴黎和会期间回到美国，希望说服抱着强烈门罗主义思想的国会。他认为不必提防即将诞生的国际联盟，因为国际联盟并不会侵害属于国会的宣战及和谈等权力。

但是，国会还是担心美国会被卷入欧洲帝国主义国家之间的对抗，并被某些欧洲国家利用，所以反对威尔逊的主张，并猛烈地抨击打算与国际联盟携手并进的威尔逊。国会利用美国的公众舆论来抨击威尔逊，日本和朝鲜"三一"运动就在这样的舆论中登场了，并成了抨击威尔逊的有力武器。

美国国会攻击威尔逊的言论相当具有煽动性，他们宣称：在巴黎和会上，威尔逊总统一直拼命想让德国接受《凡尔赛和约》，但《凡尔赛和约》却是以牺牲中国为代价，完全答应日本对山东半岛的要求的不当条约。日本想必会用殖民的方式统治山东半岛。然而，通过朝鲜的"三一"运动就可以明白，日本的殖民统治是非常残酷的。但即便如此，威尔逊总统为了让日本签署《凡尔赛和约》，竟准备向日本妥协，而全然不顾日本将要把残酷的殖民统治扩大到中国本土的事实。

日本得知其在美国国会被如此批评，受到了相当大的冲击。虽然美国国会对于日本残酷的殖民统治的批评没有错，日本也只能忍受，但是美国国会如果只是为了抨击威尔逊总统而批评日本，这种行为是不是不妥呢？当时日本人的这种情绪，可以从派驻美国的日本海军武官的报告中窥见一斑。进入 20 世纪 30 年代以后，日本在巴黎和会上所受到的冲击与创伤非但没有愈合，反而变得更加严重了。

第四章

『九一八』事变与中日战争：日本切腹、中国介错论

一 当时人们的意识

计划好的作战和"偶发"的事件

大家好。今天的话题关于"九一八"事变与中日战争。"九一八"事变是在 1931 年（昭和六年）9 月 18 日，按照关东军参谋的计划发动的事件；中日全面战争则是以 1937 年 7 月 7 日的小规模武力冲突为导火索而爆发的。请注意，"九一八"事变是"人为"发动的，而中日战争在某种意义上是"偶然"爆发的。

关东军参谋石原莞尔等人在"九一八"事变发生两年之前的 1929 年就已经开始策划有关行动。关东军是指日俄战争之后，为了守卫在战争中从俄国手中夺取的关东州租借地（以旅顺、大连为中心的区域）和中东铁路南部支线（日本称之为南满洲铁道）而设置的部队。"九一八"事变中，关东军自行炸毁了一段南满铁路，并诬陷是中国军队所为，然后对位于辽宁省奉天（沈阳）的张学良的军事据点发动了进攻，并在短时间内就占领了东北的诸多要地。

当时，张学良是东三省的政治和军事统治者，作为一名年轻的地方领导人，他也和南京国民政府的蒋介石建立了不错的关系。

9 月 18 日晚上，张学良并不在东北，而是在北平（今北京，国民政府迁都南京后对北京的称呼）。这也是日本一手策划的，日本的特务机构通过在华北发起反张学良的动乱，使得张学良前往镇压，离开了东北。张学良还带走了 11 万东北军的精锐，越过万里长城进入关内。

关东军为什么要在发动"九一八"事变之前策划这样复杂的阴谋呢？原因在于双方兵力悬殊。关东军由两年轮换一次的日本内地派来的师团和独立守备队组成，总兵力不过 1 万人，而张学良麾下的东北军兵力达到了 19 万人。战后，石原莞尔在远东国际军事法庭作为人证进行了陈述，他讲述了为对抗装备完善的 20 万东北军，只有 1 万人、装备并不占优的关东军是如何仔细规划作战的，但是对于如何策划发动"九一八"事变的，却绝口不提。石原所说的兵力差距，除了把 19 万东北军说成 20 万人以外，大体上是客观的。还有非常重要的一点是，东北军中有 11 万人并不在东北，这一点石原却没有说出来。

我们先来了解一下石原这个人吧。石原莞尔虽然作为关东军作战参谋一手策划发动了"九一八"事变，但是到中日战争爆发时，作为参谋本部作战部部长的他却反对扩大战争，然后迅速地辞去了作战部部长职务，去满洲当了关东军的副参谋长。石原的经历相当曲折，所以他不仅在当时很有人气，到今天也依然有很多人对他感兴趣。石原出生于 1889 年（明治二十二年），正好是明治宪法颁布的那一年，所以他也是宪法时代之子。正当他处于多愁善感的年纪时，发生了日俄战争。进入昭和时期以后，与石原同在满洲工作的内务官员武部六藏曾这样评论石原：

石原莞尔君在食堂里批评真崎（甚三郎）① 大将的无罪判
决岂有此理，并且认为决定判决结果的陆军上层所提出的各种
训示，都是浪费纸张。他说话随时都带着讽刺，直指真相而又
开朗愉快，但同时也很有煽动性。

1936 年（昭和十一年）2 月发生的陆军叛乱事件，也就是
"二二六"事件的相关判决公布后，身在满洲的石原在食堂里发表
了上述言论，并被武部记录了下来。听到这段对话，不知道大家
的脑海里有没有浮现石原这个军人的形象。石原首先批评陆军宣
判"二二六"事件幕后黑手的真崎大将无罪是错误的。他用了"岂
有此理"这个独特的词来表达。而做出这种错误判决的陆军省又摆
出一副不可一世的架势，送来各种冠冕堂皇的训示，简直"都是浪
费纸张"。武部对石原的评价非常准确，认为他虽然时常语带讽刺，
开朗又能够抓住真相，但是很会煽动人心。

石原经常大骂陆军中央，所以有可能被认为是个反体制的失
意军人，但他其实是陆军的精英。他 12 岁进入陆军幼年学校，以
第一名的成绩毕业后，顺利进入陆军士官学校，在部队服役一段时
间后，又考入陆军大学校，在那里以第二名的成绩毕业。石原因为
成绩优秀，还得到了天皇御赐的军刀。但是在太平洋战争中，东条
英机不喜欢石原的言论，使得石原在陆军中备受冷遇，早先已经由

---

① 真崎甚三郎（1876—1956 年），日本陆军大将，皇道派核心人物之一。皇道派青年军
官在 1936 年发起的"二二六"事件遭到镇压后，他一度被捕，但是被军事法庭宣判无罪。第
二次世界大战后，他被列为甲级战犯遭到逮捕，但远东国际军事法庭最终给予不起诉处分。

中央公论社出版的著作《战争史大观》也被限制发行。

现在让我们回到之前的话题。相对于"九一八"事变的严密计划，中日全面战争的导火索——卢沟桥事变，却是"偶然"发生的。不过，卢沟桥事变的发生有着结构性的原因，而且中日之间的矛盾积累已久，最终引起质变，爆发战争并不奇怪。卢沟桥始建于12 世纪，横跨北京郊外的永定河，马可·波罗曾在《马可·波罗游记》中盛赞这座桥的美丽。1937 年 7 月 7 日，当时被称为中国驻屯军的日军在卢沟桥北侧的河道附近进行夜间演习时，与中国第二十九军发生了小规模冲突。

刚才提到的结构性原因，我们在第二章已经提到过。1900 年的义和团运动被镇压之后，清政府与列强签署了《辛丑条约》。根据这一条约，日本与英、法、德、俄等列强一样，能够以保护在中国的本国人为理由，在天津附近派驻军队，中国驻屯军就是以此为根据被派驻到卢沟桥附近的。这从条约上看倒是没有问题。

但是，在卢沟桥事变发生的前一年，也就是 1936 年 6 月，日本在事先未与中国协商的情况下，单方面将驻军从 1771 人增加到5774 人，兵力一下子变成了原来的 3 倍，这可不是一件小事。新增的军队需要新的驻地，于是就新建了兵营。这时候新建的丰台兵营就与卢沟桥事变直接相关。丰台位于北京西南郊区的铁路交会处，地理位置十分重要，而中国军队的驻地也在丰台附近。日军就是在这样的地方射击空包弹进行夜间演习的。而且在事变发生当晚，日军是配发了实弹的。在这种情况下，反倒是不出事才会让人觉得奇怪。

今天，我们会说明从"九一八"事变到中日战争全面爆发的过程。大家听了这些内容就会明白，当时在中国士兵心中不断累积起来的对于日本的憎恨和抗日情绪，已经到了只要有一点火星，就能瞬间燃起熊熊大火的地步。

"九一八"事变与东大学生的感受

在说明"九一八"事变和中日战争的原因及发展过程之前，让我们先来看看当时的人们是如何看待"九一八"事变和中日战争的，以及人们在那种情况下的感受。下面引用的是长期在京都大学讲授教育学的竹内洋教授在其著作《丸山真男的时代》①里介绍的一个故事。

1931 年 7 月，恰好是"九一八"事变发生前的两个月，对现在的东京大学，当时被称为东京帝国大学的学生进行过一次意见调查。在那次调查中，首先向学生们提问："为了满蒙地区（满洲南部和内蒙古东部地区）而使用武力，是否正当？"

满蒙到底是什么？今天我们讲课的重点之一，就是要弄清楚这个地区的情况，稍后我会进行更详细的说明，在这里大家可以先简单地认为，满蒙是日本在日俄战争以后所获得的权益的集中地。

对于这个问题，用"是"或者"不是"来回答，大家认为会出现什么样的结果呢？

——……不太确定，因为那是"九一八"事变爆发之前，回答是"正当"的人大概会有六成吧。

认为会超过一半，是吧？实际上是更多，高达 88% 的东大学

①『丸山眞男の時代—大学・知識人・ジャーナリズム』，中央公论新社 2005 年版。

生回答了"是"。这个结果挺让我感到意外的。再仔细研究调查的内容，就会发现，其中有 52% 血气方刚、性情急躁的男生认为"应该立即使用武力"。"九一八"事变以后，报纸和广播肯定会积极报道事变的消息，所以如果是在事变发生以后，这样的调查结果倒是还能理解。

顺便一提，日本的广播是从 1925 年（大正十四年）开始放送的。从 1932 年 2 月开始，日本有了对广播签约收听者的准确统计，那时候收听家庭已经超过 100 万户。太平洋战争时，这个数字达到了 600 万户。换句话说，当时全国 45% 的家庭有了收音机。虽然我们现在觉得房间里的声音大到让别人听见挺难为情的，但是过去的人就喜欢开着很大的音量听广播。所以近半数的家庭拥有收音机的话，全国人民大概都可以听广播了吧。（笑）在这样的环境下爆发"九一八"事变，坊间又充斥着支持军部的报道，确实容易产生"也许确实需要使用武力"这样的想法。但是，在"九一八"事变发生之前的问卷调查中，就已经有那么多的东大学生支持动武了。

当然，在回答"是"的学生中，也有 36% 的人认为，"应该在外交手段用尽之后，再使用武力"；还有 12% 的学生回答，"不能使用武力"。但是，这依然不能改变有近九成的学生认为可以开战的事实。一般而言，接受过学术训练、拥有社会科学知识的人，对外国的偏见会比较少，看法也会更为宽容。拥有知识的理智头脑应该具有同理心，理应会认为"中国因为自己的国情而有自身的问题，日本也一样"。但是在经过了大量学习，拥有各种知识的东大生里，却有 88% 的学生对于使用武力回答了"是"，这一点让我深感诧异。

"九一八"事变发生后不久，同样也以东大学生为对象进行了问卷调查。不论是现在还是过去，人们总是对东大学生的举动充满关注。这次的调查是由宪兵进行的，宪兵司令官在9月30日将调查结果提交给陆军大臣。这么珍贵的史料能留下来真是不容易。对了，大家知道什么是宪兵吗？

——军队里的警察。

没错。宪兵原本是为了打击军队内部的犯罪而设置的，直属于陆军大臣，但是对一般国民也能行使超越警察的权力。因为宪兵不仅在军队内部拥有司法警察权，对于一般人也可以行使这项权力，所以宪兵也会接受司法大臣的领导，根据《治安警察法》和《治安维持法》来约束国民的思想。宪兵的存在，让昭和时期的言论空间变得更加狭小。所以一说起战争时期的狂热，一般都会提到宪兵。

这次调查是在由陆军军人主讲的"国防思想普及演讲会"上举行的。一般而言，在大学等高等教育机构，军人会被认为是些头脑简单、四肢发达的家伙，是被讨厌的角色。当时的学校里有军事训练课，大概是因为以前在这样的课上被军队的教官整得厉害，所以也引起了大家对军人的反感吧。陆军省对这一点倒也心知肚明，所以派往东大这样的学校的讲师，一般都是陆军选派到东大经济学部等地方进修过的优秀军人。因此也就不会出现因为讲话非常无聊，被学生喝倒彩赶下台去的情况。

陆军军人在充分说明了日本发动"九一八"事变的理由之后，对学生进行了问卷调查。问卷上有两个问题："第一，你们认为满蒙地区是日本的生命线吗？""第二，你们觉得应该通过军事行动来解决满蒙地区的问题吗？"虽然我也说不上明确的理由，但是总觉得这种问卷已经预设好了答案。果然，在被调查的854名学生中，有九成的学生对两个问题都回答了"是"。

把刚才提到的大学意见调查和宪兵的调查放在一起思考的话，会发现很有趣的一点，"九一八"事变前后的调查结果几乎是一致的。也就是说，在"九一八"事变发生之前，即使是在那些被认为应该对国家的行为具有批判精神的群体中间，也已经存在着战争一触即发的情绪。从这一点就可以知道，在当时的日本国民中间，存在着关于满蒙问题的某种理解，并且这种理解具有相当高的一致性。而关于这种具有一致性的理解是如何在国民的意识中积累起来的问题，也是今天讲座的主题之一。

不是战争而是"革命"

我们已经了解了人们对于"九一八"事变的看法，接下来再了解一下当时人们对中日战争的看法吧。有趣的是，与其说当时的人认为中日战争是好还是坏，支持还是不支持，倒不如说日本人根本就不认为这是一场"战争"。在序章中，我们曾经提到过华中派遣军司令部和近卫文麿首相的智囊们的看法（第14页）。当时曾经出现过"报复"和"剿匪战"的观点，大家还记得吗？

——明明是一场战争，却不把对方视作战争的对手，以及当时的日本与现代美国之间相似的地方，这些都令人感到意外。

确实如此。不把战争视作战争，这一点很有冲击性。再举一个例子，当时在大藏省预金部担任课长的精英官员毛里英於菟，曾在1938年11月发表探讨中日战争的文章，题目是《作为"东亚一体"的政治力量》。他认为，"日支事变"（当时对中日战争的称呼）是日本等"东亚"各国在资本主义和共产主义统治下的世界发起的"革命"。毛里所说的东亚，是指日本以及处于日本统治之下的中国台湾、朝鲜，1932 年由关东军支持建立的所谓"满洲国"，此外，恐怕还要加上处在日本占领下的中国。由上述这些区域组成的东亚，面对以英美为代表的资本主义国家和以苏联为代表的共产主义国家，正在尝试进行革命。中日战争就是这场革命的组成部分，所以中日战争并不是战争，而是革命，相当奇妙的想法吧。

——当时的日本人没有把中日战争视作为一场战争，这种看法好像一直延续到了现代，而且人们在今天似乎仍然继续着这种错误的认识。

那就让我们来思考一下，为什么当时的人们会产生这种奇妙的感觉和奇怪的看法。从毛里的言论中可知，当时日本的精英官员们并不认为战争是破坏，而是一种更有积极意义的行动。

二 "九一八"事变为何发生

满蒙是日本的生命线

在序章里解释林肯的演说时，曾经提到卢梭的《战争与战争状态》(第30页)。所谓战争，是指对关乎敌国主权的重大问题，或是对构成敌国社会的基本原理进行挑战和攻击的行动。关于这一部分，请大家务必读一读在东大法学部讲授宪法的长谷部恭男教授的著作《何谓宪法》(岩波新书)。总之，当一国的国民对另一个国家抱着类似"那个国家的举动已经威胁到我们的生存"，或者"那个国家要否定我们国家的历史"之类的想法时，就已经有了发动战争的倾向。

"九一八"事变之前，近九成的东京帝国大学学生赞成为了满蒙问题而使用武力，这是不是就意味着当时的日本人普遍认为满蒙问题已经威胁到了日本的主权，或是对构筑起日本社会的基本原理形成了挑战呢？

大家还记得在巴黎和会一节中出现过的松冈洋右吗？他在巴黎和会后辞去了外交官职务，成了隶属于立宪政友会的众议院议员。在 1930 年（昭和五年） 12 月开始的第 59 次帝国议会期间，松冈第一次以议员的身份发表了演说，就是在这次议会上，他提出了那句著名的口号："满蒙是日本的生命线。"松冈进行这一演说的目的在于，抨击滨口雄幸内阁的外务大臣币原喜重郎所推行的"协调外交"。

松冈的主张有两点：第一，不论是经济上还是国防上，满蒙地区都是日本的生命线；第二，日本国民的要求在于"作为生物的最低限度的生存权"。把满蒙的土地比作生命线，还用了"作为生物的最低限度的生存权"这样的说法，松冈试图用这样的论述，说明满蒙问题确实关乎日本国家的生存和主权。

——说到施泰因教授的时候（第 79 页），提到过主权线和利益线，生命线是更高一级的词吗？

单从意义上来说，这个其实和施泰因教授所说的利益线差不多，但是生命线这样的说法肯定更加响亮吧。用卢梭的话来说，就是危险的征兆。下面就进入今日的主题，我先对满蒙做一些介绍吧。

一般来说，满蒙是指满洲南部与内蒙古东部这两块区域，大致相当于 1932 年建立的"满洲国"的南半部分。明治时期，爆发了甲午战争和日俄战争，那时候对日本来说，朝鲜半岛最为重要。到了第一次世界大战爆发的大正时期，日本关注的焦点则在山东半岛，还没有多少人对满洲抱有兴趣。那么为什么到了 1930 年左右，这个区域会变成对日本来说无法割舍的存在呢？今天讲座的主要目的，就是希望大家能理解这种变化。

刚刚说满蒙是指满洲南部与内蒙古东部，那么满洲又是指哪里呢？满洲其实是个音译词，被称作"Manju"的民族原本居住在这片土地上，日本人将这个名字配上日语中读音相近的汉字，于是就写作"满洲"。在战后的日本，"洲"字不再常用，所以有时候也写作"满州"。不过，在松冈等人抛出满蒙问题的"昭和战前期"，报纸等出版物肯定全部是用"满洲"这样的写法的。

在清朝的地方制度下，满洲大致相当于东三省（辽宁省、吉林省、黑龙江省）所在的地区。所以，满洲在日本也经常被称作中国东北部，或者东三省。日俄战争以后，这个区域的北部被俄国控制，南部则成了日本的势力范围。在战争结束之后，俄国和日本倒是能坐下来好好商量了。1907 年第一次西园寺公望内阁时期，双方商讨了如何划分满洲的铁路和电信事业。在第一次日俄协约的秘密条款中，正式确定了双方在满洲的势力范围，北部归俄国，南部归日本。那个时代可真是野蛮啊，明明是主权属于清朝的土地，就这样被俄国和日本任意地瓜分了。

大家可以去地图上看看珲春所在的位置，这个地方现在属于中国吉林省的延边朝鲜族自治州。想象一下自己握着笔，从这里出发向左画一条线，通过吉林后再进一步向左前进，一直画到蒙古国与中国内蒙古自治区的国界线为止。这样形成的一条线，就是俄国与日本势力范围之间的分界线。这条分界线以下的部分，或者说地图上的南半部，就是南满洲。

那么，满蒙地区的另外一个部分——内蒙古东部又是指哪里呢？ 1912 年第二次西园寺内阁时，日俄两国缔结了第三次日俄协约。这次协约中的秘密条款规定，以东经 116°27′ 线（中国首都北京就在这条线上）为界，该线以东的内蒙古部分为日本势力范围，以西则是俄罗斯势力范围。用一条经过北京的经线，就简单地决定了各自的势力范围，同刚刚提到的满洲南北分界线的确定一样，都是非常野蛮的行为。从当时日本的认识来说，大概是认为如果不与俄国达成这些协议，内蒙古东部、西部还有今天的蒙古国，都会被俄国收入囊中。

当时的中国正处在清朝灭亡、新国家诞生的时期，对于这个新诞生的国家，今后应该如何投资呢？英国一边邀请美、德、法三国商讨对策，一边企图维持自己强有力的领导地位。对于英国的行动，日本与俄国并不赞同。尽管日本与俄国邻近中国，但是不同于英、美、德、法等强大的资本主义国家，这两个国家不论在资本还是技术方面都明显落后。正是因为有这样的共同点，所以日本和俄国才会在日俄战争后到第一次世界大战期间，互相承认在中国的势力范围，保持了某种程度上的协调关系。

在"第一次世界大战"一章中我们提到过，1917年俄国发生十月革命，政治体制居然一下子从帝制变成了共产主义。于是，新建立的苏联政府不仅披露了沙皇俄国与日本缔结的秘密条约，而且连同沙俄与其他列强之间的秘密条约也全部一一向全世界做了揭发。承认满洲南部与内蒙古东部是日本势力范围的国家就这么消失了。

当然，国际法在惯例上依然承认通过战争签署的条约效力。所以《朴次茅斯和约》以及日本与清政府之间基于《朴次茅斯和约》签署的《中日会议东三省事宜条约》[①]中，日本得到的各种利权在沙俄灭亡后仍然得以延续。但是，长期以来与日本在中国问题

---

①《中日会议东三省事宜条约》：日本称为《关于满洲的日清条约》。日俄签署《朴次茅斯和约》后不久，日本在1905年12月22日与清政府签署《中日会议东三省事宜条约》，迫使清政府承认东三省的南部为日本势力范围。

上共进退的国家灭亡了，这一点的影响是很大的。

不仅如此，中国的政治体制也发生了改变，清王朝灭亡后，建立起了中华民国。在国际情势转变如此激烈的情况下，先前条约所规定的利权之中最重要的部分，诸如旅顺、大连的租借权，中东铁路南部支线（即南满铁路）的经营等，因为在条约中有明确的规定，所以不会出现问题。但是，中日双方在缔结条约的时候，还存在没有谈拢的内容，双方对于这些内容的解释并不一致，随着形势的发展变化，其中的灰色地带就会渐渐扩大，引起问题。

条约的灰色地带

关于满蒙问题的条约灰色地带，主要有两个方面：一方面，是日本在中东铁路南部支线，也就是南满洲铁路沿线派驻铁路守备兵的权利；另一方面，则是中方不能铺设可能与南满铁路平行的干线和支线铁路。

铁路守备兵是关东军的一个重要组成部分，所以对日本来说，在铁路沿线驻兵的权利非常重要。

但是，在日俄战争后不久，清政府主张因为之前并没有将这种权利给予俄国，所以俄国把这种权利让给日本的做法根本没有根据。日本则认为，因为俄国与日本已经缔结条约，互相承认了派兵守卫铁路的权利，所以中国无权提出异议。就这样，日本与中国在这个问题上发生了对立。另外，关于禁止南满铁路平行线的条款，日本主张该问题已在《中日会议东三省事宜条约》的秘密协定书中写明。但是实际上，这些内容只是被记录在日本与中国之间的会议记录当中，而并没有写成秘密协定书。

这种经常出现在两国条约里的灰色地带，在尽可能不损害双方利益的基础上，大部分通过两国政府围绕条约的解释所进行的磋商对话来解决。通过磋商来填补条约中的灰色地带，是专业外交官的职责之一，同时也是外交工作中不为常人所知的乐趣之一吧。

关东军策划发动"九一八"事变之前，日本政府内部以外交官为中心的一部分官员，对于满蒙问题还是有着相当清醒认识的。他们明白，对于日本所主张的满蒙特殊权益，西方列强并没有像日本想象的那样予以承认。1928 年（昭和三年）7 月，外务省亚洲局主管对负责中国外交事务的有田八郎局长写信说道：

> 关于日本在东三省拥有特殊权益这一点，各国历来多有争论。至今为止，各国都没有对此予以承认。最近，英国外交大臣在下议院回答工党议员的质询时，也表示英国不承认日本在满洲拥有任何特殊权益。

有田直白地承认，日本虽然主张自己在满蒙地区拥有特殊权益，但是实际上并没有获得列强的认可。当时，英国外交大臣在回答下议院议员的质询时，就表示自己不认为日本在满蒙地区拥有特殊权益。在这样的分析之后，有田主张通过和平的经济方式，对实际控制着东三省的张学良施加影响，从而守住日本一直以来在满蒙拥有的权益。

同一时期，因为张学良正在接近南京国民政府，所以日本陆军中已经有人计划推翻张学良政权，从而在国民政府控制满蒙之前，抢先将满蒙分离出去。有田很有可能就是针对军部的这种满蒙分离论而写下了上面的言论。

1931 年 3 月 3 日，即松冈洋右在议会上口若悬河，提出"满蒙是日本的生命线"之后不久，参谋本部第二部（掌管情报的部门）部长建川美次发表了一次演讲，其中部分内容是这样的：

> 明治三十八年（1905 年）十二月日清条约的秘密议定书已经规定，与满铁平行的铁路会损害满铁利益，故而禁止铺设，但是（中国方面）却无视这一决议，我国虽然一再抗议，但中国仍在建设平行的铁路线。

建川因为中国没有遵守条约规定，建设满铁平行线路而大发脾气。这种对于条约灰色地带的解释，并不是基于双方的磋商，而是单纯认为自身毫无过错，对方才是条约的破坏者。这种解释要将灰色的部分明确区分开，形成非黑即白的局面。当时，陆军的在乡军人（非现役的预备役、后备役军人）正在全国各地举行国防思想普及演讲会，全力对国民进行煽动。建川的讲稿也被作为这些演讲会的参考模板之一，广为流传。

陆军对于举办这样的演讲会有着异常的热情。美国优秀的研究者路易丝·杨（Louise Young）在她的著作《总动员帝国》（Japan's Total Empire）一书中列出了这样的数据：根据宪兵的记录，"九一八"事变爆发后，在不到一个月的时间里，全国 6500 万人口之中，有 1655410 人参加了 1866 次演讲会。

这些演讲会上的言论基本都主张，中国侵害了日本在条约上获得的权利。军方煽动说，因为中国这种破坏条约的举动，让日本的生存权受到了威胁。这就形成了卢梭所说的，原理上的对立。

日本有着这样的强烈信念，即在以前的战争中，日本在付出了很多士兵的生命以及金钱的代价以后才终于获胜，所以签订条约所获得的权益无论如何不能放手。只要阅读一下关东厅（日本在关东州租借地与满铁附属地实行统治的机构）出版的书籍，就可以明确地感受到这种信念。这本名为《满蒙权益要录》的书，由关东厅在1931年12月编纂完成，也就是"九一八"事变爆发3个月之后，国际联盟选出李顿调查团成员的时候。

《满蒙权益要录》是一本索引类的书籍，这本书的序言写道："本书的主要目的是让为政者能够立刻通过条约的基础知识，了解满蒙地区现阶段发生的有关对外关系的事件的全貌。"这本书的字体非常小，页数多达633页，内容全部与中国相关，摘录了包含日本在内的列强各国与中国缔结的条约中的重要部分。比如书中与军事相关的部分有"北京驻兵权"这样一个条目，通过查阅这个条目，就可以立刻知道这是来源于1901年9月7日签署的《辛丑条约》第七条。如果查看铁路的相关内容，也能找到"禁止南满铁道平行线"的条目，这一内容出自1906年12月22日签署的《关于满洲的日清条约附属秘密议定书要领》第三条。这是一本不知为什么反正就觉得很厉害的书呢。

陆军、外务省与商社

说了这么多，大家有没有觉得陆军既自大又厚脸皮呢？擅自就把满洲南部和内蒙古东部合称为满蒙，又与俄国合作，在那里划分了各自的势力范围。在当时的语境下，一个国家的势力范围就意味着该国在这里拥有特殊权益。特殊权益"主要是在条约中被承认的，实际上不能被其他国家所共享的日本独享的优先权利，通过这些权利，日本可以建设设施，进行经营，从而实现经济与政治的发展"。这个定义有些难懂吧，这是当时的国际法学者信夫淳平教授对"特殊权益"所下的定义。

就这个定义而言，即使说满洲南部与内蒙古东部是满蒙，是日本的势力范围，但是在当时的列强看来，日本如果既没有修建完成通向这一带的矿山的道路，也没有进行实际采掘，换言之，就是没有进行信夫淳平教授所说的"建设设施，进行经营"这些活动，也还是没法获得除俄国以外的其他列强的认同。于是，日本在当时经常声称，自己在这个地区已经有相当规模的经营，因为它意识到了列强看自己的目光，因此急于捏造相关的既成事实。

在这个问题上，当时的陆军参谋本部、外务省，以及代替国家进行资金周转的商社十分活跃。所以陆军拼命宣传"满蒙的特殊权益是日本的生命线"这一点，在某种意义上也就能够理解了。因为从喊出特殊权益的那一刻起，他们就成了参与这个问题的主体。

具体而言，为什么说日本在内蒙古东部拥有特殊权益呢？接下来让我们再来看看这一点。

暂时把话题转回到第一次世界大战爆发的两年前。前一章我们介绍过朝鲜军司令官宇都宫太郎的日记，这里再来看看他的日记吧。这是他在1912年（大正元年）写的日记，当时，宇都宫太郎在参谋本部第二部工作，负责分析中国局势。

当时的中国是什么情况呢？在一年前的1911年，辛亥革命爆发，清朝的统治结束了。在清政府倒台的时候，一方面，外蒙古

（现在的蒙古国）开始接受俄国援助，并进一步出现了脱离清朝实行独立的动向；另一方面，日本一边与俄国合作，呼应外蒙古在清朝灭亡之后、中国的新政权根基不稳时的独立动向，一边把手伸向了内蒙古。宇都宫写下这本日记的时间，正是日本为了取得内蒙古的东半部分，与俄国进行交涉之时。

从日记中我们也可以清楚地知道，外务省做的并不仅仅是与他国政府进行外交交涉这些光鲜漂亮的工作。在 1912 年 1 月 10 日的日记中，宇都宫写道："关于在蒙古的势力范围，研究（中略）希望地域，提交（参谋）次长，另外也交给田中（义一），进行外交交涉。"日记写得非常简略，主要内容就是以参谋本部第二部的成员宇都宫为中心，研究把蒙古的哪一部分作为日本势力范围，决定了所谓"希望地域"以后，再请示参谋次长。"希望地域"这种表达方式，实在是太直白了。

宇都宫在 2 月 28 日的日记中接着写道，田中义一来到参谋本部，带来了"俄国对我方提出的关于内蒙古东部的建议的回答"。也就是说，田中去外务省打探了俄方意向。3 月 7 日，事情有了进展，"确定借款给蒙古。以矿山开采权作为担保，借款总额 11 万日元，外务省负担 8 万日元，参谋本部负担 3 万日元"。这里的田中，就是 1927 年政友会成为执政党后出任首相的田中义一，他这时候正担任陆军省军务局局长，负责陆军的预算和政策。日本与俄国达成协议，通过贷款给内蒙古的王族，获得了内蒙古东部矿山的开采权。宇都宫太郎在日记中还写道："外务省无法立刻周转的机密费（未经帝国议会通过而使用的费用），先由商社大仓组代为垫付。"通过日记，我们可以清楚地明白一点，陆军、外务省和商社为了制造出有关特殊权益的既成事实而联手合作。

关于日本在内蒙古的特殊权益，不只是外务省通过与内蒙古王族商议来决定，军队也插手其中。军队的迅速行动，真是不禁让人呵呵一笑，感到"佩服"。在清朝即将倾覆的时候，俄国与日本迅速采取行动，制造了既成事实，两国的行动抢在了英、美、德、法等国准备与新生的中国政府进行协商并组织联合借款之前。因此，就陆军的立场而言，难免会形成这样的想法，自己当年费尽周折取得的涵盖内蒙古东部的满蒙权益，竟然被中国政府忽视，这无论如何都说不过去。

大多与国家有关

刚刚说到的日本最低限度的生存权受到了威胁，以及生命线、生存权之类的说法，有人觉得好像有点太夸张了吧。所以，我们接下来就分析一下日本所主张的满蒙特殊权益的特征，或许可以看出日本在这个问题上都有什么特点。

1926 年（大正十五年、昭和元年）的详细统计资料被完整地保留下来了，所以就以此为基础展开讨论吧。日本在满蒙地区进行的投资有两种形式，即通过借款给目标区域的公共机关与私人企业来进行贷款，以及创办企业。1926 年，日本通过上述两种形式对满蒙地区进行的投资金额，达到了 1402034685 日元。

从投资者的投资比例来看，满铁（即南满洲铁道株式会社）占54%，日本政府的借款占 7%，民间借款占 1%，法人企业占 31%，个人企业则是 7%。满铁与日本政府一共占了 61% 的比重。如果更进一步分析这些数据，还会发现，虽然法人企业的占比为 31%，但是这个数字中实际包含了满铁出资的 3 亿 7 千多万日元，如果把这部分也归入满铁的份额，那么满铁及其相关企业，以及日本政府在对满蒙地区投资中所占的比重，实际达到了大约 85%。

在这里，我想再对满铁这个企业做一些说明。现代人听到满铁这个名字，可能会在头脑中浮现一个负责铁路管理的小公司的形象，那可就错了。满铁诞生于 1906 年（明治三十九年）6 月，最初确实是为了经营铁路运输业而成立的。但是在同年 8 月，除了运输业，满铁还被政府委托经营矿业（尤其是抚顺和烟台的煤矿）、水运、电力、仓储以及铁路附属地上的房地产。

国家投资占对满蒙投资的绝对优势的状况，使得民众难以对满蒙的相关问题进行批评。如果像英国或者美国那样，大量的投资都由私人企业进行，那么具有批判精神的企业家就会成为制衡政府领导层的力量。但是实际上，日本对满蒙 85% 的投资都是由满铁和政府进行的。不难想象，在这种情况下，当政府需要的时候，人们就会按照政府的希望去行动。

三 计划事件的主体

石原莞尔的最终战争论

在这里，我们让石原莞尔再次登场吧。1923 年（大正十二年），石原莞尔受命前往德国留学，他在德国停留了大约两年半的时间。石原果然和平常人不太一样，他有一张在德国穿着带家徽的袴①大摇大摆上街闲逛的照片。德国是明治时期日本学习的对象，石原在留学期间潜心研究了德国在一战中战败的原因。20 世纪 20 年代，德国经济状况糟糕，马克大幅贬值，这就使得日元在德国变得更有购买力，拿着日元去德国的人们可以在德国一下子购入很多书籍和资料。想来石原也不例外。

当时人们普遍认为，德国战败的原因是未能通过短期决战将敌军主力全部包围歼灭。石原却不这么认为。他认为，原因在于德国没能清楚地认识到，一战并不是一场能够通过短期决战来决定胜

---

① 日本传统下裳，有多种样式，长久以来被广泛穿着使用。近代经过改良后，曾经一度作为女学生制服，目前仍为女大学生毕业时的礼服。

负的歼灭战，而是一场长期持久的消耗战。所以最重要的是，为了不输给敌人的消耗战略，就要承受住经济封锁，坚持作战。

回到日本以后，石原参加了永田铁山、铃木贞一、根本博等陆军中坚幕僚创立的小团体木曜会。木曜会于1927年（昭和二年）11月在东京成立，通过研究未来可能会发生的战争，从而为制定国策和国防方针提供参考。永田、铃木、根本三人在"九一八"事变时，都曾担任陆军的重要职务。永田当时是陆军省军务局的军事课长，铃木是陆军省军务局中国班长，根本是参谋本部的中国班长，石原则是身处事变第一线的关东军参谋。军事课长永田可以掌握预算，其他两人分别在陆军省和参谋本部掌握着与中国相关的职位，再加上身处事变现场的参谋，简直就是策动阴谋的完美布局。

在1928年1月19日召开的第三次木曜会会议上，担任陆军大学校教官的石原做了题为《我的国防方针》的有趣报告。为了在同志们面前做报告，石原确实是非常认真地进行了准备。

> 日美为两大横纲，其余的小角色则紧随其后，双方使用飞机进行决战，这就是世界的最终战争。……必须在不从日本国内拿出一分一毫资金的方针下进行战争。对俄作战，仅需数个师团。只要能以整个中国为根据地并完全地加以利用，就可以坚持进行二十年或三十年的战争。

石原的报告有两个主要的观点：一是日本与美国分别领导各自的阵营，以飞机作为决战武器，进行世界决战；二是只要将中国作为根据地，利用中国的资源，那么对苏战争即使打上20年甚至30

年的时间也没有问题。各国在第一次世界大战结束后都认为，战争需要花费巨额资金并进行长期的总动员，否则根本没法打。当负责财政的人为此烦恼以至于面有菜色之际，石原的这种野蛮观点，像消除了压在他们心口的巨石一般，令人兴奋。

另外，石原在陆军大学校的授课笔记中也表示，持久战就像是拿破仑曾说过的"以战养战"，即通过在占领区征税、征收物资和兵器来供养军队，让军队在当地"自我生存"，说白了就是掠夺当地百姓。

查阅铃木贞一留下的会议速记，我们可以得知，在木曜会的参加者中，只有永田冷静地表示："不一定非得打仗。没有战争的话，还需要夺取满蒙吗？"1935 年 8 月，也就是陆军内部的派系斗争达到白热化之际，永田铁山因为是统制派（支持者多为陆军省及参谋本部等中央机关的精英）的核心人物，在陆军省军务局长室（自己的办公室）被擅长剑道的皇道派（在地区连队进行士兵教育的将校大多支持这一派）军人相泽三郎中佐杀害了，可以说是个悲剧人物。

再回到木曜会。不同于永田铁山，根本博甚至气势汹汹地扬言："不仅要取得满蒙，还要拿下西伯利亚。"铃木贞一也神气地说："在 1930 年前拿下满蒙。"由此可见，身居适合发动事变职位的木曜会课长级别的中坚军人们，正在企图把满蒙地区从中国国民政府的统治下分离出去。

错位的意图

讲了这么多，大家有没有发现，对于满蒙，木曜会军人之间讨论的内容与军方对民众宣传的内容，有很大的不同。

——……？

完全没注意到吗？那我们稍微回顾一下之前的内容，整理一下思路吧。军方当时是怎么煽动民众的呢？

——……煽动民众，是说军队搞了很多演讲会的事情吧？

对，像国防思想普及演讲会之类的。

——他们宣称中国没有遵守过去签订的战后条约。

是的。中国违反了条约，日本是受害者，因此必须从无法无天的中国手中保护日本在满蒙的特殊权益的言论，简直可以说是条约"原教旨主义"了。但是，石原等人的言论却完全不同。

——取得满蒙是为了将来的战争。

是的，就是这样。军人们主要着眼于应对可能爆发的对苏战争，因而需要满蒙作为基地。而且对苏作战时，美国很可能会进行干涉，更需要满蒙作为对美持久战的资源供应地，所以才要策划把满蒙从中国国民政府手中分离出去。至于那些国际法和条约规定的日本权益，到底有没有被中国侵害，事实上和军人的真正目的并没有太大的关系。但是，参谋本部的情报部部长建川美次却煽动民众说："这在条约中有明确规定，但是如今却没有一条真正得到遵守。"

对满蒙地区的意图出现错位这一点，军人们作为发动事变的政治主体，早就心知肚明。虽然军方用条约和法律问题不断煽动民众对中国的不满，但对他们来说，最重要的问题是要把满蒙地区作为对美苏战争的基地。

1929 年 10 月，以纽约股市的暴跌为起点，大萧条在全球范围内蔓延。大萧条彻底点燃了民众的不满情绪，使得这种意图的错位一下子就得到了解决。根据农林省所做的农家经济调查，1929 年农家的年均收入为 1326 日元，而到了 1931 年，收入居然下跌了大半，仅有 650 日元。

农家在大萧条中收入减半，原因当然不是因为日本采取了协调外交方针，但是民众的苦难还是成了在野党攻击政府外交政策的借口。1931 年 7 月，松冈洋右在政友会总部演讲时，就抨击了当时若槻礼次郎内阁所采取的"币原外交"。他表示，虽然现在的外交正在进行国际事务的交涉，却没有"以国民生活，也就是经济问题为基调，确立执行我国国民生存所需的大方针"。这种批评对于陷入生活困境的民众来说，显然相当受用。军方当然也没有放过这个时机，于是在 1931 年 9 月 18 日，酝酿已久的形势达到了燃点，"九一八"事变爆发了。

独断专行与事后追认

当关东军策划发动"九一八"事变时，执政的是民政党的若槻礼次郎第二次内阁。这时的外相是币原喜重郎，他从一开始就正确地判断出这一事件可能是关东军策划发动的。在事变第二天的内阁会议上，首相若槻质问陆相南次郎："这是正当防卫吗？如果这是日军策划的阴谋，那我国该如何面对国际社会？"他还要求陆相向当地军队传达不扩大事端的方针。

若槻曾就读于第一高等学校，这里是人才辈出的旧制高等学校。之后，他又以第一名的成绩从东京帝国大学法科（现在的东大法学部）毕业，进入大藏省就职。日俄战争时期的内阁总理桂太郎对他颇为青睐，这使得若槻早早就踏上了从政之路。作为政治家，他最初隶属于桂太郎筹建的立宪同志会，后加入立宪同志会的后继政党宪政会，后又成了民政党的一员，可以说他是一名政党政治的资深政治家。在其前任滨口雄幸内阁①时期，若槻礼次郎还担任过伦敦海军军备会议的首席全权代表。因此，他不仅通晓财政，对裁军等军事外交问题也非常熟悉，若槻内阁应该是能够压制关东军暴走的理想内阁。

根据司令部条例，关东军原本可以在条例明确规定的任务范围内自由行动，不在规定范围内的行动则须取得内阁的同意。例如，要让关东军在远离南满铁路的地方行动，就需要内阁点头。因为不管怎么说，东三省都在中国主权范围内，对日本来说那是外国的领土。如果内阁阻止了关东军的行动，事变应该就此终结的。但是，关东军的参谋们是抱着强烈的决心发动事变的，为了达到目的，他们从三年前就已经开始着手制订缜密的计划，所以自然不会这么简单就罢手。他们采取了种种手段来让事变进一步发展扩大，比如趁为人稳健的关东军司令官本庄繁从奉天前往旅顺的时机发动事变，之后，又对司令官隐瞒了内阁的联络电报，故意拖延通讯时间，等等。

朝鲜军未经许可的越境是事变中最出格的行为。当时日本的殖民地朝鲜就在中国东三省的东侧，派驻朝鲜的是日军中最精锐的

---

① 滨口雄幸内阁，即 1929 年 7 月 2 日立宪民政党总裁滨口雄幸被任命为内阁总理大臣后组织的内阁，持续到 1931 年 4 月 14 日。滨口出任首相后，起用币原喜重郎担任外务大臣，推行协调外交，缔结《伦敦海军条约》以限制海军军备竞赛，滨口因此受到了右翼的敌视。1930 年 11 月 14 日，滨口遭右翼分子枪击而身负重伤，于翌年 8 月 26 日去世。

朝鲜军。我们曾经提到，石原在远东国际军事法庭说关东军仅有约1万人（第200页），因此需要朝鲜军的支援来增强实力，以防备张学良的东北军回师东三省。这种增援行动，是从日本统治下的朝鲜进军到中国主权范围内的东三省，毫无疑问这是跨境行动。当时，要让军队跨越国境的话，必须有天皇的命令，如果用那个艰涩的词汇来说的话，就是要有"奉敕命令"才行。发布奉敕命令和出动驻外军队进行规定以外的行动一样，也需要内阁的同意。

当然，关东军一开始也曾经试图通过南次郎陆相取得议会的同意，但因为币原外务大臣和井上大藏大臣的反对，内阁没有认可越境行动。大家是不是觉得币原和井上还挺有魄力的？不过，当时担任朝鲜军司令官的林铣十郎在得知内阁会议的结果后非常愤慨，决定无视币原和井上的反对，在9月21日擅自让军队越境进入了中国。

在朝鲜军越境已经成为事实的情况下，内阁于22日再次召开了会议。在这次会议上，事态的发展变得有些令人意外。内阁做出了一个暧昧的决定，一方面，因为出兵势必会引起国际联盟的关注，所以不认可朝鲜军的越境行为；另一方面，却同意拨付出兵的经费。作为没有天皇的命令就擅自调动军队的责任人，参谋总长在得知内阁的决定后，终于长舒了一口气。如果内阁会议既不认可出兵行动，又不同意拨付经费的话，参谋总长可就不得不引咎辞职了。天皇的顾问元老西园寺公望在听到内阁的这一决定后，对于内阁的退缩也难掩失望之情。

为什么内阁会退缩，而没有坚定地制止军方的行动呢？根据现在的研究，若槻内阁面对驻外军队的擅自行动，没能保持内阁内部的团结是一个很重要的原因。对于当时的政党内阁来说，恐怕没有什么比在选举中获胜更重要的事了。在若槻内阁中负责选举事务的，是被称为"选举之神"的内务大臣安达谦藏，安达对民政党的当选起了很大的作用。但是，当时发生了"三月事件"（1931 年 3 月曝光的陆军将校秘密结社樱会，与右翼大川周明串通谋划的未遂政变）等军部和右翼策划的恐怖活动，安达认为，要在这种情况下保住政党内阁，就需要民政党与在野党政友会的合作，而不是单独组阁。于是，他便开始筹划两党的合作。然而，对于安达的主张，民政党内部却出现了反对的声音。包括大藏大臣井上准之助在内的不少民政党人士认为，政友会在经济、外交政策等方面都和民政党不同，无法进行合作。若槻首相被夹在安达与井上之间，无法紧密地团结内阁成员。而正是安达提出的政友会与民政党合作的主张，使得内阁意见无法统一，最终导致若槻内阁在 1931 年 12 月 11 日总辞职①。

在现代社会，人们已经不会仅仅因为某些思想和信念，而被国家机关打击了。现在提到"那些人"②的话，大家可能首先会想到黑道吧。不过在当时，这个词一般是指军方，尤其是陆军和警察。在战前，"那些人"就代表了不知道会做出什么事情的国家机关，是令人恐惧的存在。

"三月事件"以未遂收场。在"九一八"事变后的一个月，又发生了"十月事件"。虽然该事件也在策划阶段就被发觉了，但

---

① 即内阁总辞职，指从内阁总理大臣到各国务大臣的内阁成员全体辞职的情况。战前日本的政治体制下，除去丑闻、对局势应对不力等情况，阁内意见不统一也会导致内阁总辞职。

② 日语原文"その筋"，指代权力机关，尤其是警察的隐语，亦指暴力团等黑帮团体。

是接二连三的未遂政变还是让政党人士感到毛骨悚然。"十月事件"依然是由樱会与大川周明等右翼分子策划的，他们准备响应"九一八"事变，推翻政党内阁，进行国家改造。在第二年，前大藏大臣井上准之助被井上日召领导的右翼团体血盟团的成员暗杀身亡。政友会的总裁，在第二次若槻内阁后出任首相进行组阁的犬养毅，也在1932年5月发生的"五一五事件"中被害。那是一个表明自身立场就可能招来杀身之祸的时代。

蒋介石的选择

"九一八"事变爆发时，国民政府主席兼行政院院长蒋介石并不在首都南京，他正在江西南昌指挥军队进攻红军根据地。这可不是漫画或者游戏里那种几十骑打来打去的有趣行动，蒋介石动员了大约30万军队包围中共根据地，企图将根据地的红军全部歼灭。关东军的石原等人选择这时候发动事变，应该是把蒋介石不在南京这一点也计算在内了吧。另外，蒋介石的敌人不只有红军，这个时候，对蒋介石不满的国民党实力派在广州另立了国民政府，迫使蒋介石分兵征讨。国民党内部的这一纷争规模也不小，广东派动员了5万人的军队。

俗话说："前门有虎，后门有狼。"对蒋介石来说，就是"前门有红军，后门有广东派"，再加上关东军发起了"九一八"事变，这种情况下恐怕谁都想哭吧。不过，蒋介石一生历经几度沉浮，面对逆境倒是不会退缩。他认为，日本目前的外务大臣币原喜重郎值得信赖，"九一八"事变应该可以通过中日之间的对话来解决。但是，不论自己通过什么条件来与日本达成妥协，共产党和广东派肯定会说他是为了与日本妥协而牺牲了中国的利益，指责他是卖国贼。所以，蒋介石认为不如通过国际社会，借由国际联盟来寻求争端的解决。

目前，在美国斯坦福大学胡佛研究所公开的蒋介石日记里，可以看到蒋介石当年的选择："诉诸公理。"不是进行两国之间的对话，而是寻求国际联盟仲裁的理由有两点：其一，蒋介石虽然也不认为通过国际联盟就可以解决争端，但是他相信国际舆论的压力可以牵制日本的行动，从而创造出对中国有利的国际环境。这样一来，以后中日之间如果进行直接交涉，也会对中方较为有利。其二，通过诉诸国际联盟这一行动，可以把国内民众的关注导向国际联盟。让国际联盟来分担一部分国防方面的压力，有利于维护自身的统治。

蒋介石的算盘真是打得非常冷静呢。他把"九一八"事变当作国际问题和外交问题诉诸国际联盟，还有另外一个原因：其领导的国民政府在张学良统治的东三省，只有外交事务上才有插手的余地。不论是在军事方面还是在行政方面，张学良都实际控制着东三省。因此，一旦日本的关东军开始与东三省的实际统治者张学良商议停战事宜，国民政府恐怕将再无干涉的机会。从这种意义上来说，蒋介石也必须把问题提交国际联盟。

9月21日，由于中国将问题诉诸国际联盟，因此国际联盟开始着手处理"九一八"事变。这个时候，中方依据的是国联盟约第十一条，简单概括来说，就是当国际联盟会员国之间发生了可能演变成战争的纠纷时，需要召开国际联盟理事会。

李顿调查团及其报告

日方坚持应该由日本和中国进行对话来寻求争端的解决方法，而中方则主张通过国际联盟来解决，两国的意见无法统一。作为国际联盟理事会核心的英国，对这个棘手的问题是怎么看的呢？通过当时的英国外交大臣约翰·西蒙留下的笔记，我们可以一探究竟。

政策：对日和睦。

中国：不要只靠别人，而要尽自己的本分。

在当时的欧洲，英、法与德国之间的对立趋于明朗。这是从美国开始的大萧条造成的后果，德国政府开始延迟向英法支付战争赔款，对立便由此产生。英国当时希望专注于解决欧洲的问题，只要关东军的行为不是太过分，英国还是希望能够依靠日本来确保东亚的秩序，所以才会有"对日和睦"这种方针吧。但是对中国，却写着"不要只靠别人"，意思是说别再想着依靠外国了。这种用词简直是残忍。

国际联盟的调查团基本上是基于这种立场派出的，所以只要关东军和日本方面没有太过分的举动，调查报告就应该是偏向日本的。1931 年 12 月 10 日，在第二次若槻内阁倒台前不久，国联理事会决定派遣调查团前往调查"九一八"事变。

调查团由英、美、法、德、意 5 个国家的代表组成，团长是英国人李顿伯爵，他的父亲曾经担任印度总督，而他自己也曾经担任英属印度孟加拉总督，可以说他是熟悉殖民地事务的人选之一。没有参加国际联盟的美国则派遣了麦考伊少将。此人曾经参与美国对古巴的占领统治，还仲裁处理过中南美洲的玻利维亚与巴拉圭的边界纠纷。法国派出了曾经担任法国驻天津部队的参谋长和法属印度支那驻军司令官的克劳德中将，他对殖民地的军事事务非常熟悉。德国的恩利克·希尼博士在第一次世界大战前曾经担任德属东非的总督，是一名殖民地政策专家。意大利的马柯迪伯爵则是位老练的外交官。

调查团成员全都从大国选出，而且大多对殖民地的军事和行政有一定了解，毫无疑问在外交方面也是专家。调查团一行于1932年2月29日抵达日本横滨港，在先后视察了日本和中国关内地区之后，进入东三省开始调查。直到9月在北京起草报告书为止，调查持续了大约半年时间。

1932年10月2日，这份备受日本关注的调查报告在日内瓦、北京和东京公布了全文。首先，这份报告考虑了日本的经济利益，这一点应该说对日本是有利的。例如，它认可了日本因为"（东三省在张学良的统治下）陷入无法律状态，受到了比其他任何国家都多的伤害"，而且认定中国在国民党的授意下，对日本的商品进行了不合法的"抵制"。在这一前提下，报告提出了争端解决的原则：（1）派驻外国顾问，并充分考虑日本人的比例；（2）永久停止抵制日货活动；（3）将日本人的居住权及土地租借权扩大到满洲全境。可以说，该报告已经充分照顾了日本的经济利益。调查团要求中国满足日本在经济方面的要求。如果日本的要求也仅仅停留在经济方面的话，李顿调查团开出的处方应该是有效的。

但是，在"错位的意图"部分我们已经提到过，军人们对于满洲有不同的想法。关于这一点，我们可以看看报告书中那些被认为对日本不利的内容写了些什么。报告书并没有明确说日本的行动违反了国联盟约，或是《非战公约》，也不承认日军在 9 月 19 日的军事行动是合法的自卫措施。另外，虽然"满洲国"在 1932 年3 月宣布成立，但是调查团并不认可"满洲国"是基于当地居民独立的要求建立的。调查团认为，这个所谓的"国家"不是民族自决的结果，而是日本利用关东军的军事力量建立的。调查团要求日本必须承认满洲地区的"中国特性"，简单来说，就是要日本承认满洲处在中国的主权范围内。

吉野作造的感叹

提到吉野作造，大家都知道他是支撑大正民主的知识分子吧。吉野曾经在东京帝国大学法学部讲授日本政治、欧洲政治以及中国革命史等。

他年轻时也写过把日本进行日俄战争的理由正当化的文章，把日俄战争说成是为了世界的"好战争"。

> 俄国真乃文明之敌。今日若俄国战胜日本，其政府权力将更为强大，压迫亦更甚。若是幸而败于日本，自由民权论的势力或由此增加。因此，为文明，亦为俄国人民之福祉计，万望俄国败北。

吉野的意思是，因为俄国没有建立立宪制度，没有宪法、内阁制度和国民的自由，所以这种国家输给日本，反而对俄国民众是有利的。日本获胜以后，俄国国内的自由民权论就有可能抬头，这是一件好事。

虽然吉野在目睹了日本退出国联之后的 1933 年 8 月逝世了，但是他已经注意到时代的变化，日本在世界上的地位以及日本国民的想法都在迅速改变。例如，在李顿调查团报告公布的第二天，也就是 1932 年 10 月 3 日，吉野在冷静地阅读报告后，把自己的想法写在了日记里。原文没有标点，这里为了方便阅读加上了。

> 比早先传闻的还要对日本不利，报纸的论调也很险恶。但是公平地看，如果过分偏袒日本，就不免要遭到执拗的非难。从欧洲式正义的常识来说，可谓无懈可击。

吉野认为，相比早先的有关评论，报告中的内容对日本更为不利，日本的报纸则满是对报告毫不留情的批评。但是，如果报告把日本写得比现在所写的更好的话，就会被批评偏袒日本了。吉野认为，该报告已经秉持了正义。大家可以想一想报告中对日本有利和不利的地方，应该就能认识到吉野的评价很正确。另外，请大家注意一下"报纸的论调很险恶"这部分内容。

1932 年 1 月号的《中央公论》杂志上，刊登了吉野题为《民族、阶级与战争》的文章，这个题目真是让人印象深刻。吉野在这篇文章里写道，日本今天的状况真是不可思议。自己曾经见证过日俄战争，那时候无论是政党还是知名报纸，在战争爆发之前都对政府推动战争的举动进行了大肆批评。但是，今天却没有发生那样的情况，真是不可思议。

　　吉野认为，土地狭小且资源缺乏的日本所主张的"土地及资源的国际性均分"，也不是没有道理。但是他同时表示，只有在"强有力的国际组织的管理下"，才能对不均衡的土地和资源进行调整。他感叹道，日本人难道不是从小就被教导"不饮盗泉之水"的吗？

　　这一时期，政党没有对战争进行反对的原因，可以从两大方面来说明。一方面是对日共的打击。1928 年 3 月 15 日，发生了"三一五"事件，一开始就反对日本对中国的侵略和干涉的日本共产党员及其关系者被大肆逮捕（起诉 488 人）。第二年 4 月 16 日，又发生了"四一六"事件，"三一五"事件时逃脱的共产党上层人物在这一次被大批逮捕（起诉 339 人）。这两起事件都发生在田中义一内阁时期。在 1925 年通过男子普通选举法后，1928 年 2 月举行了首次普选下的众议院议员选举。田中内阁对于开始公开活动的共产党产生了强烈的危机感，最终下令抓捕。也就是说，在那个时候，反对战争的势力差不多都被安上了违反《治安维持法》的罪名，进了监狱。即使到了滨口内阁时期，1930 年 2 月民政党以超过政友会 99 席的优势，获得众议院议员选举的大胜之后，紧接着在 2 月 26 日进行了对共产党的大搜捕（逮捕 1500 人，起诉 161 人）。在接二连三的打击下，日共的势力已经差不多被连根拔起了。

　　另一方面，除日共之外，被认为最有可能反对战争的合法无产政党①也在内部出现了问题。例如，全国劳农大众党在 1931 年 9

---

　　① 日语"無産政党"，是对于二战之前日本国内合法存在的具有社会主义倾向，声称代表工农利益的政党的总称。但在中日战争等问题上，这些政党并未采取反对立场。在接下来的新体制运动中，这些政党同样被吸收到了大政翼赞会中。

月 28 日设立了"反对对华出兵斗争委员会"，显示了反战的姿态。但是到了 1932 年 2 月，在上一次总选举中大败于民政党的政友会获得了 301 席（民政党仅 146 席），重回议会第一大党的位置。全国劳农大众党这时的选举口号就变成了"服务士兵家族的国家保障"。这一要求的意义非常深远，因为这是在向雇主要求保证不解雇"九一八"事变后被征召的士兵，并保障其在服役期间的薪水。当时有不少企业主为了提高利益，解雇被征召的士兵或者不支付士兵服役期间的薪水。陆军省对这些雇主施加了最大的压力，来争取对士兵的生活保障。也就是说，无产政党与陆军省追求着同一个目标。

虽然全国劳农大众党还是打着"反对帝国主义战争"的口号，但是对于改善士兵待遇的问题，他们无论如何都不敢喊出会激怒陆军的口号。所以，该党就把对支撑着战争的士兵家族的生活保障也加入了口号中。全国劳农大众党的一位候选人还完全舍弃了"反对帝国主义"的方针，提出了"服务士兵家族的国家保障"的口号，结果就当选了。面对经济衰退、民众生活困难，不论是无产政党还是其支持者，可以说都被迫做出了痛苦的抉择。

四 退出联盟

帝国议会中强硬论的侧面

1932 年 10 月，吉野作造在李顿报告公布后发表文章，表示生活再怎么不顺也不能去作恶，这种古老的美德和从容的心态，正从日本社会逐渐消失。而且不同于日俄战争时期，日本可以挺直腰杆向全世界表明自己的主张，这一次日本甚至完全没有恰当的说辞来证明自身开战的正当性。

但是，当时的日本人其实也没有决绝到如果日本的主张得不到认同，就退出国联的地步。我们必须注意到，虽然当时人们的公开论调乍看之下都是一副豁出去的样子，但是其中或多或少都有畏惧军部的因素存在，使得人们只能在嘴上高喊一些强硬的口号。

例如，在 1932 年 6 月 14 日的众议院会议上，由政友会和民政党这两个当时最具影响力的政党共同提案，议会全员一致通过了承认"满洲国"的决议。与此同时，李顿调查团的成员们正在挥汗写作报告。议会完全无视这种形势，承认了"满洲国"，真可以说是狂妄至极。不过，通过现在的研究，我们能够知道一直以来被认为是强硬派的政友会当时的真实意图。

芦田均是一名外交官出身的政治家，他因为在战后制定日本国宪法草案时，对宪法第九条进行了修正而出名。"九一八"事变时，他隶属于政友会。1932 年，芦田在政友会发行的 11 月号机关报《政友》上发表文章，论述了自己对"满洲国"的意见。他认为，虽然"满洲国"毫无疑问只是关东军建立的傀儡国家，但是，日本政府在 9 月 15 日正式承认"满洲国"的举动还是理所应当的。

芦田还表示，就算国联无视日本的主张，在报告中不承认"满洲国"，日本也可以不承认调查报告，这样并不违反国联盟约。芦田有作为外交官的经验，熟知国际联盟的相关规定。因此，他建议没有必要嚷嚷着要退出（当时最强硬的论调已经在高呼退出国际联盟），而只要单纯采取"不回应劝告"的态度即可。如同吉野作造的感叹，社会已经完全倒向了强硬论。但是，就算在这种时候，议会中还是有人抱着"承认'满洲国'可以、退出国际联盟不行"的态度。

日本退出国际联盟时的外相是内田康哉，此人因为提出"焦土外交"而闻名。1932 年 8 月 15 日，不知道当时在想什么的内田外相在众议院的答辩中，说出了"即使让国家成为焦土"的惊人言论，以此来表明其承认"满洲国"的决心。不过，通过现在的研究，内田外相当时内心的想法已经大致明了。东大国际关系论的酒井哲哉教授和学习院大学的井上寿一教授为我们说明了内田的意图。内田认为，如果日本在"满洲国"问题上表现出强硬态度，也许中国国民政府内部倾向于对日妥协的人，就会出面与日本进行直接交涉。

这些倾向于对日妥协的人，其实也包括国民政府的最高领导人蒋介石。蒋介石已经预见到，国际联盟是无法发挥实际作用的，所以他准备在与日本完全对立之前，先在国内击败中国共产党。事实上，国民政府在 1932 年 6 月中旬召开的秘密会议上，确实决定了先在国内击败共产党，然后与日本对抗的方针。蒋介石还专门找来驻日公使，要求"对日合作"，逐步推动中日两国的协调关系。7 月，蒋介石对红军发动了第四次"围剿"。由此可知，内田外相的方针确实是对中国国民政府内部方针变化的回应。1933 年 1 月 19 日，内田自信满满地向昭和天皇报告，国际联盟那边已经没有问题，难关就快要渡过，日本不用退出国联了。

松冈洋右的感叹

听到内田对天皇的上奏，有个人感到相当不安，那就是内大臣牧野伸显。内大臣侍奉在天皇身边，会在包括政治问题在内的诸多问题上给天皇提供参考意见，是一个非常重要的职位。牧野在日记中写道："天皇感到担忧，似乎并没有接受意见。"虽然内田信心满满，但是并没能让天皇安下心来。昭和天皇对于内田采取强硬的态度来迫使中国坐到谈判桌前的做法，感到强烈的不安与不满。

对内田的做法感到不安的，不只有天皇和牧野。在巴黎和会上与牧野合作，向世界宣扬日本主张的正当性的松冈洋右，也是其中之一。在审议李顿调查团的报告时，松冈再次以日本全权代表的身份出席了国际联盟的会议。

松冈在 1933 年 1 月底发给内田外相的电报里提了不少建议，如日本应该适时停止强硬表态，因为英国尽力想让日本留在国际联盟的妥协策略不见得会奏效，所以日本要赶紧拟定一个妥协条件。让我们来看看松冈给内田外相的电报里具体是怎么说的：

> 不用我多说，很多事都是保持在八分程度最好。联盟不可能如期望的那样对满洲问题不闻不问、袖手旁观，我国政府内部应该从一开始就明白这一点。洁癖是日本人的通病。……纠结于一个问题，最终落得不得不退出的境地，令人遗憾，绝对不能这样。考虑到国家的前途，我在此直率地陈述意见。

大家觉得松冈这个人怎么样？我经常被学生说对松冈太宽容了，但是在面对是否退出国际联盟这种关乎国家前途的问题时，能写出这样的文章交给外相，我觉得他很了不起。

松冈认为，日本应该就英国提出的两个方针进行妥协：一是邀请美国、苏联等非国联成员国加入国联调解委员会，听取意见；二是中日两国以当事国的身份一起加入调解委员会。以上是 1932 年 12 月英国外交国务大臣西蒙的提案，但内田却断然反对妥协。

内田认为，一旦美国和苏联加入国联调解委员会，日本在国联的舆论环境会更加恶劣。事实上，内田的观点并不正确。当时美国正值大萧条最严重的时期，没有余力关注其他国家。1932 年 11 月，随着民主党人士富兰克林·德拉诺·罗斯福当选总统，美国国务卿也从一直以来对日本严加指责的亨利·史汀生（Henry Lewis Stimson）变成了赫尔（Cordell Hull）。美国开始专心于国内问题，外交上也转向了孤立主义，而且美国这种外面的世界与自己无关的态度还会持续相当长的时间。苏联则在 1932 年 12 月向日本提议缔结互不侵犯条约。当时的苏联正在进行农业集体化，但是在这一过程中出现了问题，以至于出现了饿死人的现象。所以也需要暂时专注于国内事务，无法进行与日本开战的准备。

准备进行妥协的不只是松冈，1932 年 12 月 15 日，被陆军派去参加国联会议的建川美次也在发给陆军大臣的秘密电报中写道："现在不如大张声势同意他们加入，如何？"这里所说的"他们"，就是指美国与苏联吧。即使陆军方面也有人表示需要妥协，这一点大家需要注意。

所有国际联盟会员国的敌人

之后，突然又出了一件大事，这让正等着中国妥协的内田的如意算盘落空了，这件事甚至让整个斋藤实内阁都非常震惊。接下来我们就通过目前所知的大量史料，来了解一下斋藤首相和昭和天皇当时的震惊心情吧。

让内田的计划失败的，还是昭和战前期不断惹出麻烦的陆军。1933 年 2 月，陆军出兵进攻位于"满洲国"南部、万里长城北部的中国热河省。这一行动本身并非陆军的独断专行，而是天皇在1933 年 1 月接受内阁决定后正式下令批准的作战方案。陆军出兵的理由是，"满洲国"虽然已经独立（1932 年 3 月 1 日发布所谓"建国宣言"），但是在属于满洲区域的热河省依然存在张学良的军队，而且它还在不断发动反满抗日活动，所以必须出兵将其击败。

只要仔细想一想，就会发现奇怪的地方：为什么日本可以在"满洲国"部署军队并随意调动呢？ 1932 年 9 月 15 日，日本承认"满洲国"的同时，双方缔结了《日满议定书》，其中规定："满洲国及日本国确认对于缔约国一方之领土及治安之一切威胁，同时亦对于缔约国地方之安宁及存在之威胁，相约两国共同当防卫国家之任，为此要之日本国军驻屯于满洲国内。"签下如此荒谬条文的"满洲国"，不是日本建立的傀儡国家，还能是什么呢？

但是，在陆军的认识里，这不过是驻扎在"满洲国"的日军为了维持治安，前往"满洲国"境内的热河地区而已。天皇听到这样的说明，应该也没什么好疑虑的吧。但是，斋藤首相不愧是海军的优秀人才，他注意到这回陆军又做了一件出乎意料的大事。让我们来详细了解一下斋藤的想法。在陆军发动"九一八"事变后的1932年1月，海军作为主力在上海策动了"一·二八"事变，与中国军队爆发了新一轮战斗。"九一八"事变时，中国援引国联盟约第十一条向国联控诉日本，到了"一·二八"事变时，控诉的依据进一步改成了更为严格的盟约第十五条。

盟约第十一条的内容是："凡遇任何战争或战争之威胁，……秘书长应依联盟任一会员国之请求，立即召集理事会会议。"在这里，为了解决问题，还只是开会研究。第十五条的前提则变成了"如联盟会员国间发生足以决裂之争议"，这是为了应对更加严重的状况。而让斋藤头疼的就是接下来的第十六条。第十六条规定如下："联盟会员国如有不顾本盟约第十二条、第十三条或第十五条所定之规约而进行战争者，则据此事实应即视为对所有其余联盟会员国之战争行为。"该条文的规定就有点可怕了。也就是说，在国际联盟努力寻求事变的解决时，进一步发动新的战争的国家，将被视为所有国联会员国的敌人。

斋藤首相意识到了事态的严重性。虽然陆军认为热河战役只不过是"九一八"事变的延续，但事实并非如此。大家知道为什么吗？

——……与国际联盟盟约有关吧？

没错。这时国联做的事情就和陆军的热河战役产生了关联。

——国际联盟不承认"满洲国"，所以那里是中国领土。即使日本认为自己是"在满洲国境内动员军队"，但是从国际联盟的角度来说，并不存在所谓"满洲国境内"。

正是如此。1933 年 2 月，正是国际联盟提出交涉案，要求日本进行最后妥协之时。当国际联盟正在为解决事变努力的时候，日军却开始进攻毫无疑问是中国领土的热河地区，这就使日本成了第十六条中规定的"不顾本盟约第十二条、第十三条或第十五条所定之规约而进行战争者"。斋藤首相认为，在这种情况下，日本会成为所有国联会员国的敌人，不仅会受到盟约第十六条规定的在贸易和金融方面的经济制裁，甚至会不可避免地受到被国联除名这种耻辱的惩罚。

1933 年 2 月 8 日，斋藤首相赶到天皇那里，请天皇取消内阁已经通过的关于热河战役的决定，并收回成命。侍从武官长奈良武次在日记里记录了天皇的讲话。

> 根据今日斋藤首相所言，热河战役关乎与国际联盟之关系，不应实施，内阁不能同意。虽然前几日因参谋总长表示热河战役乃不得已而为之，便给予了肯定。今日要与内阁商议，取消之前决定。

天皇对侍从武官长表示，准备中止前几天允许参谋总长进行的热河作战。如果此时一切能够按照斋藤首相和天皇的想法进行的话，或许日本的历史就会走向其他方向。但是，侍从武官长奈良武次和元老西园寺公望对这种做法并不支持。他们认为，如果天皇在此时撤回已经下达的许可，天皇的权威就会荡然无存。更令人担心的是，这还有可能引起陆军和其他势力对天皇的公开反抗。基于这些考虑，他们二人建议天皇不要同意斋藤首相的请求。

无法按照自己的意愿行动的天皇非常苦恼。奈良武次在2月11日的日记中写道，天皇"情绪极度不佳"。而且从日记中还可以知道，对于阻止自己许可斋藤首相请求的侍从武官长，"天皇有点激动地问，可以根据统帅最高命令来中止这次行动（热河战役）吗？"天皇这时已经有点沉不住气，准备设法用自己的命令来叫停行动。

元老和天皇的随从因为担心发生政变，阻止了斋藤首相的计划。斋藤遂不得不在2月20日的内阁会议上表示，这样下去，日本恐怕会受到国际联盟的经济制裁，甚至可能被联盟除名，这种让国家失去面子的情况无论如何都要避免。因此，他们决定一旦国联全体大会通过已经准备好的对日决议，日本不等被除名，就先行退出国联。做出这一决定两天之后，日军侵略热河。2月24日，松冈离开了国联全体大会的会场。3月27日，日本正式发布了退出国联的诏书。

目前为止的说明，大家都明白了吗？内田外相试图通过强硬表态来等待对手妥协，从而在避免退出国联的同时达到自身目的。虽然侵略热河的计划起先被认为没有太大影响，但实际上却隐藏着

让日本成为所有国联会员国的敌人的危险性。这一令人震惊的事实
令天皇与首相都感到痛苦，而日本则最终选择了与其被动接受制裁
和除名，不如主动退出国际联盟的做法。

五 迈向战争时代

被陆军口号迷惑的国民

我们终于要讲到中日战争了。"九一八"事变发生在 1931 年，中日战争全面爆发则是在 1937 年。那么，这 6 年间发生了什么呢？我们接下来就梳理一下这期间的历史进程。

首先请大家想一想，当时社会是如何看待军部的？军队通过各种各样的危险举动，可以说是用物理性的方法介入了政治之中。这在一个立宪制的社会中显然是不恰当的甚至是错误的举动。然而，这种错误同时又显得有些诱人，因为军队这个本来不能干涉政治的集团，现在似乎要去实现那些民众所要求的，却无法通过现存的政治体制实现的愿望。从"九一八"事变到中日战争全面爆发的 6 年间，这种诱惑不断地引诱着当时的日本民众。

按照产业人口划分，1930 年，日本的就业人口中，46.8% 是农业人口，也就是说，农民占了大约一半的就业人口。1928 年起，在政党内阁的统治下，25 岁以上的男子都有选举权，当时所谓的普选已经进行了 3 次。但是，农民所期望的政策，即使在普选下也未能实现。例如，尽管所有农民都期盼着保障佃农权利的《小作法》，但是这类法律却仍然没有得到帝国议会的通过。

而且，从1929年开始的大萧条同样波及了日本，而受到最大冲击的就是农村。然而，在这样的时候，不论是政友会还是民政党，都对农民的负债和借款状况不闻不问。当时的农村有不少农家以养蚕为业，在蚕的食物来源桑田毁于虫害的情况下，如果能获得低息贷款，农家还有可能渡过难关。但是如果向高利贷伸手借钱的话，恐怕就永远无法翻身了。尽管如此，政友会和民政党却都没有提出要求银行等金融机构给予农民低息贷款的相关政策。

只有军部喊出了这样的口号，"最重要的政策就是拯救农山渔村的萧条"，为农民发声。前面引用的口号，是陆军统制派在1934年10月出版的宣传册《国防之本义与其强化提倡》中提出的。

还有一点需要注意，当时的农村是入伍军人最重要的来源。虽然当时也对就读于旧制中等学校、高等学校以及大学的男性实施征兵检查，但实际上学生可以不用入伍服役。此外，在大企业、重工工厂工作的熟练劳动者，也在征召范围之外。在这样的情况下，那些生活在农村地区的农民子弟，因为周边缺少可供就职的工厂，在义务教育结束后也没能顺利升学，就会被征召入伍。

先前我们曾提到，当时陆军中存在皇道派和统制派两个派系。皇道派中有许多被称作队付将校①的军官，在部队里，这些军官会与那些出生农村的士兵一同生活起居；统制派则大多毕业于陆军士

---

① 日语写作"隊付将校"。在基层日军队伍中，除部队长官外，还有一些不在部队正常编制内，负责士兵生活训练以及部队本部勤务的军官，即所谓"队付将校"。这些军官与基层士兵接触较多，对当时的农村疾苦有更深的认识。

官学校或是陆军大学校，在陆军省、参谋本部这样的陆军中央机关任职。刚刚说到的陆军宣传册，就是我们之前介绍过的最典型的统制派军人、悲剧人物永田铁山在担任陆军省军务局局长时编写的。

让我们来看看这本册子吧，其中的内容还挺吸引人的。它首先说明了"战争的定义"："战争是创造之父、文化之母。"一直以来，统制派一心只想着增强军备，只要军事预算能够在帝国议会得到通过就满足了。但是在这里，我们可以发现统制派的立场出现了变化，他们开始宣称国防不仅仅是增强军备，而是将国防定义为"国家生存发展的基本活力"。因此，对于国防来说，最重要的就是国民生活："必须寻求国民生活的安定，最重要的就是保障劳动人民的生活，拯救农山渔村的萧条。"这样的用语和今天政党的选举口号有点像。

在陆军统制派于1934年1月完成的计划书《紧急政治事变发生时的处理对策纲要》里，对农民的救济计划占据了很大的篇幅。相对于政友会选举口号中救济农民、国民保健和劳动政策等内容的缺位，陆军则准备充分。单就救济农民这一项，陆军就提出了由国库负担义务教育费用、肥料贩卖国营化、稳定农产品价格以及保护租地耕作权等诸多目标。对于劳动问题，陆军则提出了制定工会法、设置适当的劳动争议调解机构等措施。虽然一旦战争开始，陆军所描绘的这些看似美好的蓝图就会化为泡影，劳动人民的生活会首先恶化，但是，当时的人们对于可能为自己推进政治和社会改革的陆军，确实抱有期待。

总结德国失败的原因

陆军统制派会如此积极地提倡保障国民生活，其理由首先来源于军部对于民众在今后战争中的反应的分析结果。在陆军的宣传册里，有对于德国输掉第一次世界大战的原因分析。分析指出，在实际的战场上，到最后都不能说德国败给了协约国。既然如此，为什么德国成了战败国呢？陆军宣传册中是这样说明的：因为"无法承受列强的经济封锁，国民陷于营养不良状态，失去了艰苦抗战的气力"。另外，"国民在思想战中丧失斗志，萌生了革命思想"。以上这些问题使得德国从内部崩溃了。陆军由此得出结论，决定今后战争胜利的关键，就是"对国民的组织"。而如何妥善地组织占就业人口一半又是主要兵源的农民，则是重中之重。军部也由此认为，在政党占据主导地位的议会政治下，是无法有效组织国民的。大家能够理解这一点吗？

陆军统制派炮制该宣传册的理由，除了在下一场战争中必须有效组织国民的想法外，还受到了苏联的影响。"九一八"事变爆发时，苏联正饱受农业集体化政策的挫折，但是通过推进五年计划，苏联在重工业方面取得了很大进步，并开始充实其在远东的军事力量。在这本宣传册完成的1934年，日本的军用飞机数量不到苏联的1/3，而且差距还在继续扩大，这也难怪陆军会坐立不安了。

陆军在把原属俄国势力范围的北部满洲也收入囊中，并建立起傀儡国家"满洲国"来对满洲加以控制以后，仍然因为苏联的重新崛起而惴惴不安。面对这种情况，陆军希望能够在"满洲国"与苏联交界处有效地抗击苏联军队。为了实现这一目标，陆军计划在

"满洲国"西南部，也就是中国长城以南的华北地区建立起安全区域。通过把这片处于中国主权下的土地纳入日本的势力范围，从而在这里的飞机场配备日本军用飞机。这里所说的华北地区，按当时的省份名称来说，就是指河北省、察哈尔省、山东省、山西省和绥远省。

陆军打算将华北地区从中国国民政府的统治下分离出来，在台面上扶持一个领导人作为日本的傀儡，从而建立起独立于南京国民政府之外的经济圈与政治圈。这就是 1935 年左右，广田弘毅内阁时期陆军所推进的"华北五省自治"计划。这一计划决定性地加深了日本与中国的对立。虽然当时国民政府内部也存在对日妥协派，但他们在目睹日本陆军面对苏联的重新崛起，罔顾中国主权，企图将华北也纳入其控制后，也不由地感到绝望。在日本取得殖民地的过程中，一直相当重视军事方面的目的，这种特殊性在这里也有所体现。

尽管如此，经济问题也是加深日本与中国对立的因素中不可忽视的部分。日本建立"满洲国"以后，中国长城以南区域与日本的贸易额一下子就减少了。华东地区的上海和杭州商业繁荣，与满洲和华北地区也有紧密的经济联系。在中国很有名气的浙商就出自这一地区，甚至蒋介石也接受着浙江财团的财力支援。

在日本夺走华北及满洲地区以后，华东地区的经济状况也受到了较大影响。日本与中国的贸易额减少，不仅仅是受到抵制日货运动的影响，还有日本自身造成的原因。通过分析各国对中国的出口贸易额可以发现，1929 年时，英国占中国进口总额的 9.4%，日本占 25.5%，美国则有 18.2%。到 1937 年时，英、日、美三国的贸易份额分别变成了 11.7%、15.7% 和 19.8%。在英国和美国都出现小幅增长的情况下，日本却下降了近 10 个百分点。这些份额主要被德国和苏联占有了。德国是第一次世界大战的战败国，而苏联则宣称放弃沙俄与中国签订的不平等条约。中国作为一战的战胜国，能够与这两个国家缔结平等的贸易协议，德国与苏联就这样成了对中国来说非常好的贸易伙伴。

考虑诸多方面的因素，就可以明白日本对华贸易的减少，主要是因为日本自身的政策有误。但日本政府却未向民众说明这一事实，反而宣称"贸易额减少了 10 个百分点，是因为中国政府抵制日货"，要求中国改变政策。

黯淡的觉悟

中日爆发全面战争的直接原因，是在卢沟桥"偶然"发生的冲突。为什么一次"偶发"的冲突会发展成全面战争呢？其中的原因相当复杂，可以从多个角度进行说明。接下来，就先从中国外交战略的角度来看一看这个问题。蒋介石作为军事领导人掌控着国民政府，他虽然在军事方面喜欢亲力亲为，但是在外交领域，他不仅任用专业的外交官，还另外拔擢拥有才能的人物参与到外交工作中。

例如，1938 年担任驻美大使的胡适就是个非常聪明的人，他是北京大学的教授，社会思想方面的专家。1941 年 12 月 8 日[1]，也就是日本袭击珍珠港的当天，胡适作为驻美大使正在华盛顿。胡适

---

[1] 此处为日本时间。

如此优秀，以至于让人不由得想象，被派到美国进行日美交涉的野村吉三郎要是遇上胡适这样的对手，大概根本招架不住吧。通过胡适的亲笔书信，我们得以从中了解当时中国的外交战略。接下来的内容，是由大东文化大学的鹿锡俊教授研究阐明的。鹿教授出生在中国，在一桥大学留学并取得了博士学位。

在中日全面战争爆发前的 1935 年，胡适提出了所谓"日本切腹、中国介错论"。也就是在日本切腹的时候，中国来当介错人，这个说法很厉害吧。介错就是指在切腹者切腹的时候，从后面砍下其首级的行为，这样可以让切腹者不至于死得太痛苦。那么，我们就先来看看胡适对于当时世界局势的看法吧。

首先，他认为中国只有借助美国和苏联的力量才能脱离困境，因为在当时看来，美苏肯定会成为世界的两大强国。日本之所以能够在中国为所欲为，是因为美国海军的扩张和苏联的第二个五年计划都还没有完成。要在远东对抗陆海军军备充足的日本，就需要美国海军和苏联陆军的力量。

而且，胡适相信日本也意识到了这一点，所以日本必须趁美苏尚未完成各自的军备扩充之机发动战争，来给中国决定性的一击。也就是说，日本计划在对美苏的战争爆发之前，先打赢对中国的战争。嗯，从日本与这些国家开战的时间来说，这个推测是正确的，美日之间的太平洋战争是 1941 年 12 月爆发的，苏联则是在二战接近尾声的 1945 年 8 月对日开战的，而中日之间的全面战争在 1937 年 7 月就开始了。

胡适进一步认为，长久以来，中国人都期盼美国和苏联可以介入中日之间的纷争，比如对"九一八"事变和华北五省自治进行干涉等。然而，不管是美国还是苏联，都认为与日本为敌对自身并没有好处，所以两国选择站在相扑场地的外围观战，眼睁睁地看着中国陷入困境。那么，要怎么做才能让美苏不得不介入日本与中国的纷争呢？胡适思考着把美苏也拉到相扑场地上的方法。

如果大家是当时的中国人，会怎么想呢？

——让美国和苏联对日开战的方法吗？

没错，也就是最终迫使日本切腹的策略。当然，对于日本人的我们来说，这个问题可能有点沉重。

——让国际联盟更积极地介入，用各种方式宣传日本的残暴行为。

也就是说，要继续推进蒋介石之前实施的策略吗？这个做法很直接，但是国际联盟这时候已经暴露了自身的无力，而且美国也不是国联会员国，这个方法好像有点弱呢。

——一时还说不清楚，不过，中国已经和德国建立了新的关系，是不是可以加以利用……

这一点会在下一章加以说明，德国确实曾经短暂地帮助过中国。不过，现在要说的是与美苏直接相关的方法。

——首先把英国卷进来，再通过英国把美国拉进来……

在美国重视英国这一点上，没有错。不过，当时英国与德国之间的对立已经十分明显，此时的英国并没有精力顾及远东。差不多该说说胡适的想法了。他的想法相当大胆，我想大家听了一定会感到惊讶。

胡适表示："为了让美国和苏联介入这个问题，首先，中国必须在战场上正面迎战日本，并在两三年的时间里不断失败。"能在蒋介石和汪兆铭面前果决地说出这种想法的人，大家不觉得很厉害吗？在日本，恐怕谁都不敢在内阁会议或者御前会议上发表这样的言论。有这般决心的人是很有意思的。到1935年时，中国与日本实际上并没有发生大规模的战斗。在"九一八"事变、"一·二八"事变以及热河战役中，真正的战斗其实都在较短的时间内就结束了。尤其是"九一八"事变，虽然波及范围很广，但是东北军并没有进行太多的抵抗。胡适表示，从今以后中国绝不能逃避了，即使要付出极大的牺牲，中国也必须坚持作战，甚至要有由中国先开战端的觉悟。在日本的政治人物里，恐怕没有人能做出这种黯淡的觉悟。胡适这样具体阐述了自己的想法：

如果想让日本的发难变成国际大劫，中国非得要有绝大牺牲的决心。我们试着平心估计这个"绝大牺牲"的限度，总得先下决心作三年或四年的混战、苦战、失地、毁灭。我们必须准备：（1）沿海口岸与长江下游的全部被侵占毁灭，那就是要敌人海军的大动员。（2）华北的奋斗，以致冀、鲁、察、绥、晋、豫沦亡，被侵占毁坏，那就是要敌人陆军的大动员。（3）长江被封锁，财政总崩溃，天津、上海被侵占毁坏，那就是要敌人与欧美直接起利害上的冲突。……在这个混战的状态之下，只要我们能不顾一切作战，只要我们在中央财政总崩溃之下还能苦战，我们可以在二三年之中希望得到几种结果：……使满洲的日本军队西调或南调，使苏俄感觉到有机可乘；使世界人士对中国产生同情；使英美感觉到威胁，使中国香港、菲律宾感觉到迫切的威胁，使英美不得不调兵舰保护远东的侨民与利益，使太平洋海战的机会更迫近。

石田宪主编的《膨胀的帝国　扩散的帝国》[1]一书，收录了鹿锡俊教授的论文，其中就有胡适的这段话。胡适的思路可谓彻底决绝。当然，他的想法不会就这样直接变成中国的外交政策，恐怕还会被蒋介石和汪兆铭说"血气太旺了"吧。但是，公然阐述这般言论的人，还是被任命为驻美大使，活跃在外交舞台上。我在知晓了中国国民政府内部的这种讨论之后，深刻地感受到了所谓"政治"的存在。在日本，由军方课长级别的年轻人想出来的作战计划，在年纪差不多的各省厅课长的会议上稍加调整以后，就被送到了内阁会议，内阁会议也没有经过实质性的讨论，最后在御前会议上进行一番徒有形式的问答以后就算完事了。胡适的黯淡觉悟和日本的这种形式主义则完全不同，他下定决心要在战场上咬牙坚持三年的失败，从而迫使美苏介入远东事务。虽然胡适是在 1935 年做出这一预测的，但是他准确地预见了到 1945 年为止的大致历史走向。再来看看胡适论述的最后部分吧。

> 只有这样才可以促进太平洋世界战争的实现。……我们必须咬紧牙关，认定在这三年之中我们不能期望他国加入战争。……我曾说过，日本武士自杀的方法是"切腹"，而武士切腹时还需一名介错人。日本今日已走上了全民族切腹的路。上文所述的策略只是八个字：日本切腹，中国介错。

---

[1]『膨張する帝国　拡散する帝国』，东京大学出版社 2007 年版。鹿锡俊的论文题为『世界化する戦争と中国の「国際的解決」戦略——日中戦争、ヨーロッパ戦争と第二次世界大戦』。

——好厉害……

汪兆铭的选择

日本已经走上了自取灭亡的道路，而中国则要为其介错。为了进行介错，中国也要准备好做出相应的牺牲，非常有魄力吧。我们现在要介绍另一位政客，这个人就是汪兆铭。身为国民政府二号人物的汪兆铭在 1938 年底出逃，来到现在越南的河内，后迎合日本的阴谋，回到日军占领下的南京建立起傀儡政权，从此成为南京伪国民政府的主席，这也成了他最广为人知的头衔，甚至盖过了他早年的其他事迹。不过，这个"国民政府主席"仅仅统治着南京以及上海周边的区域。

1935 年，汪兆铭与胡适进行了争论。他反驳胡适的言论说道："我相当理解胡适所言。但是，与日本进行那样三四年的激烈战争，中国必定会苏维埃化。"汪兆铭的这种恐惧和对于未来的预测，倒也没有错。大家知道中华人民共和国在 1949 年成立，中国由此成了一个社会主义国家。汪兆铭仿佛预测到了这一点，所以反对胡适的"日本切腹、中国介错论"。总之，他认为中国不能与日本完全决裂，如果双方发生全面冲突，国民党就有可能丢掉政权，中国会被共产党统治。他之所以会选择走上与日本妥协的道路，一部分原因可能就在于此。

不论对错，这无疑也是一个需要极大魄力的选择。汪兆铭的夫人也很有胆量，在汪兆铭的叛国行为被批判的时候，据说她曾这样反驳和辩解："蒋介石选择英美，毛泽东选择苏联，而我的丈夫汪兆铭选择日本，这有何不同呢？"

虽然立场不同，但是当时的中国人都已经下定决心，所以战争已经注定要进行到你死我活的最后一刻。1938年10月，在日军的不断进攻下，继南京之后，武汉也已沦陷，中国国民政府的战时首都重庆正在遭到轰炸，东南沿海则被全面封锁。一般来说，战争打到这种地步，大部分国家可能已经举手投降了。但是，中国并没有开口提出停战，以胡适为代表的中国人的深刻决心和思想，此时正在支撑着这个国家。

第五章

太平洋战争：说不出死者阵亡地的国家

一　关于太平洋战争的各种看法

"历史是创造出来的"

大家好。今天就是讲座的最后一讲了，我们要来聊一聊太平洋战争。看大家的表情就知道，肯定有很多想问的问题，果然大家对太平洋战争都很有兴趣。日军在 1941 年（昭和十六年） 12 月 8 日对美英发动突袭之后，这场战争正式开始。在我开讲之前，先来听听各位的问题吧。

——明知道与美国在军力方面差距极大，日本为什么还是发动了战争？我还想知道在战争开始之前，有多少人意识到日本在很多方面都不如美国。

——我也觉得前一讲介绍的胡适很厉害，但是不知道日军有没有关于结束战争的规划？是计划在夺取满洲和东南亚等拥有丰富资源的地区以后，经济得到恢复就停战，还是准备和德国、意大利等国一起把战争继续下去，直到掌握世界的主导权呢？我想知道日军的最终目的是什么。

从这些问题就能看出来，对于之前的内容，大家都已经很好地消化吸收了，真不愧是荣光学园的学生。刚才提出的这两个问题，也许是很多人都曾经有过的相似疑问，我们就先从第一个问题开始思考吧。不过，为了吊起大家的胃口，我想像电视节目进行到精彩处插播广告一样，先说一下当时日本各阶层在得知太平洋战争爆发之后的感想。

最早有关开战的消息，是大本营陆海军部（战争时期陆海军之间的沟通机构）在清晨 6 点通过广播发布的临时新闻。新闻中的这段话颇为有名："帝国陆海军于 8 日凌晨，在西太平洋与美英军队进入战争状态。"

关于普通民众在听到这段话后做何感想，留存下来的相关记录很少。但是，在临近战败的 1945 年（昭和二十年）左右，有相对多的人都留下了日记。每天为了工作而累得满头大汗的民众，没有太多余力去注意日常生活以外的事情。而与美英开战，对当时的人们来说，大概也属于那些"日常生活以外的事情"吧。所以，就让我们先来看看坐在书桌前工作的知识分子的反应吧。大家知道学者南原繁吗？他是一名政治学者，曾在战败后担任东京大学校长。南原在开战那天，吟诵了下面的短歌：

　　　超乎人之常识，亦超乎学问，日本起而与世界为战。

短歌的大意是说，日本因为发动这场战争而与世界为敌，这已经脱离了人类的常识，并不是基于理智做出的判断。南原在最高学府里讲授自柏拉图、亚里士多德时代以来的政治哲学，对于日本向美英开战的举动，他感到非常震惊。南原通过自身的学识，也就是由知识所得的见解，他在当时就充分认识到了日美之间的国力差距。例如，开战时美国的国民生产总值是日本的 12 倍，而作为重工业和军工产业基础的钢产量，美国是日本的 17 倍，汽车保有量则是日本的 160 倍，石油更是达到日本的 721 倍。我在这里引用的数据，是明治大学的山田朗教授在《军备扩张的近代史》①一书中列出的。

不过，日本政府倒是没有刻意对民众隐瞒这种巨大的差距。为了激发所谓的精神力量，宣扬用大和魂来克服物质上的不利条件，当局甚至还特别强调了日美之间的国力差距。煽动民众的危机感，也算是笼络民心的一种快捷方式吧。所以我们还需要把认识到国力的巨大差距，与因为国力的差距而反对战争这两件事，区分开来。不过，我们至少可以确定，像南原这样的知识分子并不认为开战是理智的决定。

另一方面，自然也会有人在认识到巨大的国力差距以后，仍然积极地支持开战。毕竟要是没有那种人的话，国家也就不会故意强调日美之间的国力差距了吧。虽然美国的国力压倒性地超过日本，但是日本政府仍然走上了开战的道路，这些支持者也算是"功不可没"了。关于这一点，我想再介绍一个人物，大家有没有听说过竹内好？

——好像是研究中国文学的。

没错。虽然单名一个"好"字，有点像女性的名字，但他是个男人。在"九一八"事变爆发的 1931 年（昭和六年），竹内就

---

① 『軍備拡張の近代史—日本軍の膨張と崩壊』，吉川弘文館 1997 年版。

读于当时的东京帝国大学文学部中国文学科。1937 年后的两年间，他在北京留学。当时，竹内的研究对象中国正在与日本打仗，他也真是辛苦呢。

竹内听到太平洋战争爆发的消息后，好像还有点感动。因为这场战争不是以中国为对手，而是与强大的美国、英国作战，他对这一点感到满意。不过，在日本向美英宣战以后，一直以来都没有对日本宣战的中国国民政府也随之向日本宣战了。所以，日本在太平洋战争中的对手并不只有美英，其实也包括中国。在开战 8 天以后，竹内在自己主持的杂志上写下了题为《大东亚战争与吾等的决议》的文章。

> 历史是创造出来的。世界在一夜之间改变了面貌，而我们则亲眼见证了这一变化。
>
> 在感动地颤抖的同时，注视着那一道如同彩虹般的光芒的前方。……宣战诏书下达的 12 月 8 日，日本国民的决心在一起燃烧。可谓神清气爽。……老实说，对于日中战争，我们实难赞同。疑惑困扰着我们。……至今依然怀疑，我国是否在以建设东亚之名，行欺负弱小之实？……面对这一变革世界历史的壮举，仔细思量，日中战争可谓一个无足轻重之物。……大东亚战争巧妙地让日中战争完结，然后使其在世界舞台上复活。现在，我们正是要完成大东亚战争之人。(《中国文学》八十号，一九四二年一月一日)

怎么样，相当惊人吧。大约在开战的同时，竹内动情地感叹道："历史是创造出来的。"现代人一般都认为，太平洋战争开始后，如同泥沼一般的中日战争非但没有结束，反而更加扩大了，而当时竹内的认知却完全不同。

"中国通"竹内认为，日本与中国的战争无法让人感到名正言顺，而太平洋战争中日本对抗的是强大的英美，所以并不是欺负弱小，而是一场光明正大的战争。竹内在文章里写道，自己对于战争感到"神清气爽"。在小说家兼艺文评论家伊藤整的日记中，也能找到相似的看法。他在开战的第二天①，也就是12月9日的日记中写道："今天每个人都面带喜色，颇为快活，与昨天完全不同。"1942年2月15日，英国在亚洲的重要据点之一新加坡陷落，伊藤在日记中写道："这场战争让人感到明快。……国民之间平均地分享幸福和不幸，国内的这种情绪确实较中日战争之前变得更为明朗。大东亚战争爆发之前那种沉重的苦闷感也逐渐消失了。这真是一场好战争。心情愉悦。"在他看来，太平洋战争居然是开朗快活的。

那么民众又是如何看待这场战争的呢？中央大学名誉教授吉见义明的著作《草根法西斯主义》②，收集了一些当时民众的信件和日记。在这里，我们就来引用其中的几段。山形县大泉村的佃农阿部太一在开战当天的日记中写道："终于开始了，感觉全身都紧绷了。"袭击珍珠港的战果发表后的12月10日下午，他专门停下手中农活，用半天的时间"看了报纸"。通过短短几行字，我们不难想象这个人被辉煌的战果所吸引的样子。

---

① 以日本时间计算，太平洋战争爆发是在12月8日。

② 『草の根のファシズム—日本民衆の戦争体験』，东京大学出版社1987年版。

小长谷三郎是横滨市高岛站的一名站务员，开战当天他的心情是这样的："听到站长宣布这一消息的瞬间，我们就已经告别了昨天的悠然心情。内心仿佛归于平静。"可以说，除了南原繁表现出了完全不同的反应之外，知识分子竹内好、小说家伊藤整、农民阿部太一以及站务员小长谷三郎等人，对于开战的反应并没有太大的差异。

天皇的担忧

刚刚的内容，相当于对第一个问题回答了一半。另一半因为涉及 1939 年 9 月第二次世界大战在欧洲爆发之后的一年里，日本与美国之间对立加深的过程，以及几个国策的决定过程，所以我们留待稍后再详细说明。

我们暂时先把话题转到刚才的第二个问题，日本对于结束战争的规划。日本是不是准备像德国进攻苏联，一路打到距离莫斯科只有 30 千米的地方那样，进军美国的华盛顿或是英国的伦敦呢？事实上，就算是轻率无谋的陆军，也没想过这种事。既不同于领土互相接壤的欧洲，也不同于核战争时代的互相毁灭，当时陆军取胜的如意算盘是，通过让敌国的国民对继续战争感到厌恶，从而引导战争走向终结。不过，与其说这是冷静的判断，不如说只是陆军的一厢情愿。

昭和天皇可能是最关心如何结束战争的人。中日战争全面爆发时，军部曾在天皇面前夸下海口，扬言这场战争只要 3 个月就会结束。但是，到太平洋战争爆发之际，中日之间已经持续了 4 年的战争，而且仍然没有结束。对天皇来说，新的战争如果又一次迟迟无法结束，无疑是非常令人头疼的。1941 年 9 月 5 日，天皇向首相近卫文麿、参谋总长杉山元和军令部总长永野修身反复确认，计划在对美开战的同时发动的"南方作战，能够如计划的那样顺利进行吗？""你们觉得登陆计划会那么轻松吗？"

军方则无论如何都要说服因为战争的对手是英美而感到害怕，对开战显得消极保守的天皇。为什么军方在 1941 年 9 月的时候会这样焦躁呢？通过 9 月 6 日御前会议上决定的《帝国国策执行要领》这份文件，可以找到原因。御前会议是臣下在天皇面前决定重要政策的会议。在 9 月的这次御前会议上，内阁方面的出席者有首相近卫文麿、枢密院议长原嘉道、陆相东条英机、外相丰田贞次郎、藏相小仓正恒、海相及川古志郎与企划院总裁铃木贞一，而负责作战计划和军队指挥的统帅部则由军令部总长永野修身、参谋总长杉山元、参谋次长冢田攻，以及军令部次长伊藤整一出席，决定的文件上有他们的签名。

陆军在为这次御前会议准备的资料中写道："正在准备的战争以英、美、荷为对手，目标是驱逐东亚的英、美、荷势力，确保帝国的存续与安全，建立大东亚新秩序。"

日本计划在军事、经济及政治等方面与亚洲其他国家建立紧密的联系，而英、美、荷等国反对日本的这种野心。日本如果在这个时候退让，美国在军事上的优势就会日益加强，而日本的石油储备则会日益减少。也就是说，开战时间如果推迟一到两年，日本的劣势会更加明显。

紧接着，军部突然讲了一个历史故事，大家知道是哪个时代的事吗？真是让人意想不到，军部居然突然说起了发生在丰臣氏与德川氏之间的"大坂冬之阵"。虽然现在都把"大坂"写作"大阪",但在明治以前,其实都是写作"大坂"的。在9月6日的御前会议上,军令部总长永野修身以冬之阵为例,对天皇在内的与会者进行了如下说明:

> 可避免的战争就没有必须开战之理。但是如果像大坂冬之阵那般,在取得和平之后的第二年夏天到来之时,被迫在不利形势下再战,为了皇国百年大计,窃以为不应如此行事。

永野举大坂冬之阵作为例子,认为虽然并不是无论如何都要开战,但是为了日本的将来,绝不能像丰臣氏被欺骗那样,在陷入绝对不利的状况后再开战。1614年12月20日那个冬天,丰臣氏所率军队与德川氏的军队在大坂冬之阵以后进行了和平交涉。德川氏表示今后就和平了,所以丰臣氏的据点大坂城也不再需要坚固的石墙和壕沟了,于是半强迫地要求丰臣家解除了大坂城的部分防御。然而在第二年的夏天,德川氏再次发动战争,歼灭了丰臣氏。当时的这段历史通过评书等方式,成了众所皆知的故事。

到底是维持现状不开战,最后像丰臣氏那样被击败瓦解,还是赌一赌有七八成胜算的首战大捷呢?如果只有这两个选择,可能还是寄希望于开战比较好。听到军部搬出这种历史教训,天皇的意志也终于动摇了,也开始怀疑正在与美国进行的外交交涉会不会让日本如丰臣氏一样被欺骗,他也渐渐地倾向于军方的判断。

1941年10月18日东条英机出任首相后,天皇下令让海陆军课长级别的官员们制定"促使对美英荷蒋(即蒋介石,亦指当时的中国）战争终结的相关腹案"。虽然东条对部下宣称，这是为了向天皇进行说明而准备的材料，但是，这一腹案的内容还是非常糟糕，几乎完全把目标达成的希望寄托在他人身上：由日本居间调停苏德之间的战争，然后让德国集中战力对付英国。这样一来，就能先迫使英国屈服，英国一旦屈服，美国继续作战的意志就会被削弱，战争就有可能结束了。可以说，目标实现的希望全在德国的表现。德国全力对付英国的话，英国大概会投降，美国则会放弃战争的打算。这种一厢情愿的主观愿望需要反复达成好几次，这个计划才会成功。

为什么这些人会认为 1941 年 6 月 22 日爆发的苏德战争，能够因为日本的调停而结束呢？今天再来看这一点，大家恐怕会觉得难以置信吧。当时的日本政府积极地对民众宣传，说英国、美国、荷兰、中国都是信奉自由主义的资本主义国家。在这些邪恶国家的国内，都是资产阶级在压榨劳动者和农民。日本因此就一厢情愿地认为，苏联是有别于资本主义国家的社会主义国家，尤其在经济政策上，实行由国家主导的计划经济体制。在反对西方的自由主义和资本主义这一点上，苏联与德日是一致的。

数字魔术

参谋本部第二课是制订陆军作战计划的部门，为了说服天皇，他们也准备了相关文件。1941 年 10 月 19 日，一份题为《关于在对英美荷战争初期与数年后的作战观点》的资料，对作战物资的损失情况进行了预测：开战初期，会因为破交战 ① 与敌方航空兵而损失相当数量的物资，但是情况会逐渐好转，最终"可以在战斗的同时，培养自身力量"。这份资料列出了运送物资的运输舰、海军舰艇和飞机的补充速度，以及战中损失的舰船和飞机的数量，并得出了没有问题的结论。然而，这一估计是不正确的。

例如，当时日本拥有的运输船总量约为 600 万吨，与军需相对的那些支持国民生活所需的物资就是民用了，运输民用物资所需的船只大概是 300 万吨。即使是战时，也必须有一半的运输船用来运输民用物资，否则民众的生活就会无法维持。然而，开战以后，为了将士兵与军需物资运送到南方，民间船舶也必须协助陆海军进行相关的运输作业，用当时的话来说就是征用船只。这就意味着民用运输船会不足。陆海军一开始表示，只在战争初期的 6 个月征用民用运输船，之后就会归还。但是，陆海军的这种保证完全就是空话，开战以后，根本没有归还征用船只的余地。随着运输船的数量逐渐出现缺口，不仅是战略性物资，就连从殖民地朝鲜运来的米、殖民地中国台湾运来的砂糖以及日军统治下的中国华北地区运来的盐等生活必需品，也逐渐不足了。

除了军民之间的互相争夺，日军对于被潜水艇击沉而无法使用的船只比例（即损耗率）的估计也过于乐观了。日本计算损耗率所依据的资料，居然是第一次世界大战时被德国潜水艇攻击的英国船只数据。第二次世界大战已经爆发两年了，为什么日本还没有欧

---

① 指破坏敌方海上交通线的作战，是海上进攻战的一种，目的是切断或阻挠敌方作战物资的运输和兵员的补充，限制其海上兵力机动，削弱其作战能力。主要手段包括袭击敌方运输舰船、破坏敌方装卸港口、封锁敌方舰船航线。

洲战争的相关资料呢？真是乱来。海军军令部于1941年6月完成的《现今情势下帝国海军应采取之态度》这份资料中，估计战争第一年的船只损耗量为80万—100万吨，第二年为60万—80万吨，第三年为70万吨。然而，实际的情况是，1941年12月到1942年12月的战争第一年为96万吨，第二年为169万吨，第三年为392万吨。除第一年的数据大致在预测范围内，第二年、第三年的估计都与实际情况相差甚远。

因为军方认为，如果开战，就得尽早下定决心，所以阐述的基本上都是带着很强主观愿望的预测。1941年11月5日，在进行最终开战决定的御前会议上，文官代表的枢密院议长原嘉道质疑道：“南洋的敌舰不会对物资运输造成影响吗？”负责物资运输的企划院总裁铃木贞一表示，“船舶的损害是陆海军共同研究的结果”，断然表示不会有问题。

不过，仅凭上述内容，倒也不能认定日军完全是在胡说八道。从另一个角度来说，现实状况也确实远远超出了日本的预期。

进入战时状态以后，美国爆发了惊人的军工生产能力。1939年时，美国一年只能生产2141架飞机。相比之下，日本的产量是美国的2倍以上，每年能制造4467架飞机。但是，在美国全力投入战争后，日本的优势就瞬间消失了。1941年，美国制造了19433架飞机，日本则只有5088架，美国的产量已达到日本的4倍，而且美国的这种巨大优势一直维持到了战争结束的1945年。由此可见，美国这个民主国家在遭受别国的挑衅并决意反击后，会迸发出多么强大的力量。日本完全没有预料到这种情况。

二 战争扩大的理由

激烈的淞沪会战

在第四章的最后，我们提到过胡适在 1935 年做出的论断。1941 年，胡适作为中国驻美大使，在美国华盛顿见证了太平洋战争的爆发。胡适在 1935 年的论断中，呼吁中国政府做好准备，在三四年的时间里承受住日本进攻中国内陆并全面封锁海岸线的压力，然后才能等来美苏的参战，让局势转变。接下来，我们就把视角转向中国战场。在本土抗击侵略的中国，其抗战的决心确实非常坚定。

1937 年 7 月在北京郊外引爆的中日全面战争，从华北地区扩大到了华东，国际大都市上海也成了战场，中日双方进行了包括空战在内的激烈战斗。上海的战斗从 8 月 13 日开始，一直持续到 11 月 9 日。根据记录，在将近 3 个月的战斗中，日本陆军阵亡 9115 人，伤 31257 人。在 8 月 13—21 日的 8 天时间里，海军的死伤人数就达到了 465 人。中国军队的顽强作战给日军造成了相当大的损失，在参谋本部派往前线观察战况的西村敏雄的报告中，可以看到这样的记录："敌军的抵抗非常顽强，其第一线兵力约有 19 万人。"

外务省的亚洲局局长石射猪太郎在 8 月 17 日的日记中也显得很没底气："中国将大批部队派往上海，企图歼灭陆战队，面对这种情况，可以支撑几天呢？陆战队总部不会被攻陷吧？"这里提到的陆战队，是指日本海军为了进行地面作战而设立的部队，正式名称是海军特别陆战队，总兵力约为 5000 人。外务省的官员担心这支部队会被全部歼灭。

伊东政喜作为第 101 师团的师团长参加了上海战事，他在与中国军队真正交手之前，曾在日记中这样写道："他（指蒋介石）应该是想通过持久战，来求得第三国的同情或是俄国（苏联）的支援。蒋介石这种把希望寄托于外国的态度，真是可悲。"伊东政喜认为，中国在上海建立起牢固阵地，拼命坚守，做出一副拼死决战的样子，只是为了获得苏联或其他第三国的援助。但是，当他与中国军队实际交战以后，其看法出现了极大的转变。伊东是参加过日俄战争的老将，他在 10 月 10 日的日记中写道："敌人的顽强堪比日俄战争时在旅顺的俄军，在某些方面可能还在其之上，不论我方如何炮击，似乎都要坚守至全体阵亡为止。"他认为，与日俄战争中旅顺会战时表现顽强的俄军相比，中国军队有过之而无不及。

中国军队作战如此顽强，首先当然是因为"九一八"事变以来，日本所做的种种侵犯中国主权的行为，使得中国国内的抗日情绪高涨。还有其他的原因吗？不知道大家还记不记得，在第四章的最后部分，我们提到过一个国家曾经短暂性地支援过中国。

——德国？

没错。我们都知道德国在 1940 年 9 月 27 日与日本、意大利签署了《德意日三国同盟条约》，德国是日本的二战盟国。但是，直到 1938 年 5 月 12 日承认"满洲国"，明确与日本合作之前，德国是向中国出口武器最多的国家。除了武器和军需品，德国还向蒋介石派出了军事顾问团。由德国军事顾问团训练的中国部队，是用戴姆勒—奔驰卡车运送到战场上的。没错，就是那个制造豪华车的奔驰，奔驰卡车的性能想来要比日军用的国产卡车好得多吧。

中国与德国之间的武器买卖，使用现金或货物进行结算。中国拥有不少德国需要的矿产资源，比如钨矿，中国用这些物资换回了不少德国的工业产品。中德之间的这种关系主要是经济层面的，而中国与苏联的合作则更多地体现在军事层面，两国在 1937 年 8 月 21 日签订了《中苏互不侵犯条约》。根据这一条约，苏联向中国提供 924 架飞机、1516 辆汽车、1140 门大炮和 9720 挺机关枪，并以志愿军的名义派遣了苏联飞行员参战。苏联认为，与日本发生军事冲突是迟早的事，如果能够让中国在苏联做好对日战争的准备之前，为自己争取一些备战的时间，给予这种程度的军事援助完全不是问题。

英美也对中国进行了军事援助，从某种意义上来说，两国的援助还带有一些道德意味。由于英美在中国的各主要城市都拥有大量的经济权益，所以无法容忍日本独占与中国的贸易。1938 年 12 月，美国向中国提供了 2500 万美元的借款。通过这种援助，中国可以向美国购买相应金额的物资。即使中国海岸线已经被日本封锁，但是物资仍然可以经由中国香港运入内地。

另一方面，1939 年 1 月，美国禁止向日本出口飞机及相关零部件，并在同年 7 月 26 日宣布废止《日美通商航海条约》。这是美国对日本的警告："日本真的准备倡导东亚新秩序，施行旨在实现日本对东亚的经济支配的政策吗？如果这种政策持续下去，美国将不惜与日本对立。"

日军接连攻陷上海、南京及武汉以后，长江中下游地区这一中国的工业和文化中心已经处于日本的占领之下。在武汉陷落的1938 年 10 月左右，英国开始担忧中国会在与日本的战争中落败，害怕丢掉了这么多国土的中国将变得任由日本摆布。于是在 1939年 3 月，英国也开始对中国提供旨在保持币值稳定的贷款，避免中国货币贬值带来的中国经济崩溃。来自英国的物资经由中国的香港、广州及法属印度支那（今越南，当时是法国殖民地）等地，也就是所谓的援蒋路线（即运送援助蒋介石物资的路线），进入中国内陆地区。

南进的主观原因

虽然贸然评论某个国家的国民性格是相当奇怪而且不可靠的，不过，在日本人的性格里，确实存在那么一些乖僻之处，容易一个人闹别扭。（笑）在看到苏联、美国和英国援助中国之后，日本就发脾气了，为什么大家只帮着中国呢？当然，这一切都是因为日本先挑起了战争，企图用武力逼迫中国改变对日政策，但是日本却没有意识到这一点。

到 1944 年底左右，日军占领了中国东北、华北、华东以及华南的大片地区。一般而言，一个国家有这么多的领土落入敌方手中，就算投降也不奇怪。日本在分析了中国坚持抗战的理由后认为，原因在于中国背后有英、美、苏等国的援助。既然如此，只要切断援蒋路线就可以了。切断援蒋路线，就需要控制法属印度支那的机场，然后日军飞机就可以从这些机场起飞，轰炸运输援华物资的车辆和船只。这无疑是英国在援助中国时最为担心的情况。英国虽然在附近拥有中国香港、新加坡等占领地或殖民地，但这时还没有做好防御日军进犯的准备。

出于尽早结束中日战争的主观目的，日军开始实施入侵法属印度支那的计划。入侵行动共有两次，分别是 1940 年 9 月对法属印度支那北部的入侵和 1941 年 7 月进一步入侵法属印度支那南部的行动。继中国之后，日本又剑指法属印度支那，竟然如此大胆，一个接一个地侵略别国的领土。日本敢于入侵法属印度支那的一大原因就在于，这个地方是法国的殖民地。在说明这一点之前，让我们回顾梳理一下二战初期法国的表现。1939 年 9 月 1 日德国入侵波兰后，英法在 9 月 3 日对德国宣战，第二次世界大战由此爆发。1940 年上半年，德军先后进犯挪威、丹麦、比利时、荷兰、卢森堡及法国，并在同年 6 月 13 日兵不血刃地占领了巴黎。占领法国以后，德国扶植了傀儡维希政权。

1940 年 9 月 22 日，日本为控制机场而进军法属印度支那之前，本来应该与控制着这块殖民地的法国政府交涉的。但是，法国当时已经处于德国的占领之下，因此交涉的对象就成了德国的傀儡维希政府。日本的如意算盘是，如果法属印度支那总督承认日军进驻，那么第三国就没有理由反对。

日本南进的第二个理由是，企图获得东南亚的资源。因为日本承认了汪兆铭的南京伪国民政府，已经很难期待与蒋介石实现和平，所以日本认为，切断为蒋介石提供物资的援蒋路线自然是南进的理由之一。但是，如果中日之间的战争持续下去，还是需要向南方寻求维持战争的资源。况且在这个时候，西欧的大部分国家已经处于德国的控制之下，只要德国不出手，这些国家的殖民地就等于是无主之地。于是，日本就产生了占领这些地区来创造一个自给自足的经济圈的想法。

中国的要求

刚才在讲日本入侵法属印度支那的问题时，说其目的在于建设机场来轰炸援蒋路线。实际上，日本建设机场的目的并不仅仅是为了这个。当时，英、美、苏等国都已经开始进行情报战，破译敌方的密码。根据最新的研究结果，当时的日本也解读了相当多的密码。防卫省防卫研究所研究员小谷贤在其著作《日军的情报工作》①中，详细叙述了这方面的问题，这本书非常有趣，请大家有机会一定读一读。

"九一八"事变以来，陆军就着手破译中国国民政府的密码，而张学良政权使用的密码早在 1928 年就已经被破译了。据说到1936 年时，日本已经可以解读国民政府的外交电报了。卢沟桥事变后不久，蒋介石曾给驻美、英、法、苏的中国大使发电，"探询与日本开战时可期望的任何援助及驻在国意见，并尽快回报"。而这封电报就被日方窃听并解读了。英国也留有日本成功破译中国电文密码的记录。根据英国情报部门的调查，驻伦敦、新德里、锡兰

---

① 『日本軍のインテリジェンス』，讲谈社 2007 年版。

（斯里兰卡的旧称）、悉尼及华盛顿等地的中国驻外武官与本国的通信，据说也都被日方破译了。

那么中国的通信中有哪些重要的信息被日方截获解读了呢？当时日本最关心的是拥有世界最强海军的美国，到底会对中国提供多少援助。日本的担心并不是空穴来风，因为当时蒋介石的内兄、支撑着中国国民政府的浙江财团的核心人物宋子文，正计划前往华盛顿，游说美国给予更多的借款和军事援助。宋子文在 1940 年 6 月启程赴美，请求美国给予直接军事援助，而在此之前，美国还没有向中国提供过直接与战争相关的军需物资。虽然美国在当年 9 月日本入侵法属印度支那以后，向中国提供了第三笔 2500 万美元的借款，但是在 6 月的时候，美国还没有下决心给予中国武器援助。

美国的考虑是，虽然中日尚未互相宣战，但是实质上已经处于战争状态，如果向中国提供武器援助，就等于与日本为敌。在这种情况下，中国向美国提出了一份提案，这些内容被记录在美国陆军的官方战史中。1940 年 10 月 18 日，蒋介石向美方表示：

> 日本封锁中国的海岸线，弱化中国，且削弱了中国人民的抗日意识。长此以往，正中共产党的下怀。我认为共产党比日本人更为危险。日本还有可能侵略新加坡，封锁缅甸。如果美国不能提供更多的援助，包括由美国志愿飞行员驾驶的飞机，中国可能会崩溃。但是，如果能顺利地获得飞机，从中国起飞的飞机就能够破坏日本的海军基地，这样一来就能彻底地解决太平洋的悬案。

蒋介石对美国的这番说辞，或者说是威胁，很有效果。首先，他威胁说，这样下去，共产党的势力会进一步扩大。就美国的立场而言，它当然讨厌日本和德国这样的集权主义国家，但是同样不喜欢共产主义。不知道美国有没有这种担心，中国一旦变成社会主义国家，美国就没法卖出 10 亿支高露洁牙膏，也没法在中国出售可口可乐了。（笑）蒋介石的第二个威胁是，日本当时考虑着南进，而且矛头直指对英国而言非常重要的新加坡。

因为当时美国尚未加入第二次世界大战，参战双方主要是英法和德意。嗯，不过法国嘛，已经投降了，所以其实只剩下英国了。这个时候，如果英国在东亚发挥影响力的重要据点新加坡失守，英国的处境将会非常不利。美国想必也很担心吧。最后蒋介石保证，如果美国能提供飞行员和飞机，美国就可以把中国作为基地，轰炸日本的海军基地，这样一来，就能削弱美国所担心的日本海军战力。哎呀，真是漂亮的威胁和诱惑呢。

中国在 1940 年 11 月派遣中国空军代表前往华盛顿，游说美方在 1941 年底以前提供 500 架飞机以及相应的飞行员给中国。日本当然也察觉到了这些举动。1940 年 12 月 1 日，美国再次向中国提供了 1 亿美元借款。虽然此前美国并不同意向中国直接出售武器，但此时却改变了态度，同意中国利用这笔资金采购美国的飞机。1941 年 3 月，罗斯福总统签署《租借法案》，进一步打开了向英国和中国进行武器援助的大门，回应了中国方面的请求。同年 7 月 28 日，已有 100 架美国飞机和相应的飞行员抵达中国并展开作战。

当日本得知这些交涉的内容时，该有多么焦躁啊。各位大概也能够想象吧。先锁定与中国大陆接壤的地区，切断援蒋路线，再通过掌握东南亚这一英法权益集中区域的制空权，来达到牵制英法的目的。这些就是日本希望在法属印度支那获得机场的主要原因。

丘吉尔的牢骚

仅从表面意思去理解刚才讲的内容，可能会产生这样的误解：中日战争扩大为太平洋战争，是因为英、美、苏等国援助中国，日本在这一过程中处于被动接受的状态。也就是说，日本是在经济和政治层面受到其他国家压迫，才被迫选择了战争。这种看法当然是错误的。只要对日本国内的政治决策过程加以分析，就可以知道这些都是日本选择的结果。我们已经对第二次世界大战开始的过程进行了说明，当时日本的内阁，即阿部信行内阁（1939 年 8 月 30 日至 1940 年 1 月 16 日）和米内光政内阁（1940 年 1 月 16 日至同年 7 月 22 日），都表示不介入欧洲战事。

如果能一直不介入欧洲战事，也就不会有后面的问题，但是，德军闪电战的成功勾起了日本的欲望。东南亚到处都是欧洲的殖民地，但现在殖民宗主国大多已经战败投降，日本如果要夺取这些欧洲国家的殖民地，只需要德国点头。而且，日本对于德国的纳粹独裁体制也心生向往。当时，众议院的大部分议席为政友会和民政党等大党所掌握，而在贵族院，又尽是那些家世显赫的无能贵族，许多国民都对这种局面感到不满。在中日战争全面爆发时担任首相的近卫文麿就利用这种不满情绪，着手进行所谓新体制运动①。1940 年 7 月 22 日，近卫文麿再度登上首相之位，并在两个月后，与德

---

① 1940 年，以近卫文麿为中心展开的旨在效仿纳粹德国的法西斯主义政治运动。运动开始后，各大政党纷纷解散，"大政翼赞会"被建立起来，日本由此向法西斯体制迈进了一步。

国、意大利缔结了《德意日三国同盟条约》。

这时，陆军内部就下一步应该采取什么行动这一问题出现了分歧。第一部长田中新一在参谋本部主要负责作战相关事宜，他认为，如果蒋介石坚持抗战，那么中日战争就会变成持久战，为了把战争继续下去，就需要获得南方的资源（主要是指荷属东印度的石油）。这一点在之前的内容中也说明过。他们计划在德军成功登陆英国本土后，趁机进军南方，建立起一个能够自给自足的经济圈。参谋本部一直以来都在埋头准备对苏战争，这时可以说出现了转变。请大家注意参谋本部计划在什么情况下实施南进。

另一方面，当时负责应对议会以及预算问题的陆军省军务局局长武藤章等人则希望与美国交涉，从而找到从中日战争的泥沼中脱身的办法。1941 年 4 月，陆军派遣军事课长岩畔豪雄前往华盛顿，参与美国国务卿赫尔负责的日美交涉。

这里的问题就是，当时美国是否准备认真调停中日战争？之前我们已经提到过，1941 年 3 月，罗斯福总统为了向英国和中国提供武器援助而签署了《租借法案》。通过这一点，当然能明确地了解到美国对中国的善意，不过，我们还要仔细地探讨一下当时的国际关系。

日美交涉始于 1941 年 4 月，两个月后的 6 月 22 日，苏德战争爆发。所以，当时盟军方面主要是英国在抵抗德国的全力攻击。在《租借法案》通过以前，英国需要付钱向美国购买武器。英国首相丘吉尔与美国总统罗斯福曾就这一问题进行过这样有趣的交谈。

1940 年 6 月 15 日，丘吉尔致罗斯福：

"美国是不是应该采取一些行动？否则，英国可能会与德国展开交涉。美国的驱逐舰是绝对必要的。"

1940 年 12 月 7 日，丘吉尔致罗斯福：

"英国是在替美国打仗。英国已经无力再继续付钱购买美制武器。"

丘吉尔的威胁也相当厉害，可以说与蒋介石不分伯仲。原本美国应该与英国共同对抗德国，但是正如丘吉尔抱怨的那样，英国正在"替美国打仗"。英国已经把话说到这种程度，罗斯福总统确实有必要说服国会，使得无条件提供武器援助的《租借法案》得以通过。

总之，我在这里想说明的是，到 1941 年 4 月，美国终于可以毫无顾虑地向英国输出大量武器，而且海军的大规模造舰计划也终于开始实施。对于将自己定位为同盟国兵工厂的美国来说，此时最需要的是时间，也就是要为军工生产争取到一定的时间。国务卿赫尔在 1941 年 4 月 16 日正式着手进行日美交涉，也有这方面的原因。日本陆军省军务局计划让美国调停中日战争的想法，可以说是具有一定合理性的。

7 月 2 日御前会议决定的幕后

在试着对日本走向战争的原因进行一一确认时，我的脑海中曾经闪过一个疑问，为什么这些重要的事情会被如此轻易地决定呢？例如，1941 年 7 月 2 日，御前会议上决定的《随着情势推移之帝国国策纲要》（以下简称《纲要》），就是如此。

这份文件的重点之一，就是最终决定入侵法属印度支那南部。然而，希望进行日美交涉的陆军省军务局为什么没有反对？而且，海军省应该清楚，日本海军仅应对英国一国尚可，但是如果同时面对英美两国的海空兵力，就会力有不逮。海军省为什么也没有反对呢？关于这个决定，筑波大学的波多野澄雄教授在仔细阅读陆军省及海军省参与决策的课长们的日记以后，给出了下面的见解。读了之后会让人有恍然大悟之感呢。

让我们试着回想一下 7 月 2 日之前发生的事情。6 月 22 日，苏德战争爆发了。而在两个月前的 4 月 13 日，当时的日本外相松冈洋右飞抵莫斯科，与苏联缔结了《苏日中立条约》，双方约定互不敌对。从松冈的立场来说，通过这一条约可以阻止苏联对中国进行武器援助，因此成功缔结该条约是非常值得高兴的。另一方面，1940 年 9 月，日本已与德、意缔结了《德意日三国同盟条约》。日本认为，这样一来，由日、德、意、苏四国组成的同盟就接近于形成了，待四国同盟结成，就可以对抗英美等资本主义国家了。

大家可以看一看下面这张实力对比情况表。这张表格将当时已经缔结三国同盟的德国、意大利、日本的各项军事指标的总和，与同盟国的英国、法国、波兰的总和进行了比较。在人口、常备军、主力舰和驱逐舰等方面，两大集团各有高低。如果单论战斗机的数量，轴心国有压倒性的优势。另外，还必须看到的是，在二战爆发的 1939 年，美苏两大国还没有加入战争。苏联的常备军与战斗机数量远远超越美国，而海军实力强大的美国，则在主力舰和驱逐舰的数量上拥有优势。

通过这张表，可以发现松冈洋右所构想的"三国同盟加苏联"

1939 年参战各国的实力对比情况

项目 ＼ 组别	英、法、波兰	德、意、日	美 国	苏 联
人口（万人）	12395.4	18279.3	12982.5	16730
常备军（万人）	131	192	19	170
战斗机（架）	2269	6245	800	5000
主力舰（艘）*	97	87	57	13
驱逐舰（艘）	280	233	214	52
潜水艇（艘）	102	207	95	150

* 主力舰含战列舰、航空母舰及巡洋舰。

资料来源：Robert Goralski：*World War II Almanac 1931–1945.*

的四国同盟路线，确实很有吸引力。但是，6 月 22 日爆发的苏德战争，使松冈的计划化为了泡影。对于松冈有没有抱怨希特勒突然发动战争，我们不得而知。但是，松冈这时却一反常态地提出，如果可能的话，日本不如在德国攻击苏联的时候，配合德国，从苏联的背后发起进攻。换言之，日本应当北进。

参谋本部的作战课非常支持松冈的"北进论"。之前我们提到过参谋本部作战课宣扬南进，以获取资源建立起自给自足的经济圈。不过，稍加思考就会明白，参谋本部原本就一直埋头准备对苏战争，所以在这里附和松冈外相也不奇怪。在当下趁机进攻苏联的呼声迅速蔓延开来。与此同时，陆军省军务局和海军（包括海军省及军令部）则不赞同这种激进的"北进论"，他们认为现在攻击苏联只会造成麻烦。以陆军省与海军为中心的一部分人，对日美交涉仍然抱有希望，所以采取行动来牵制"北进论"。

具体来说，为了抑制外务省与参谋本部突然提出的北进主张，他们便针锋相对地提倡南进，并呼吁进军法属印度支那南部。陆军省和海军完全没有考虑到美国会因为日本入侵法属印度支那南部，而采取什么样的报复手段。他们认为，那是法国的殖民地，应该与美国无关吧。这一点，可以通过军人们的日记得到确认。在参谋本部战争班撰写的日志中有这样的判断："只是驻军于法属印度支那，确信不会受到禁运制裁。"他们完全没有预料到，在得到日本入侵法属印度支那南部的消息后，美国立即在 7 月 25 日冻结了日本在美国的资产，并在 8 月 1 日全面禁止对日出口石油。实施冻结资产的制裁，就是禁止提取或转移该国政府与民间所有的资金与财产。

　　为什么美国会如此迅速地做出反应呢？美国的海因里希斯（Waldo Heinrichs）先生曾就这个问题进行过相关研究，他的部分研究内容被翻译收录在细谷千博等人编著的《太平洋战争》[①]一书中，有兴趣的同学可以找来读一读。总之，美国当时认为，因为苏联有"冬将军"这位坚强的好朋友，如果苏军能在俄罗斯 10 月的寒冬到来之前抵挡住 300 万德军的攻击，应该就能够顺利支撑到来年春天。法国的拿破仑也曾在 19 世纪初陈兵莫斯科城下，但是依旧无法迫使俄国屈服，原因就在于俄国冬季的严寒。美国估计，到1942 年春天，其军工产业可以有足够的能力为苏联生产军需物资了。

　　1941 年 9 月 28 日，美英与苏联签订协议，为苏联提供军需物资。英国同样希望苏联可以坚持到来年春天。对 1941 年夏天的美国而言，最重要的目标之一，就是让苏联能够挺过德军的闪电战。所以美国对日本施加严格的制裁措施，某种意义上也可以说是为了消除苏联对日本的担心。

---

① 『太平洋戦争』，东京大学出版社 1993 年版。

三　为何寄希望于首战大捷

特别会计

请大家回顾一下 1941 年 9 月 6 日的御前会议上，军令部总长在试图说服天皇时所说的话（第 267 页）。他表示，与其在短暂的和平后陷入无法反击的状态，倒不如寄希望于有七八成胜算的首战大捷，即在战争的最开始就决出胜负。现在从日美双方的国力差距来看，会觉得这个想法并不合理，但为什么当时的决策者会坚持这个想法呢？

为了弄清楚这一点，就必须对军部自 1937 年 7 月中日全面战争以来，在战时悄悄地为太平洋战争，也就是以英美为假想敌的战争准备资金、确保军用物资的情况进行考察。1937 年 9 月，近卫内阁在帝国议会上以特别会计的方式加入了"临时军费"。特别会计是以从政府认定的开战日到战争结束为止（一般以缔结和约为界）作为一个会计年度的会计制度。

开始于 1937 年的特别会计，竟然直到 1945 年 11 月才在帝国议会上被提出来。从中日战争到太平洋战争为止的特别会计，居然在太平洋战争结束之后才提出决算报告，这种情况太异常了。但是对军部来说，不同于甲午战争和日俄战争时期，因为不需要考虑政党的反对，所以再没有比这更好的制度了。中日全面战争爆发后，军部虽然一边要全力对付蒋介石，但还是同时在暗中做着准备，以应对太平洋战争。

根据一桥大学吉田裕教授的研究，以1940年的临时军费为例，分别计算其中被用于中日战争及为太平洋战争准备的数额，发现只有三成被用于中日战争，其余的七成则分别被海军用于对英美战争的准备，以及陆军对苏联战争的准备。实际上，到1941年底太平洋战争爆发为止，被海、陆两军用掉的临时军费总额达到了256亿日元。换算成现在的币值，差不多就是乘以800，那么就是204800亿日元了。

当时，军方内部似乎也察觉到不对劲。在海军省调查课负责应对帝国议会的军人高木惣吉在1937年8月3日的日记中写道："即使是我们军队内部的人，也不能理解为何需要这么多经费，无法完全认同这种主张。"军部表面上是为了和中国打仗，实则在暗中拼命地储备着太平洋战争所需的军用物资。军部的想法是，只要在美国没有完成战争准备的时候发动奇袭并获得胜利，或许就可以打赢战争。

实力对比，就是比较不同国家之间的国力或者军力。请各位再看看前面的实力对比情况表（第284页）。在战斗机方面，德、意、日三国的总数压倒性地超过英国、法国及波兰，而美国的战斗机数量仅为800架，只有苏联特别突出，拥有5000架。如果苏联加入轴心国一方，即使美国加入英法一方，战争也不会对轴心国特别不利。日本必然考虑过这种可能性。

　　然而，实际上，这张表格隐藏着数字陷阱，因为其中的数值取自 1939 年 9 月这个静止的时间点，而各国的军备生产力是随时变化的。在这一点上，美国是个不可思议的国家。

　　再来看看下面这张表，其中反映的是航空母舰上的舰载机的数量变化情况。航空母舰是能够把大量飞机运送到决战海域的大型舰艇，而舰载机的数量则是各国海军航空兵实力的象征。让我们来看一看美日两国在 1941 年和 1945 年，也就是战争开始和结束时的舰载机数量差距。1941 年日本生产的飞机数量若以 100 计，那么同时期的美国大约也只有 107，双方的差距很小。但是到了 1945 年 7 月，日本若为 100，美国则达到了 1509。

1941 年 12 月至 1945 年 7 月

日本与美国的舰载飞机数量对比情况

时间 国家	1941. 12	1942. 6	1942. 12	1943. 6	1943. 12	1944. 6	1944. 12	1945. 7
日本	100	100	100	100	100	100	100	100
美国	107	130	86	231	332	580	900	1509

说明：假设日本各个时期的舰载机数量为 100。

资料来源：Robert Goralski：*World War II Almanac 1931—1945.*

　　这种变化幅度正是美国潜力的反映。日本经过拼命地准备，拼上积攒下的飞机和预算，在 1941 年 12 月开战时，的确是在军力相对平衡的状态下进行战争。但是一段时间以后，终究还是会被具有巨大潜能的美国反超，然后失败。虽然和大坂冬之阵的比喻不尽相同，但在 1941 年的平衡点之后两年，从 1943 年起，美国就占据了决定性的优势。从这一点也可以明白，为什么日本会希望在飞机的数量、性能以及航空母舰的数量等相对充沛，综合战力尚优于美国的时机开始战争。

以突袭先发制人

在讲了预算和军需品的生产之后，我们再来说一说实际的突袭作战。据说是联合舰队的司令长官山本五十六推广了这一想法，并使其最终成为海军及政府的决策。说到开战的广播时，我们知道在日本时间 12 月 8 日，先是陆军在凌晨 2 点登陆英属马来西亚的哥打巴鲁，接着是海军在凌晨 3 点 19 分（当地时间 7 日早上 7 点 49 分）袭击了位于夏威夷珍珠港的美国太平洋舰队。虽然陆海军已经发动了对英美的作战，但是在华盛顿的驻美大使野村吉三郎却是在开始攻击后的一个小时，才把最后通牒递交给美国国务卿赫尔，所以日本是在没有宣战的情况下对美英发动了突然袭击。

日本海军没有能力同时对付英美两国的海军，那要怎么办才好呢？任职于防卫省防卫研究所的相泽淳老师的研究可以帮助我们了解这一点。他认为，山本五十六利用飞机对停泊在港口的敌国主力舰进行鱼雷攻击，从而将敌方一网打尽的计划，是基于日俄战争的经验想出来的。我们在第二章说到旅顺会战时也提到过，当时俄国舰队一直龟缩在旅顺港，并不打算出港。在这种情况下，日本海军的几次攻击并不奏效，一时间陷入了僵局。

山本五十六认为，敌军舰队聚集在港内，正是实施突袭的最佳时机。在当时，如果战列舰或者航空母舰被击沉的话，建造新的舰艇，一般需要花费 1—2 年的时间。山本进一步设想，如果日能趁美国忙于建造新舰的时机，在日本列岛、朝鲜半岛、中国台湾以及周围的东南亚区域建设军用机场，并且能活用这些军用机场组成的网络，进而掌握制空权，就可以确保这些海域的己方船只的安全。战后的"事后诸葛亮"常常会强烈地批评日本不派海军为运输船队护航而任由美国潜艇攻击的做法，事实上，山本所设想的确保船队安全的方法并不是利用海军舰艇护航，而是以确保制空权为前提，以空对海进行全面的防卫。

1941 年 11 月 15 日，山本向天皇报告了这一作战计划，并取得了天皇的同意。天皇听取了包括偷袭珍珠港在内的整个作战计划，海军将偷袭珍珠港说成是堪比"桶狭间之战"的突袭作战，对于接下来双方的主力舰队决战，海军也有"充分的胜算"，即使局势演变成持久战，还是"可以保护海上交通线"，所以对美国开战是可行的。海军提到的"桶狭间之战"很重要，那场战役发生在旧历的 1560 年（永禄三年）5 月 19 日，仅有对手 1/10 兵力的织田信长突袭手握重兵的今川义元的本阵，并获得了胜利。不论是"大坂冬之阵"还是"桶狭间之战"，昭和天皇对于这种引用历史典故的说明方法似乎没什么抵抗力，这说不定也是海军方面的妙计。

最终获得天皇通过的作战计划如下：集中投入赤城、加贺、苍龙、飞龙、翔鹤和瑞鹤 6 艘航空母舰，待它们的舰载机起航集结之后，同时对目标展开攻击。而攻击的目标，就是位于夏威夷瓦胡岛上的珍珠港。

珍珠港为何毫无防备？

中田整一先生曾经在 NHK 担任制作人，制作过《纪录昭和》

等优秀的纪录片。他发现了政府军监听参与"二二六"事件的青年将校们的电话一事，并最终找到了监听录音。从 NHK 退休以后，他根据掌握的史料编撰了多部作品，比如将在美国发现的海军军人渊田美津雄留下的自传手稿经过整理后，以《突袭珍珠港总队长的回想——渊田美津雄自传》① 为题出版。这本书的内容相当有趣。

渊田的经历有些不一般，他在战后成了基督徒，并前往美国周游传教。这可是非常了不得的事情，因为他就是日本海军突袭珍珠港时攻击机群的指挥官。在他的指挥下，来自赤城等航空母舰的舰载机袭击了停泊在珍珠港的美国军舰，并夺去了许多舰上水兵的生命。

当时的日本海军飞行员有着相当长的飞行时长，以及由此磨炼出的高超飞行技术。因为日本海军在太平洋战争爆发之前，就反复执行过对中国的跨海轰炸等任务，因此培养出了一批老练的飞行员。同时，海军还装备了费尽脑汁研发出的、在当时性能颇佳的零式舰上战斗机，这种战斗机常常被简单地叫作"零战"。根据美国的记录，日本对珍珠港的突袭共造成 3077 名美国海军（包含海军陆战队）士兵阵亡、867 人受伤，陆军也有 226 人阵亡、396 人受伤。另有 5 艘战列舰、2 艘驱逐舰被击沉，188 架飞机被击毁。但是，日军没能找到美军的航空母舰，这是这次作战的一大失误。

据说渊田在夏威夷上空盘旋了足足 3 个小时，对战果进行确认。如果不这么仔细的话，就没法准确地对美军飞机和军舰的受损状况进行判断。

---

① 『真珠湾攻撃総隊長の回想 渕田美津雄自叙伝』，讲谈社 2007 年版。

为什么美军舰队会毫无防备地停泊在珍珠港呢？我一直对这一点感到疑惑。美英方面应该相当清楚，日本是一个惯于主动发起突然袭击的国家。可以预见，与日本开战的时候，就有可能受到日本先发制人的攻击。日本若要先发制人，夏威夷是最恰当的目标。明明可以预见到这种情况，美国为什么没有提前布置防雷网之类的设施来防御飞机投下的鱼雷呢？有人知道原因吗？

——……？

就算是喜欢海军的宅男可能也不知道这一点吧。（笑）当然，我也是看了中田先生的著作以后现学现卖啦。当时的飞机很难准确地用炸弹来攻击军舰，如果要准确命中，就必须到达比较近的距离。但这样一来，飞机就会受到舰载高射炮的攻击。那么飞机应该如何在不靠近军舰的情况下实施攻击呢？鱼雷这种便利的武器此时就可以发挥重要作用了。鱼雷从飞机上投下后，就会潜入水中，朝军舰高速游去，这样就可以从距离目标大约 1000 米的地方发起攻击了。

如果飞机的高度是 100 米的话，鱼雷入水以后会先沉到距海面大约 60 米的地方。鱼雷入水的冲击力会启动鱼雷内部的动力装置，推进系统使鱼雷浮到海面以下的设定深度，并保持这个深度迅速地朝目标前进。如果目标舰艇的吃水（指船舶沉入水下部分的最长深度）是 7 米，就可以设定鱼雷在 6 米的深度前进，从而可以刚好击中距离船底大约 1 米的弹药库。在某种意义上，鱼雷真是设计得非常优秀的武器。装备了鱼雷的飞机可以停留在相对安全的区域，通过在海面下穿梭的鱼雷攻击敌舰的要害部位。

珍珠港水深在 12 米左右，是一个浅水港。美国海军把这里作为母港，不仅因为战列舰的吃水是 7 米左右，更是因为这里的水深只有 12 米，而鱼雷被投入海中时，会先沉到 60 米的深处，所以珍珠港堪称免疫鱼雷的军港。如果是深水港，鱼雷就会有充分的空间可以正常工作。美国认为，因为珍珠港是浅水港，所以即使飞机投下鱼雷，也会如同在海底打桩一般，插进海底，几乎没有威胁。总之，美国在某种程度上也轻视了日本的技术，他们认为不可能有技术可以避免飞机投下的鱼雷扎进珍珠港的海底。然而，问题就在这里。

在战场上，对于敌国的人种偏见有时候会产生极大的影响。有记录显示，即使在日军飞机疯狂地对中国香港实施攻击以后，仍然有英国人坚持认为，一定是德国人在驾驶日本飞机。

像渊田这些海军航空兵的训练情况被形容为"月月火水木金金"①，意思就是没有休息，时刻都在严格训练。那么他们的训练项目又是什么呢？他们在与珍珠港地形相似的鹿儿岛进行鱼雷投射训练，努力做到不让鱼雷入水以后一下子沉到 60 米深。当然，不仅是训练，鱼雷本身也需要进行各种技术改良。

——需要训练多久，才能让鱼雷即使在水深只有 12 米的海域也可以工作呢？

这个作战计划是在 1941 年 9 月下旬制订的，到实施为止，大约持续了 3 个月。

---

①《月月火水木金金》是旧日本海军的一首军歌，歌名来源于日语中对于一周七天的称呼。周日为日曜日，周一为月曜日，周二为火曜日，周三为水曜日，周四为木曜日，周五为金曜日，周六为土曜日。"月月火水木金金"即一周之中没有周日（日曜日）与周六（土曜日），七天皆为工作日，用来形容工作、训练之刻苦。

——很厉害，这是相当短的时间呢。

是啊。美国也没有想到日本会发动这样的攻击，所以对于珍珠港 12 米的水深非常放心，并没有设置防雷网之类的防御设施。果然，不论哪个国家的军队都免不了轻敌。不过，在浅水区域进行鱼雷攻击，并不是日本人的独创。在珍珠港事件发生之前的 1940 年 11 月 11 日，英国海军的攻击机群就奇袭了意大利的塔兰托军港，用鱼雷攻击了停泊在军港中的意大利军舰，塔兰托军港的水深只有 14 米。所以日本海军所做的努力，其实就是将这 14 米的深度进一步降到 12 米。根据美国方面的资料，在日军投下的鱼雷中，有 27 发命中，其中 7 发命中了"西弗吉尼亚号"战列舰，5 发命中"俄克拉荷马号"战列舰。

只能速战速决吗？

在那些保守派的月刊上，每年夏天差不多都会按惯例出一期太平洋战争特集，其中总是会不厌其烦地反复提出一些既没有反省之意，也看不出多少伤痛的问题。为什么日本要不宣而战去偷袭美国，反而让全美上下同仇敌忾？日本为什么要与缺乏资源和战争潜力的德国、意大利缔结三国同盟？每次我看到诸如以上问题，都会想，日本真的能制订出比速战速决更好的计划吗？要是一直考虑这种事的话，最后简直就成了哲学问题。

在面临总体战时，能够进行持久战的恐怕只有几个国家：国土广阔且拥有丰富人力、物力资源的苏联、美国、中国，以及在全球范围内建立了殖民地的英国。既然如此，那些想要通过速战速决来避免持久战的国家又应该采取什么行动呢？通过了解德国所做的判断，我们可以更好地理解日本的行动，所以这里就先把话题拉回到第二次世界大战爆发前，考察一下当时德国的动向。

1939 年时，德国的黄金和外汇储备还不如日本。中日全面战争爆发前，德国曾向中国表示，"可以用钨来换购武器"，并与中国进行了相当规模的以物易物贸易。在德国的传统政治结构中，占据统治地位的国防军和外交部的官僚们致力于与苏联、中国维持良好的关系，以便获取德国所需的资源。因此，根据 1936 年的统计数据，在德国的武器出口总量中，对中国的出口占 57%，相比之下，对日出口只占了 0.5%。这些数据是成城大学的田嶋信雄教授整理出来的，很有意思吧。与资源丰富的国家搞好关系，德国这种实用主义的政策一直延续到了 1938 年 6 月。

德国原本可以通过这种政策积蓄国力，再向宿敌英国和法国发难，但其内部却出现了反对这种实用主义政策的声音。国防军的情报部门里有一个名叫卡纳里斯的海军上将，他与赢得希特勒信任而成为外交部部长的里宾特洛甫等人一起，反对实用主义政策。他们认为，"与苏联和中国继续维持良好关系，并进行以物易物贸易，将会给德国带来危险"。他们根据得到的情报，推测了苏联的计划。

卡纳里斯等人确信，苏联准备在全世界输出革命，实现共产主义，因此也着手进行"防共""反共"工作，以对抗共产主义。虽然现在一提到纳粹，一般都会马上想到"反犹太主义"政策，但是也不能忘记纳粹还有"反共"的一面。他们认为，如果不建立对共产主义的防波堤，德国就有可能灭亡。希特勒由此对支持中国的政策进行了 180 度的转变，在 1938 年 6 月转而支持日本。在这里要弄清楚的一点是，德国这时候看上了日本的哪一点呢？

德国国防军原本是看不上日本的，因为日本在第一次世界大战中甚至都没有经历过总体战的鲜血洗礼。但是，国防军的态度还是发生了大幅度的转变。因为从地缘政治学的角度来看，日本可以说是对抗苏联的天然要塞。在苏联进出太平洋必经的海峡中，日本就掌握着津轻、宗谷和对马这三个海峡。为了对付苏联，德国放弃了实用主义的对华政策，转而选择了日本。

德国放弃中国的政策造成了相当大的影响，在这种情况下，中国必然会靠近苏联。直到中日全面战争爆发为止，德国一直在向中国输出武器，但在其准备与苏联对抗以后，就开始了与远东日本的合作。而中国的国民政府则害怕中国共产党的势力扩大，准备在中国共产党与苏联合作之前，抢先拉拢苏联。

德日两国的合作使得中国向苏联靠近，这种情况的背后，存在着对抗共产主义的意识形态问题以及地缘政治学因素。正因为德日都是无法坚持进行持久战的国家，所以才会计划从亚、欧两个方向同时牵制苏联。在亚洲发生的中日战争会成为第二次世界大战的一部分，某种程度上也受到了这些因素的影响。

日本没资格打仗

正因为日本无法进行持久战，所以必须制订出速战速决的计划，或是考虑地缘政治试图夹击敌国。做这么多还真是辛苦了。（笑）那么，既然日本无法进行持久战，不如坦承自己没有资格打仗，这样一来不就了结了？一名高唱和平的军人提出了这种观点。大家知道他是谁吗？这是一位在昭和初期倡导和平的海军军人。

——山本五十六？

不对。虽然山本的心中确实有过和平的想法。

——米内光政？

米内也是一个非常正直的军人。不过，此人既不是山本，也不是米内。20 世纪 20 年代，他曾说："基于这些理由，日本根本就是无法进行战争的国家。所以别再考虑战争了。"能答上来吗？答案是水野广德。

水野广德在 1929 年写了一篇题为《无产阶级与国防问题》的文章。为什么这两个词会一起出现呢，有点不可思议吧？水野深入地探讨了何谓国家安全的问题。到 1929 年时，飞机研制出来才 20 多年，还没有成为战争中的主要武器。水野认为，由于日本是岛国，所以本土安全基本不会受到威胁，唯一会让国家不安定的因素就只有经济上的问题。日本作为一个国家，最重要的就是维系与外国的经济联系，只要日本不对其他国家做出"国际性的蛮横不法行为"，经济就能得到保障。

水野认为，日本的重点在于经济，因为日本 80% 的重要物资都依赖进口，所以必须维持良好的国际贸易关系，才能保证国家的稳定。现代战争势必会演变成持久战、经济战，然而，当时的日本经济却有着致命的弱点，如物产匮乏、技术低劣、主要出口物资蚕丝并非生活必需品，等等。在这种情况下，即使日本在战场上一时处于优势地位，也绝对无法打赢接下来的持久战和经济战。所以，水野得出了日本没有资格进行战争的结论。

水野作为一名军人却得出了这样的结论。对于技术低劣这一点，虽然我认为水野的评论有些过于苛刻了，但是确如他所言，日本的主要出口产品既不是生活必需品，也不是攸关贸易对象生死的重要物资。日本没有钨、铀、钛等珍稀矿藏，只能出口女士们喜欢的蚕丝和棉布，可以说经济上非常脆弱，不会有哪个国家会因为和日本断绝了贸易往来而感到困扰。

> 在战争发展到机械化的现代，战争需要的是国家的工业和经济实力。大部分军工产品的原料都仰赖外国进口，这种仰人鼻息的国防工业就好似依赖外国的雇佣军来守卫国土，一旦爆发战争，这就会成为一个致命的弱点。极端地说，这种国家并没有独自进行战争的资格，无论在和平时期如何扩张陆海军的军备，也不过是毫无基础的空中楼阁罢了。

水野的这种观点在"不留情面"方面，与之前提到的胡适的观点有些类似。胡适认为，要等到中国几成的国土沦陷、大部分海岸线被封锁以后，才能等到美苏参战。水野则直言，日本根本就没有打仗的资格。但是，水野的观点受到了压制，没有被民众认真地加以思考和接受，当时人们争论的焦点已经转移到了其他地方。也就是说，既然日本打不了持久战，那就只好从地缘政治的角度出发去夹击苏联，或是主动出击，打敌人一个措手不及。

四 战争的种种面目

必死的战斗

目前为止我们所谈论的，差不多都是关于战争的技术性话题，当年的军国少年、少女们心情激动地抱着收音机收听的内容，可能也可以纳入同一范畴。在对美英等国开战以后的 3 天里，日军就收获了堪比桶狭间之战的战果。在日本海军航空兵的袭击下，美国太平洋舰队和英国远东舰队的主力分别在夏威夷和马来半岛外海损失殆尽，这确实不免让人吃惊。

但是，轴心国与同盟国的国力差距还是非常明显。同盟国在最糟糕的时候，差不多只有英国在战斗。苏联与美国直到 1941 年 6 月和 12 月才加入盟军作战。而从 1937 年开始，就将大量日军牵制在大陆的中国，也随着美日开战而对日宣战，同盟国由此在许多方面都取得了压倒性的优势。

我们之前提到过吉田裕教授，在他的著作《亚洲、太平洋战争》①一书中，有一张很令人在意的表，上面列出了岩手县出生的阵亡士兵人数的变化情况。从太平洋战争爆发到日本战败为止，岩手县共有 30724 名军人阵亡。其中，1944 年以后的阵亡人数占了总数的 87.6%。也就是说，九成左右的人是在第二次世界大战的最后一年半中死去的。

美日之间的战争其实在 1944 年 6 月 19—20 日的马里亚纳海战之后，就已经决出了胜负。第一次世界大战以后，日本以委任统治的方式接收了原属德国的马里亚纳群岛，该群岛包含了著名的塞班岛、关岛等主要岛屿。在马里亚纳海战中，美日双方的特混舰队展开了对决，最终日本惨败，并失去了大半的航空母舰和飞机。

说到决定战争胜负的关键战役，虽然 1942 年 6 月 5 日的中途岛海战（美军破译日军密码，并布下埋伏，最终日军在此战损失了4 艘航母）也非常有名，但在 1942 年时，日本陆军先后侵占了中国香港、菲律宾、新加坡、爪哇岛以及缅甸等地，还有不少人相信"日军不败"的神话。同一时期，负责中国战线的蒋介石则与印度、缅甸方面的英军不断发生摩擦，蒋介石向美国总统罗斯福揭发了英国统治印度的残忍事实：

> 英国应该给予印度完全的自由。因为这同时是同盟国的战争目的与我们共通的关心事宜，所以我无法保持沉默。中国古代有个成语叫"良药苦口"。虽然发自诚心的建议可能会让英国感到不满，但是这依然是我们今后应该采取的方针。

---

① 『アジア・太平洋戦争』，岩波书店 2007 年版。

蒋介石的意思大概是，如果英国能允许印度将来走向独立，印度士兵应该会更加勇敢地与日军战斗。因为印度士兵似乎不怎么善战，这让中国军队也感到相当难办。

丘吉尔的回应也颇为惊人，他用冰冷的口气回答道：

> 同盟国应该采取的最佳方针，就是不要干涉各自的国内问题。即使在中国国内共产党与国民党对立最激烈、最危急万分的时刻，英国人也非常克制地没有对这种状况发表任何评论。在这里我想郑重声明，只要我还担任首相，任何事关大英帝国尊严的多余批评，英国政府都完全不予接纳。

这种态度可谓是表面上客气，实际上却完全看不起对方。蒋介石这个时候真是让人觉得有些可怜。虽然中国与英国都是同盟国的成员，但是面对不顾死活拼命进攻的日军，在到底由谁在最前线抵挡住日军的这个问题上，中英之间不断出现分歧。丘吉尔拒绝在缅甸与日军大规模交战，表示"为了和日军作战而分散兵力进入丛林，就像是为了和鲨鱼战斗而轻率地潜入水中"，他希望保存英军的实力。所以即使日本海军在 1942 年 6 月的中途岛海战失败以后，日本获胜的可能性依然存在。但到 1944 年 6 月之后，等待日本的已经只有战败这一种结局了。

日本人仍然相信会胜利吗？

——明明出现了那么多战死者，为什么大量伤亡的消息没有在日本国内传开来呢？

　　这是个好问题。身在前线的士兵们与故乡的通信毫无疑问是受到限制的，因为当时不仅存在针对信件的审查制度，而且一张小小的明信片上能够书写的内容也是非常有限的。但只要人还活着，每个月都应该可以寄出一张明信片。然而从某个时候开始，明信片就突然不再寄送了。例如，被派遣到新几内亚的第十八军，10 万人之中竟有 9 万人饿死在那里。在他们的故乡，诸如"奇怪了，父亲的信一直不来，隔壁村的谁家也是"这类绝望的信息会逐渐传开。在相当有限的范围内，通过邻里之间的交流，就可以大概想象到从故乡出发的军团已经受到了毁灭性的打击。

　　而问题也正是出在这里。只有新潟县和宫城县等地的地方报纸会刊登第十八军阵亡者的姓名与人数，毕竟在士兵的故乡，葬礼是重要的大事。但是，这样的坏消息却不会传到士兵故乡以外的地区。研究审查制度的专家中园裕就发现，统计刊登在地方报纸还有全国性报纸地方版上的全部阵亡者消息，几乎是一项不可能完成的任务。

　　如果开着汽车不断地往返各县市，统计出日本所有县的地方版报纸上一个月内的阵亡人数，就可以进一步统计出全国的阵亡总人数。但是没有人会那样做，因为会被警察抓起来。如果只阅读在全国范围发行的报纸，就只能看到前去"特攻"的飞行员特写照片，而不会知道某个地方师团的士兵有九成都阵亡了的消息。不让全体国民察觉战争的失利，并在无法收集相关信息的情况下继续战争，这就是 1944 年日本的情况。

　　那么，当时的日本人是通过什么方式获取信息的呢？我们在前面的章节提到过，大家都听广播。因为有大约一半的人与广播公司签约收听广播，所以只要附近有人在用大音量收听广播，国家想要让大家知道的那些事情就会马上传开。

国家不想让大家知道的信息又是怎么传播的呢？短波广播是很难用技术手段拦截的，所以只要下定决心，不怕被宪兵抓住的话，懂英语的人就会偷偷收听国外的短波频道。当时国家有规定，只有许可的通讯社或者报社才能使用短波通信。不过，在轻井泽等能收到短波的地方，还是有很多人收听了"敌台"，并在战后说出了这段经历。

况且民众也不是那么好骗的，有些人已经通过股票，察觉到了某种信号。

——欸，股票？战争时期还存在股市吗？

是的，吃了一惊吧？股票市场还在交易哦。这又是吉田裕教授的著作中提到的一个小插曲。从 1945 年 2 月开始，那些与军工并不相关的公司（主要是民用工业企业）的股票价格开始上涨。具体来说，就是纺织工业的股价开始上涨了。股票价格上升，也就意味着购入股票的人在增加。在战争时期，这几乎是不可能的。因为运输船接连不断地被击沉，到 1943 年左右，民用船舶的状况已经惨不忍睹了，国家不仅没有建造船只的钢材，也没有驱动船只的燃料和发动机。尽管如此，与船舶相关的股价却同样在上涨。由此可知，当时有一部分人已经预见到日本很快就会停止战争，社会状况就要出现变化，股价的上涨就是反映。

说不出死者阵亡地的国家

与德国人相比，日本人常常被指责对于第二次世界大战的反省不够。仅仅是对珍珠港的偷袭，日本就夺去了3000多名美国年轻人的生命，他们许多人甚至还在星期天早晨的睡梦中，就失去了宝贵的生命。毫无疑问，日本确实犯下了严重的罪行。

根据中国的统计，从中日全面战争爆发到太平洋战争结束为止，中国共有330万军人、800万平民伤亡（这个数字因为统计主体的不同而存在差异）。同时，也不能忘记中国台湾、朝鲜及南洋群岛等日本殖民地和委任统治地的居民所遭受的苦难。根据1938年制定的《国家总动员法》，日本在第二年发布了所谓"国民征用令"，认可了国家以命令的方式将所需人员安排到战争所需的产业进行劳动。根据国民征用令，日本从殖民地强征了许多劳动者到国内进行采矿、机场建设等劳动。以朝鲜为例，到1944年为止，据说有16%的朝鲜人口被征发到了朝鲜半岛以外的地区。

但是，日本为什么总是以被动的方式来阐述太平洋战争呢？为什么日本人认为自己是"被害者"呢？这么多的日本民众选择这种表达方式，无论对错，必然有其理由。就像岩手县的情况那样，九成的阵亡者都死在了日本战败前的一年半时间里，他们在距离故乡数千千米的遥远战场上丢掉了性命。国家甚至无法告诉阵亡士兵的家属，这些士兵是在何时、何地失去生命的。现代的我们对于当时追悼死者的想法可能有些难以理解。

日本传统的慰灵思想认为，年轻的男性在未婚、未留子嗣的情况下，背井离乡，死于非命，灵魂就会作祟。对于战死在外地的青年的灵魂，必须在弄清楚死亡地点和时间以后，举行葬礼。想了解日本人关于灵魂和慰灵的相关思想，读一读折口信夫的著作应该最适合了。折口信夫与柳田国男并列为日本民俗学与国学研究的第一人。关于折口，还有另外一些令人感伤的故事。

折口最喜爱的弟子名叫藤井春洋。据说这种喜爱，并不仅仅停留在对于自身艺术与学术继承者的爱上，他们的关系已经超越师徒关系。1945 年的春天，日军在淡水和粮食双双告急的情况下，在这个远海孤岛上与美军展开了激烈的战斗。藤井就是死于这场战役。对于硫磺岛战役，大家可以看一看 2006 年上映的《硫磺岛的来信》（*Letters from Iwo Jima*），由克林特·伊斯特伍德执导、渡边谦主演的这部电影，可以作为影像参考，让大家对硫磺岛战役有一个较为生动的认识。

折口曾经写过一首短歌，其中寄托了对于藤井的思念："如月二十，夜月深邃，生者犹战乎。"美军在 2 月 19 日登陆硫磺岛，3 月 17 日，硫磺岛的日本守军全部被歼，阵亡者达到了 23000 人。"如月"是对阴历二月的雅称。已经是阴历二月二十日了，夜空中的月亮看起来那么深邃，我所爱的春洋现在还没死的话，是不是还在继续着那场必败的战斗呢？折口用"释迢空"的笔名创作短歌，是一位优秀的短歌诗人。他吟咏的这首短歌，确实触动了很多人的内心。

折口在这首短歌中，平静地传达着对于满不在乎地将自己所爱之人投入一场必败战争的国家的愤怒。他认为，那些远离故乡死于非命的人不够被供奉的条件，所以灵魂会在后世作祟。折口的这种想法也在普通人之间广泛存在，通过下面的例子可见一斑。

一位阵亡者的父亲在战后写给国家机构的信被保留了下来，信中这样写道："如果无法救出被遗弃在山中的爱子，身为父亲深感不安，同样也有违天理。"不管是在莱特岛还是在瓜达尔卡纳尔岛，如果不找回死在那里的爱子的遗骸，作为父亲就无法原谅自己。从这位父亲的文字中，我们可以感受到与折口相似的情感。

满洲的记忆

置于太平洋战争的背景之下，日本民众将自己想象成"被害者"的另一个重要原因，就是他们对于满洲的记忆。1945 年 8 月 8 日，与日本签订中立条约以后一直没有加入对日战争的苏联，依照与英美在雅尔塔的协定，在德国投降 3 个月后对日宣战，出兵满洲进攻关东军。德国是在 5 月 7 日宣布无条件投降的，确实是相当准确的 3 个月后呢。美国已经在 8 月 6 日用原子弹轰炸了广岛，日本的战败只是时间问题。苏联在这个时候进攻满洲，作为开拓团移民移居满洲的许多日本人也被卷入了与苏联的战争中。战后的日本长期存在着对苏联的憎恨情绪，某种程度上也来源于此。

在日本战败时，有 150 万日本人生活在满洲地区。除了这些普通民众，还有 50 万关东军。也就是说，当时共有 200 万日本人身处满洲，其中有 63 万人（根据 1990 年公开的俄国史料）被苏军扣留在西伯利亚和蒙古地区。因为与德国之间的激烈战争持续了数年，使得苏联国内出现了劳动力不足的状况，因此苏联就把日本俘虏派去从事修筑铁路、伐木之类的工作。在被扣留的 63 万人中，有 66400 人在西伯利亚的苦寒之地丢掉了性命。

到战争结束时，身处海外的日本民众有 321 万人，再加上大约 367 万名陆海军军人，总计有 688 万日本人滞留在海外。其中，有 200 万人在满洲。包括那些被扣留最终死在西伯利亚的人在内，苏联发动进攻以后留在满洲的 200 万日本人中，有 245400 人丧生。这个数字真是惊人。除了死者和因为种种原因与亲人离散而无法回国的滞留孤儿和妇女，在满洲的大部分日本人都撤回到了日本。如果以刚刚提到的人数计算，日本战败后，有 8.7% 的日本人体验了从海外撤退的行动。

上百万男女老幼同时经历的历史事件，无疑是一个民族的深刻历史记忆。因为漫画《明日之丈》[1] 而闻名的漫画家千叶彻弥，以及 2008 年去世的《天才傻鹏》[2] 的作者赤塚不二夫，都是从满洲撤退回到日本的。芥川奖获得者安部公房也经历过撤退，他以这些经历为基础写成的小说《野兽们要回家》[3]，是一部杰出的作品，大家可以找来读读看。

毫无疑问，从满洲撤退回国之路充满艰辛。许多人因此不断诉说其中的苦难，甚至以"被害者"自居，倒也不是不能理解。但绝对不能忘记的是，造成这种惨祸的根本原因，在于日本政府的政策。这里我们用一个例子来对这些政策加以说明。长野县有许多人作为开拓移民去了满洲。在长野县内，相较于县政府所在地长野市或松本市的周围地区，长野县南部的南信有更多的村庄送出了大量移民。

---

[1] 漫画原作者为梶原一骑，他以笔名高森朝雄创作了这部漫画。千叶彻弥是漫画的作画者。

[2] 一部著名的搞笑漫画。

[3] 这是一部以日本战败之前的满洲为背景创作的小说。

饭田市历史研究所编纂了一本题为《满洲移民》①的书，属于南信地区的饭田市的历史学家们研究了这个地区满洲移民的有关情况。南信地区送出了大量的开拓移民，这些被送到满洲的人在战败后又体验了艰难的撤退之路。现在由生活在这个地区的人自己研究过去的这段历史，所得到的成果可以说是划时代的。在饭田市周边，开拓移民最多的村庄，移民满洲的比例为 18.9%，也就是说，平均每 5 个村民中就有 1 人被送到了满洲。饭田地区养蚕业发达，以生产远销美国的优质蚕丝而闻名，但是大萧条之后，蚕丝价格暴跌，农村经济受到了巨大冲击。历史学家通过调查发现，在这种情况下，如果某个村庄的主要经济来源在 20 世纪 30 年代中期较为顺利地从养蚕业转向其他种植业，那么这个村子的移民就相对较少。至于那些平地较少、山地较多的村庄，就往往难以实现这种转型。也正是这些地区，积极（甚至可以说是过于积极）地响应了国家和农林省从 1938 年开始推行的满洲分村移民的招募计划。

为什么我要说"过于积极"呢？其实，试验性的满洲移民从 1932 年左右就开始了，村民们从那些初期移民传回的消息中了解到，满洲并不像国家宣传的那样，是"流奶与蜜之地"，实际上非常严寒，日本人并不容易适应那种环境。所以从 1938 年左右开始，愿意移民的人数急剧减少。为此，国家和县政府出台政策，如果村中的一部分居民愿意移民满洲，政府就提供各种特别补助来帮助村庄进行道路整修和产业振兴等事业。

---

① 『満州移民——飯田下伊那からのメッセージ』，现代史料出版社 2007 年版。

以这种方式送出的移民就被称为分村移民 ①。苦于生计的村庄为了得到国家的补助款，纷纷配合负责县移民工作的拓务主事，进行了分村移民。这些移民中的许多人最终再也没能回到自己的故乡。但是，其中也有大下条村村长佐佐木忠纲这样具有远见的领导者。佐佐木反对分村移民，他认为这是国家和县政府以补助款为诱饵，草率地对待村民性命的行为。佐佐木没有被蒙蔽。

当人们讲到从满洲撤退的苦难时，总是很容易就联想到苏军的突然袭击，以及没有通知开拓移民就自己撤退了的关东军。但是，在这之前我们需要弄清楚，在推行分村移民政策时，国家和县政府做了什么？使用补助款来"购买"分村移民这种做法，难道没有问题吗？在下伊那地区担任町村会长的吉川亮夫也颇有见识，他批判那些为了取得分村移民补助款而几近疯狂的村庄，一语道破这种状况只是"为了补助款而争夺开拓民"。通过开出在某一期限内召集多少分村移民，就可以得到多少预算的条件，让村庄之间展开互相竞争，即便到了现在，国家和县政府还是会有类似的做法。

不知道大家的想法是否也是这样，一个人对于事实的了解，是会影响他对于现代社会以及历史的看法的。我对于写出《满洲移民》这本书的乡土历史学家深表敬意。在这本书中，有大量的内容是唯有扎根于当地的人才能弄明白的。一些开明的开拓团长，从到达目的地开始，就尽力与脚下这片土地原本的主人保持着良好的关系。在得知战败的消息后，从而得以立即与中国的农民代表进行沟

① 分村移民是日本拓务省与农林省从 1938 年开始推行的移民政策。具体来说，就是在各町村中调查农户的经济状况，统计出所谓"适正农家"与"过剩农家"。将一村农户分为这两个部分，并把后者作为移民送往中国东北地区。

通，通过出让所有的农场和房屋来换取中国人的帮助，抵达安全地带，最终以较低的死亡率回到了日本。其中又以死亡率最低的千代村为代表。这些例子明确地揭示出，面对历史的必然，个人也能凭借资质与努力，对历史施加相应的影响。

俘虏的待遇

在日本人当中，相信有不少人对于"正视过去的德国人与不这么做的日本人"这种简单的二分法感到不满。但是我认为，日本人在面对战争时确实表现出了某种特殊性。我常常这样想，如果能够将这种特殊性用数据正确地总结表示出来，就可以加以正视了。

其中一项数据就是俘虏的待遇问题。美国的一个组织根据被俘虏的美国士兵名单，计算出了不同地区被俘美军的死亡比例。日本与德国的数据出现了相当大的差异。被德军俘虏的美国士兵的死亡率是1.2%，但是一旦成为日军的俘虏，死亡率就上升到了37.3%。这种差距非常大，明确地凸显了日军对待俘虏的残忍程度。日本的士兵一直被灌输不能当俘虏的思想，所以就产生了不把投降的敌国军人当人看的结果，但是原因还远不止于此。

造成这种情况的一个非常重要的原因在于，日本军队忽视本国士兵人权的特质，使得这样的军队也不会重视俘虏的权利。曾经在一桥大学担任教授的藤原彰先生在战前就读于陆军士官学校，毕业后前往中国战场服役。在日本投降以后，他复员考入东京大学文学部学习近代史。虽然先生已经去世，但是希望大家都能读一读他所写的《饿死的英灵们》①这本著作。

战争需要粮食。在新几内亚北部的丛林里，根本没有可供汽车通行的道路，运输差不多只能依靠人力。如果限定士兵一天的主食为 600 克，在需要出动 5000 名士兵时，就算只是搬运主食也需要大约 30000 人。当然，这个数字还会随着基地与前线的距离变化而变化。然而在新几内亚，没有一条战线上的日军能够在这样的粮食补给计划下作战，所以才会说在那里没有战死者，都是饿死者。

日军的这种特质，也影响到了国民的生活。战时的日本可能是最轻视国民食物的国家之一，在临近战败时，日本人每天摄入的卡路里已经降到了 1933 年的六成。1940 年，有 41% 的人口是农民的日本为什么会发生这样的情况呢？日本当时的农业是劳动密集型的，明明需要大量的人手从事农业，国家却把农民征召进了军队。虽然对工厂的熟练工人实施了延期征召，但是农业学校出身的人们还是没有逃过征兵，这些人知道肥料的使用方法和虫害的防治知识，可以说是支撑农业发展的人。在他们应征入伍以后，农业生产就全无技术和知识可言了。到 1944 年以后，农业出现了减产。当政府在这一年注意到农民之中也存在技术者而开始实施暂缓征召时，已经太迟了。

相比之下，德国则大不相同。虽然德国的各种工农业设施遭受的破坏比日本更为严重，但是在 1945 年 3 月，也就是德国投降之前的两个月，德国人的卡路里消耗居然还比 1933 年增加了一到两成，比战前还多。德国坚持不能减少分配给国民的粮食，这是为

① 『餓死した英霊たち』，青木书店 2001 年版。

了避免国民出现不满情绪。

不论对士兵还是民众来说，太平洋战争都是悲惨的。在日本的矿山里，有大量的中国俘虏以及从朝鲜半岛强征来的劳工们在被迫劳动。对于俘虏，本来应该提供充足的粮食和薪水才能要求他们劳动，而且不能要求军官从事劳动，但是这些规则完全没有被遵守，并因此出现了大量的死伤者。然而，在日本士兵和民众的心中，这些悲惨的事实并没有比他们自身所遭受的恶劣待遇与痛苦生活来得刻骨和鲜明，以至于这些事实渐渐从日本人的记忆中遗落了。

如何看待那场战争

我们的课终于接近尾声了，非常感谢大家长时间的陪伴。我们已经从甲午战争讲到了太平洋战争，这 5 天的内容，大家觉得怎么样？

——整体来说，难度还挺高的，即使是历史研究社的成员，理解起来也颇费脑筋。老实说，要跟上老师讲的内容，就已经很辛苦了。但是，讲课的过程中出现了好多很有个性的有趣人物，一边探究这些人的想法，一边追寻时代的脚步，真是非常有趣。胡适的形象真是让人印象深刻。另外，之前我完全不知道松冈洋右的内心想法，所以松冈所写的信也给我留下了深刻的印象。

被中国蕴藏的深厚力量吓倒了吧。松冈一直以来都被单纯地认为是个强硬派，但是如果不仔细了解这个人物背后的故事，我觉得就无法真正了解过去发生的事。人们的看法应该是会随着对一件事的了解程度而改变的。

——我还没有用这种方式去思考过历史。感觉思考的方式与平常不一样了，虽然觉得很累，但是真的很有意义。关于太平洋战争，日本为什么要打这种毫无胜算的仗呢？虽然一直以来完全不知道过去人们的想法，但是这次通过了解各种数据，不禁产生了"只要着眼于某一时间点，厘清当时世界的动向，就可以看到平常看不到的问题"的想法，接触了各种人的思考和文章，似乎能够稍微了解过去人们的想法了。

能够让大家觉得有意义，真是太让我高兴了。在这次讲座中，虽然你刚刚说的是各种数据，其实花了最多工夫去准备的是地图。但是，如果大家今后能够对历史有一个空间上的概念，那么我就没有什么需要多说的了。（笑）

最后，我想给大家介绍一下 2005 年由《读卖新闻》进行的调查。其中，34.2% 的人认为"对中国和美国的战争都是侵略战争"，33.9%的人认为"对中国的战争是侵略战争，对美国的战争则不是"。其实我最关注的是这样一个问题："对于二战时期日本的政治及军事领导人的战争责任问题，您认为在战后已经被充分讨论了吗？"超过五成的人回答"完全没有被讨论"或是"几乎没有被讨论"。

否认对美国和中国的战争同为侵略战争的人，与认为两者皆为侵略战争的人，在数量上差不多，这非常令人在意。但是，认为战争责任的问题还没有被充分讨论的人占比最大，这已经让我相当感动了。我希望今后在讨论这一问题时，能够了解民众对于"日本的政治及军事领导人"的相关想法。

我认为，最重要的是要持续地保持两个态度：第一，希望探讨包含天皇在内的内阁以及军方领导人的责任；第二，试着想象如果自己生活在那个时代，是否会去帮助那些为了一点补助款就将分村移民送出的县政府官员、村长或是村民？

后　记

　　您能读到这一页，真是让我非常高兴（当然，可能也有不少人是从这一页开始阅读的）。

　　承蒙多方协助，这本书才得以问世。首先，我想对荣光学园的校长、大岛弘尚老师以及早川英昭老师等人的果断决定表示感谢。他们在不能浪费一分一秒的学年安排中，给了我这种没有定性的人一个授课的机会。

　　另外，也要衷心地感谢学生们，他们在人生最光辉的阶段，在同样不能浪费一分一秒的圣诞和新年假期里，挤出宝贵的时间，热情地来听我讲课，并展现出了优异的头脑，不断给出在我意料之外的答案，其中一些回答的深度令我震撼不已。在后面的谢词里，分学年列出了大家的姓名。从讲座到这本书，经过了一年半的时间，真是没想到。这次讲座只有 5 天的时间，在与同学们共同度过的这段时间里，我并非在单纯施教，这同样也是我受教的 5 天。

　　"在有冲击力的同时，又要漂亮好看。"我这个非常任性的要求，被装帧设计师有山达也及其助手池田千草完美地满足了。牧野伊三夫的插画颇有意境，肯定会有读者翻着书专挑这些图来看吧。能由牧野老师来给自己画这么棒的肖像画，松冈洋右在九泉之下大概也会高兴的吧。

朝日出版社第二编辑部的铃木久仁子小姐可以说是策划和编辑这本书的总指挥，给了我一言难尽的诸多关照。另外，也要感谢在许多重要之处给予关照的第二编辑部部长赤井茂树先生。

这大概是历史学家的习惯吧，收到的信件我都会好好地保存起来，所以我马上就可以查到铃木小姐第一次寄信给我的时间（有点得意），那是 2005 年 5 月。而她起意向我约稿的契机，更要进一步回溯到 3 年前的拙作《我想要写的"理想教科书"》（《中央公论》2002 年版）。铃木小姐在追这本稿子时的认真劲儿真是百万吨级当量的，想必就连被凯恩斯认为有超能力的劳合·乔治，面对这种热情也不能保持冷静。

被称为战争与革命的 20 世纪，带给近代日本和日本人的影响远远超出我们的想象。写作时，经常会有不可思议的感觉浮现在脑海中，就好像写稿的并非我的头脑，而是近现代这个"时代"被通灵师铃木小姐叫住，借用我的身体在书写"历史"一样。不过，这种幸福感总是在瞬间就消失了。

今后，我也要坚持锻炼头脑和身体，如果再遇到"时代"转身朝我而来的机会，我一定要牢牢地抓住他的额发，写出更容易理解的"历史"来。上面的说法模仿了成语"抓住幸运女神的额发"①。既然说到女神了，我想再提一下历史女神。在所有的缪斯女神中，掌管历史的女神克丽俄（Clio）是最内向和谨慎的一位，鲜少让人看到她的脸。

　　神话以引人入胜的创作来打动人，但历史还是应该内向谨慎一些比较好。在书店里常常可以看到一大堆把"大谎言""为了不再道歉"之类刺激性的语言放在书名里的所谓近现代史读物。不论是在地理还是历史方面，中韩两国都与日本有着很深的关系，但是在诸多讨论日本与中韩关系的书籍封面上，也能找到这类刺激性的广告语。

　　不过，即使读了这种书而得到一时的痛快，最后大概还是会把手伸向关于"那场战争到底是什么"的书。要说为什么会这样，我想第一个原因在于那些痛快的书并没有设定好挖掘历史事实的"问题"；第二个原因则是在那种书里，史料和史料中包含的潜在信息并没有被全面、公平地分析。在这种情况下，最终还是无法理解过去的战争，既得不到充实感，也消解不了心中的疑惑，结果可能就会再去阅读相同类型的书。年轻人不应该做这种浪费时间和金钱的事情。

　　我们在度过生命中的每一天的同时，也在无意识地对发生在自己身边的事情做出评价和判断。在评价或是判断当今社会的状况时，又会无意识地借用过去的事例进行类比，当进一步对未来进行展望时，同样会无意识地对比过去和现在的事例。

---

　　① 出自谚语 seize the Fortune by the forelock，亦作 grasp Fortune by the forelock，意为抓住重要的机遇。福尔图娜（Fortuna）是罗马神话中的幸运女神。

在这些时候，年轻人的脑海中储存了多少可供类比的历史事实，对这些事实又进行了什么程度的整理分析，这些因素将会左右他们对于现在和未来的判断。当一个人一边回想历史，一边对过去、现在以及未来尽情畅想对比时，他的表情想必会如克丽俄一般，平静、温和而又稳重。

2009 年 6 月听闻《公文书管理法》通过之消息

加藤阳子

谢　词

承蒙各位帮助，使得本书得以出版，在此表达深切谢意。

——编辑部

荣光学园高中部：

（二年级）石塚慎平、尾崎综志、金丸卓生、菊地悠太、小森勇希、下郡骏、原俊明、松村辽平、间部秀规、若林将大

（一年级）浅井秀太、宫里洸树、山下拓郎、吉本伦大

荣光学园初中部：

（三年级）中岛宽太、（二年级）吉川宏平、（一年级）柿崎光波

感谢上述 17 位同学，感谢荣光学园前任校长关根悦雄，教师相原义信、石川昌纪、大岛弘尚、福本淳，神奈川县立大船高中教师早川英昭（以上皆为讲座当时的年级与职位）。

参考文献

序章　思考日本近現代史

エイブラハム・リンカーン、高木八尺・斉藤光沢『リンカーン演説集』(岩波文庫、一九五七年)

サムエル・モリソン、西川正身翻訳監修『アメリカの歴史〈3〉』集英社文庫、一九九七年)

入江昭『二十世紀の戦争と平和』(東京大学出版会、一九八六年)

クラウゼヴィッツ、篠田英雄訳『戦争論』上・中・下 (岩波文庫、一九六八年)

長谷部恭男『憲法とは何か』(岩波新書、二〇〇六年)

E・H・カー、清水幾多郎訳『歴史とは何か』(岩波新書、一九六二年)

ジョナサン・ハスラム、角田史幸他訳『誠実という悪徳』(現代思潮新社、二〇〇七年)

E・H・カー、井上茂訳『危機の二十年』(岩波文庫、一九九六年)

『見る・読む・わかる　日本の歴史』(朝日新聞社、一九九五年)

アーネスト・メイ、進藤栄一訳『歴史の教訓』(岩波現代文庫、二〇〇四年)

第一章　甲午战争："侵略与被侵略"以外的视角

三谷太一郎『近代日本の戦争と政治』(岩波書店、一九九七年)

加藤陽子『戦争の日本近現代史』(講談社現代新書、二〇〇二年)

John J.Sbrega, *Anglo-American Relations and Colonialism in East Asia, 1941—1945* (Garland Publishing, Inc, 1983) →この本の序文が、キンボール教授 Warren F ・ Kimball のもの

茂木敏夫『変容する近代東アジアの国際秩序』(山川出版社、一九九七年)

岡本隆司『世界のなかの日清韓関係史』(講談社選書メチェ、二〇〇八年)

　浜下武志『朝貢システムとは近代アジア』（岩波書店、一九九七年）
　坂野潤治『大系　日本の歴史＜13＞　近代日本の出発』（小学館ライブラリー、
一九九三年）
　岡義武『山県有朋』（岩波書店、一九五八年）
　牧原憲夫『客分と国民のあいだ』（吉川弘文館、一九九八年）
　大澤博明『近代日本の東アジア政策と軍事』（成文堂、二〇〇一年）

第二章　日俄战争：问题在于选朝鲜还是选满洲
　マーク・ピーティー、浅野豊美訳『植民地』（読売新聞社、一九九六年）
　横手慎二『日露戦争史』（中公新書、二〇〇五年）
　千葉攻『旧外交の形成』（勁草書房、二〇〇八年）
　金文子『朝鮮王妃殺害と日本人』（高文研、二〇〇九年）
　伊藤之雄『立憲国家と日露戦争』（木鐸社、二〇〇〇年）
　日露戦争研究社会編『日露戦争研究の新視点』（成文社、二〇〇五年）
　井口和起『日露戦争の時代』（吉川弘文館、一九九八年）
　川島真『中国近代外交の形成』（名古屋大学出版会、二〇〇四年）
　川島真、服部龍二編『東アジア国際政治史』（名古屋大学出版会、二〇〇七年）

第三章　第一次世界大战：日本所受的主观挫折
　伊藤隆『大正期「革新」派の成立』（塙書房、一九七八年）
　北岡伸一『日本陸軍と大陸政策』（東京大学出版会、一九七八年）
　NHK取材班編『理念なき外交「ペリ講和会議」』（角川文庫、一九九五年）
　ジョン・メイナード・ケインズ、救仁繁郷訳『講和の経済的帰結』（ペリカン社、
一九七二年）
　加藤陽子『戦争の日本近現代史』（講談社現代新書、二〇〇二年）
　加藤陽子『戦争の理論』（勁草書房、二〇〇五年）

第四章　"九一八"事变与中日战争：日本切腹、中国介错论
　家近亮子『蒋介石と南京国民政府』（慶應義塾大学出版会、二〇〇二年）
　竹内洋『丸山真男の時代』（中公新書、二〇〇五年）
　ルイーズ・ヤング、加藤陽子他訳『総動員帝国』（岩波書店、二〇〇一年）
　伊藤隆『近衛新体制』（中公新書、一九八三年）
　デービッド・J・ルー、長谷川進一訳『松岡洋石とその時代』（TBSブリタニカ、
一九八一年）
　クリストファー・ソーン、市川洋一訳『満州事変とは何だったのか』上・下
（草思社、一九九四年）
　坂野潤治『近代日本の外交と政治』（研文出版、一九八五年）
　酒井哲哉『大正デモクラシー体制の崩壊』（東京大学出版会、一九九二年）

井上寿一『危機のなかの協調外交』（山川出版社、一九九四年）

鹿錫俊『中国国民政府の対日政策』（東京大学出版会、二〇〇一年）

加藤陽子『模索する 1930 年代』（山川出版社、一九九三年）

加藤陽子『満州事変から日中戦争へ　シリーズ日本近現代史⑤』（岩波新書、二〇〇七年）

第五章　太平洋战争：说不出死者阵亡地的国家

山田郎『軍備拡張の近代史』（吉川弘文庫、一九九七年）

吉見義明『草の根のファシズム』（東京大学出版会、一九八七年）

加藤陽子『戦争の理論』（勁草書房、二〇〇五年）

吉田裕『アジア・太平洋戦争　シリーズ日本近現代史⑥』（岩波新書、二〇〇七年）

小谷賢『日本軍のインテリジェンス』（講談社選書メチェ、二〇〇七年）

工藤章・田嶋信雄『日独関係史』全 3 巻（東京大学出版会、二〇〇八年）

Warren F.Kimball ed.,*Churchill and Roosevelt,the Complete Correspondence*（Princenton University Press,1984）

波多野澄雄『幕僚たちの真珠湾』（朝日選書、一九九一年）

波多野澄雄『「大東亜戦争」の時代』（朝日出版社、一九八八年）

淵田美津雄、中田整一編・解説『真珠湾攻撃総隊長の回想　淵田美津雄自叙伝』（講談社、二〇〇七年）

飯田市歴史研究所編『満洲移民』（現代史料出版、二〇〇七年）

藤原彰『餓死した英霊たち』（青木書店、二〇〇一年）

译者后记

初次与这本书相遇，已经是 5 年前的 2013 年了。在日本本州中部岐阜市的一家书店里，作为游客初到日本的我在琳琅满目的图书中，看到了作为畅销书而被特别陈列的这部作品。当时距离加藤老师在 2007 年末为学生们所做的讲座，即构成本书的主要内容，已经过去 5 年多了。在日文原著出版 10 年、距讲座 12 年之后的今天，这本书的简体中文版终于要与读者见面了。难怪加藤老师会在专为中文简体版所作的序言中，谦虚地对书中内容是否会过时表示担心。

加藤老师之所以会关心 10 年前出版的著作是否会过时，我想一部分原因可能恰恰在于本书内容在出版时的新颖性。翻看本书的参考文献，能够发现其中相当一部分是在 2007 年左右出版的，甚至还有 2008 年和 2009 年出版的著作。也就是说，老师在准备出版讲座内容时，还进一步参考了最新的研究成果，对原有内容进行了增补。可见本书在日本出版时，确实无愧于"让初中生和高中生了解历史研究第一线的问题"这一口号。即使在 10 年之后的今天，这本书也依然常常被摆在历史类书籍的最显眼处。担心这本书的内容过时，实在只能说是老师的自谦之词。

　　与国内将鸦片战争作为近代史的开端相似，日本也有人将黑船来航之后被迫与美国签订《日美和亲条约》一事作为日本近代史的开端。两者的共同点在于，中日两国由此被卷入了由西方列强所主导的世界体系中，并各自走上了寻求现代化之路。从此，东亚各国之间的关系也发生了诸多变化。近代以来，日本对中国产生了极大的影响，这本书所讨论的那些战争，也无一例外都与中国相关。老师在序章中表示，自己之所以要写作本书来揭露日本过去发动战争时所利用的种种说辞，原因在于"自己一直抱有一个疑问，如果自己也生活在那个时代，是否同样会被国家的那些说辞所欺骗，很怕自己可能也看不穿那些冠冕堂皇的话"。这种自省之心令人钦佩。

　　因为体裁的关系，这本书整体是用平易近人的口语体写下的，我也力求使用相似的口吻来进行翻译。翻译此书的过程因此颇为流畅愉快。然而，限于能力与时间等问题，译本势必存在一些未尽如人意之处。此次重印，我要特别感谢陈小林老师的细致指正，您的宝贵意见使本书得以进一步完善。

章　霖

2019 年 6 月写于东京

2025 年 2 月修订